高等职业教育土木建筑类专业新形态教材

工程经济学
（第3版）

主　编　鹿雁慧　冯晓丹　薛　婷
副主编　陈晓明　胡云卿　顾沈丽　刘　玲
参　编　孙志丽　张建伟
主　审　齐小琳

北京理工大学出版社
BEIJING INSTITUTE OF TECHNOLOGY PRESS

内 容 提 要

本书按照高职高专院校人才培养目标以及专业教学改革的需要，坚持以培养职业技能为重点进行编写。全书共分12章，主要内容包括工程经济学概述、工程经济基本要素、工程经济评价指标与方案、现金流量与资金时间价值的计算、工程项目风险与不确定性分析、工程项目财务评价、工程项目国民经济评价、工程项目的资金筹措与融资分析、价值工程、设备更新的经济分析、房地产项目评价和项目后评价等。

本书可作为高职高专院校建筑工程技术等相关专业的教材，也可作为工程建设领域相关技术及工程管理人员的参考用书。

版权专有　侵权必究

图书在版编目（CIP）数据

工程经济学 / 鹿雁慧，冯晓丹，薛婷主编．—3版．—北京：北京理工大学出版社，2023.5重印

ISBN 978-7-5682-6108-1

Ⅰ.①工⋯　Ⅱ.①鹿⋯　②冯⋯　③薛⋯　Ⅲ.①工程经济学－高等学校－教材　Ⅳ.①F062.4

中国版本图书馆CIP数据核字(2018)第189607号

出版发行 /	北京理工大学出版社有限责任公司
社　　址 /	北京市海淀区中关村南大街5号
邮　　编 /	100081
电　　话 /	（010）68914775（总编室）
	（010）82562903（教材售后服务热线）
	（010）68944723（其他图书服务热线）
网　　址 /	http://www.bitpress.com.cn
经　　销 /	全国各地新华书店
印　　刷 /	北京紫瑞利印刷有限公司
开　　本 /	787毫米×1092毫米　1/16
印　　张 /	16
字　　数 /	379千字
版　　次 /	2023年5月第3版第6次印刷
定　　价 /	45.00元

责任编辑 / 张旭莉
文案编辑 / 张旭莉
责任校对 / 杜　枝
责任印制 / 边心超

图书出现印装质量问题，请拨打售后服务热线，本社负责调换

第3版前言

工程经济学是工程与经济的交叉学科，是研究工程技术实践活动经济效果的学科。即以工程项目为主体，以技术—经济系统为核心，研究如何有效利用资源，提高经济效益的学科。工程经济学研究各种工程技术方案的经济效益，研究各种技术在使用过程中如何以最小的投入获得预期产出，或者说如何以等量的投入获得最大产出；如何用最低的寿命周期成本实现产品、作业以及服务的必要功能。

本书第2版自出版发行以来，经有关院校教学使用，深受广大专业任课教师及学生的欢迎及好评，他们对书中内容提出了很多宝贵的意见和建议，编者对此表示衷心的感谢。为了适应社会形势的变化，跟随工程经济学学科发展的脚步，我们组织了有关专家学者，在广泛实际调研、深入学习研究相关理论知识的基础上，对本书进行了修订。

本次修订以第2版为基础进行，主要作了以下工作：

1. 调整章节顺序。由原来的十个章节增加到十二个章节，第一章由原来的"现金流量与资金时间价值的计算"调整为"工程经济学概述"，原第一章调整为第四章，并结合最新法律法规对内容重新进行了编排。

2. 增减部分章节。如增添了"工程经济学概述""工程经济基本要素""工程经济评价指标与方案""工程项目的资金筹措与融资分析""设备更新的经济分析""房地产项目评价"，删减了"工程项目经济效益评价""工程项目投资盈利和清偿能力分析""工程项目资产更新、租赁与改扩建方案经济分析"，并对部分内容进行了整合。

3. 依据财政部最新通知对相关内容作了更新。如"营业税金及附加"科目调整为"税金及附加"。

本书由吉林电子信息职业技术学院鹿雁慧、江西经济管理干部学院冯晓丹、西安欧亚学院薛婷担任主编，由江西交通职业技术学院陈晓明和胡云卿、福州软件职业技术学院顾沈丽、青岛恒星科技学院刘玲担任副主编，濮阳职业技术学院孙志丽和张建伟参与了本书部分章节的编写工作。具体编写分工为：鹿雁慧编写第一章、第二章，冯晓丹编写第三章、第十一章，薛婷编写第八章、第十章，陈晓明编写第四章，胡云卿编写第五章，顾沈丽编写第七章，刘玲编写第六章，孙志丽编写第九章，张建伟编写第十二章。全书由吉林电子信息职业技术学院齐小琳主审。

本书修订过程中，参阅了国内同行的多部著作，部分高职高专院校的老师提出了很多宝贵的意见供我们参考，在此表示衷心的感谢！对于参与本书第2版编写但未参与本次修订的老师、专家和学者，本次修订的所有编写人员向你们表示敬意，感谢你们对高职高专教育教学改革作出的不懈努力，希望你们对本书保持持续关注并多提宝贵意见。

本书在编写过程中参阅了大量的文献，在此向这些文献的作者致以诚挚的谢意！由于编写时间仓促，编者的经验和水平有限，书中难免有不妥和疏漏之处，恳请读者和专家批评指正。

编 者

第2版前言

工程经济学是介于自然科学和社会科学之间的边缘学科，是根据现代科学技术和社会经济发展的需要，在自然科学和社会科学的发展过程中，各学科互相渗透，互相促进，互相交叉，逐渐形成和发展起来的。工程经济学在我国尚属于新兴学科，尽管出现时间较短，但工程经济学的理论研究和实际应用出现了两旺的局面。

工程经济学是一门研究如何根据既定的活动目标，分析活动的代价及其对目标实现的贡献，并在此基础上设计、评价、选择以最低的代价可靠地实现目标的最佳或满意活动方案的学科。工程经济学的核心内容是一套工程经济分析的思想和方法，是人类提高工程经济活动效率的基本工具。目前有一批从事工程科学领域研究的学者投身于工程经济的研究领域，全国绝大多数高职高专院校的工程类专业都开设了工程经济学课程，这些都推动了工程经济学科的发展。

为适应社会形势的发展变化，跟随工程经济学科发展的脚步，我们组织了有关专家学者，在进行广泛实际调研、深入学习研究相关理论知识的基础上，对原教材做了相关修订。本次修订无论在体例还是内容上都做了较大的调整，将原有内容进行了扩充和重新编排，进一步强化了实用性和可操作性，更能满足高职高专院校教学工作的需要。本次修订主要进行了以下工作：

（1）调整了章节顺序，对部分内容做了合并与更新，如对第一章的三节内容进行了重新编排，第一节中除保留原教材现金流量的内容外，还并入了第二章中投资估算的内容；原教材第二、三节合并为第二节；原教材第二节中名义利率与实际利率的内容在第三节中阐述并进行了内容的更新，等等。这种结构上的调整，使教材体系更加符合教学大纲的要求，适合教学工作的开展，利于学生由浅入深地学习与掌握相关知识。

（2）新增了部分章节，如新增了经济效益评价原理，工程项目投资盈利能力和清偿能力分析，工程项目风险分析，设备租赁分析和改扩建项目方案经济比选等实用知识点，使教材内容更加全面、充实，更加贴近实际应用，有助于培养学生运用理论知识解决实际问题的能力。

（3）完善相关细节，使教学结构更加合理，叙述方式更加简明扼要，富有逻辑性，便于学生理解和掌握。

本教材修订后共包括现金流量与资金时间价值的计算，工程项目经济效益评价，工程项目投资盈利性和清偿能力分析，工程项目风险与不确定性分析，工程项目资产更新、租赁与改扩建方案经济分析，工程项目财务评价，工程项目国民经济评价，房地产开发项目经济评价，价值工程及工程项目后评价等10章内容。

本教材由鹿雁慧、王铁、宋晓惠担任主编，陈晓明、胡云卿、王云、卢滔担任副主编，彭鹏、孙志丽、张建伟担任参编，赵阳、齐小琳担任主审。本教材在修订过程中，参阅了国内同行多部著作，部分高职高专院校老师提出了很多宝贵意见供我们参考，在此表示衷心的感谢！对于参与本教材第一版编写但未参加本次修订的老师、专家和学者，本版教材所有编写人员向你们表示敬意，感谢你们对高等职业教育教学改革所做出的不懈努力，希望你们对本教材保持持续关注并多提宝贵意见。

限于编者的学识及专业水平和实践经验，修订后的教材仍难免有疏漏或不妥之处，恳请广大读者指正。

编　者

第1版前言

工程经济学是适应现代化大生产和投资决策科学化的客观要求而产生的一门研究工程投资项目经济技术评价原理与方法的新学科。从学科归属上看，工程经济学既不属于社会科学，也不属于自然科学。工程经济学立足于经济，研究技术方案，已成为一门独立的综合性学科。我国从20世纪70年代开始工程经济研究，尽管时间较短，但工程经济学的理论研究和实际应用出现了两旺的局面。随着经济建设的发展，我国对既懂技术又懂经济的人才的需求日益增长，越来越多的高校将"工程经济学"设为必修课程。

本教材是根据全国高职高专教育土建类专业教学指导委员会制定的教育标准和培养方案及主干课程教学大纲，以适应社会需求为目标，以培养技术能力为主线进行编写的，在内容选择上考虑土建工程专业的深度和广度，以"必需、够用"为度，以"讲清概念、强化应用"为重点，深入浅出，注重实用。通过本教材的学习，学生可掌握工程技术与经济效果之间的关系，熟悉工程技术方案优选的基本过程，全面掌握工程经济的基本原理和方法，具备运用工程经济的基本原理和方法分析经济运行中的实际问题的能力。

本书共分为九章，分别介绍了现金流量与资金时间价值，投资、成本、收入与利润，工程项目经济评价方法，工程项目资金来源与融资方案，工程项目经济分析与评价，房地产开发项目经济评价，设备更新分析，价值工程，工程项目后评价等内容。

为方便教学，章前设置【学习重点】和【培养目标】，提示学习重点，点明教学要求，对学生学习和老师教学进行引导；章后设置【本章小结】和【思考与练习】，【本章小结】以学习重点为框架，对各章知识进行归纳总结，【思考与练习】以简答题的形式，从更深的层次给学生以思考、复习的切入点，从而构建一个"引导—学习—总结—练习"的教学全过程。

本教材由赵阳、齐小琳、孙秀伟任主编，陈晓明、胡云卿、李玉保、卢滔任副主编，还有彭鹏参与了编写。本教材可作为高职高专院校土建学科工程经济管理专业教材，也可作为工程经济专业人员及其他自学者的参考用书。本教材在编写过程中，参阅了国内同行多部著作，部分高职高专院校老师提出了很多宝贵意见，在此，向他们表示衷心的感谢！

本教材编写过程中，虽经推敲核证，但限于编者的专业水平和实践经验，仍难免有疏漏或不妥之处，恳请广大读者指正。

编 者

目 录

第一章 工程经济学概述 … 1
第一节 工程经济学的概念与性质 … 1
一、工程经济学的概念 … 1
二、工程经济学的性质 … 1
第二节 工程经济学的形成与发展 … 2
一、工程经济学的形成 … 2
二、工程经济学的发展阶段 … 3
三、我国工程经济学的发展 … 3
第三节 工程技术与经济关系分析 … 4
一、工程技术与经济的关系 … 4
二、工程技术与经济分析的目的 … 5
第四节 工程经济学研究对象与范围 … 6
本章小结 … 6
思考与练习 … 7

第二章 工程经济基本要素 … 8
第一节 工程项目投资与投资估算 … 8
一、工程项目投资及其构成 … 8
二、投资估算技术 … 11
三、投资估算方法 … 17
四、投资估算审查 … 20
第二节 工程项目成本费用 … 20
一、工程项目运营期成本费用的构成 … 20
二、工程经济分析中成本费用的计算 … 21
三、固定资产折旧 … 23
四、无形资产摊销 … 27
五、工程成本的计算方法 … 28
第三节 工程项目收入和税费 … 28
一、营业收入 … 28

二、税金及附加 … 30
第四节 工程项目利润 … 32
一、利润总额 … 32
二、所得税计算 … 33
三、净利润的分配 … 33
本章小结 … 34
思考与练习 … 34

第三章 工程经济评价指标与方案 … 36
第一节 经济效益评价概述 … 36
一、工程经济项目评价指标 … 36
二、经济效果评价的基本内容 … 37
第二节 工程经济效益静态评价指标 … 38
一、静态评价方法及适用范围 … 38
二、盈利能力评价指标与评价标准 … 38
三、清偿能力评价指标与评价标准 … 40
第三节 工程经济效益的动态评价指标 … 42
一、动态评价方法及适用范围 … 42
二、动态评价指标与评价标准 … 43
第四节 互斥方案比较 … 48
一、互斥型方案静态评价方法 … 49
二、互斥型方案的选择 … 50
第五节 独立方案比较 … 56
一、不受资金约束的独立型方案的比选 … 56
二、有资金约束的独立方案的比选 … 57
第六节 其他方案多方案比选 … 59
一、互补型方案的选择 … 59
二、现金流量相关型方案的选择 … 59

三、组合—互斥型方案（有资金限制的
　　　　独立方案）的选择 ………………… 60
　　四、混合相关型方案的选择 …………… 61
　本章小结 ……………………………………… 61
　思考与练习 …………………………………… 62

第四章　现金流量与资金时间价值的计算 ………………………………… 63
第一节　现金流量与投资估算 …………… 63
　　一、现金流量的概念与构成 …………… 63
　　二、现金流量的确定和发生时间的选择 … 64
　　三、现金流量表与现金流量图 ………… 65
第二节　资金时间价值 ……………………… 66
　　一、资金时间价值概述 ………………… 66
　　二、资金时间价值的影响因素与衡量尺度 … 68
　　三、资金等值的影响因素及其计算 …… 70
第三节　名义利率和实际利率 …………… 79
　　一、名义利率和实际利率的概念及其计算 … 79
　　二、名义利率和实际利率的关系 ……… 81
　本章小结 ……………………………………… 81
　思考与练习 …………………………………… 82

第五章　工程项目风险与不确定性分析 … 83
第一节　概述 ………………………………… 83
　　一、不确定性产生的原因 ……………… 83
　　二、不确定性分析的概念 ……………… 84
　　三、不确定性分析的作用 ……………… 84
　　四、不确定性分析的因素 ……………… 85
第二节　盈亏平衡分析 ……………………… 85
　　一、独立方案的盈亏平衡分析 ………… 86
　　二、互斥方案的盈亏平衡分析 ………… 87
第三节　敏感性分析 ……………………… 88
　　一、敏感性分析的内容和方法 ………… 89
　　二、单因素敏感性分析 ………………… 90
　　三、多因素敏感性分析 ………………… 92
　　四、三相预测值敏感性分析 …………… 94
第四节　概率分析 ………………………… 95

　　一、概率分析及其步骤 ………………… 95
　　二、概率分析的方法 …………………… 95
第五节　风险 ………………………………… 100
　　一、风险评价 …………………………… 100
　　二、风险决策 …………………………… 100
　　三、风险应对 …………………………… 101
　本章小结 ……………………………………… 103
　思考与练习 …………………………………… 104

第六章　工程项目财务评价 ……………… 105
第一节　财务评价概述 …………………… 105
　　一、财务评价的概念与作用 …………… 105
　　二、财务评价的任务与原则 …………… 106
　　三、财务评价的内容 …………………… 107
　　四、财务评价的程序 …………………… 108
第二节　工程项目财务效益与费用识别 …………………………………… 108
　　一、财务效益与费用识别的原则 ……… 108
　　二、财务效益的识别 …………………… 109
　　三、财务费用的识别 …………………… 110
第三节　工程项目财务评价的若干问题 …………………………………… 110
　　一、工程项目寿命周期 ………………… 110
　　二、运营期借款利息的计算 …………… 111
　　三、所得税前与所得税后的分析 ……… 111
　　四、通货膨胀与项目财务分析 ………… 112
第四节　财务评价报表与指标 …………… 114
　　一、财务效益估算相关报表 …………… 114
　　二、财务费用估算相关报表 …………… 115
　　三、财务评价指标 ……………………… 120
　本章小结 ……………………………………… 122
　思考与练习 …………………………………… 122

第七章　工程项目国民经济评价 ………… 123
第一节　国民经济评价概述 ……………… 123
　　一、国民经济评价的概念与作用 ……… 123
　　二、国民经济评价的基本原理 ………… 124

三、国民经济评价的内容与步骤 ………… 125
　　四、国民经济评价与财务评价的关系 … 126
　第二节　费用与效益分析 …………………128
　　一、识别费用与效益的原则 ………………… 128
　　二、直接效益与直接费用 …………………… 129
　　三、间接效益与间接费用 …………………… 129
　　四、转移支出 ………………………………… 130
　　五、费用与效益的估算 ……………………… 131
　第三节　国民经济评价参数 ………………132
　　一、影子价格 ………………………………… 132
　　二、影子汇率 ………………………………… 136
　　三、影子工资 ………………………………… 136
　　四、社会折现率 ……………………………… 137
　　五、贸易费用率 ……………………………… 137
　第四节　国民经济评价报表与指标 ……138
　　一、国民经济评价报表 ……………………… 138
　　二、国民经济评价指标计算 ………………… 143
　本章小结 ……………………………………… 144
　思考与练习 …………………………………… 145

第八章　工程项目的资金筹措与融资
　　　　分析 ……………………………… 147
　第一节　资金筹措概述 ……………………147
　　一、资金筹措的概念和分类 ………………… 147
　　二、资金筹措的基本原则 …………………… 149
　　三、工程项目的资金来源构成和项目
　　　　资本金制度 …………………………… 149
　第二节　筹资渠道与筹资方式 …………151
　　一、项目筹资渠道 …………………………… 151
　　二、项目筹资方式 …………………………… 153
　　三、筹资渠道与筹资方式的关系 …………… 155
　第三节　项目融资 …………………………155
　　一、项目融资的基本特点 …………………… 156
　　二、项目融资的适用范围及局限性 ………… 156
　　三、项目融资的主要模式 …………………… 156
　第四节　资金成本与资金结构 …………159

　　一、资金成本及其计算 ……………………… 159
　　二、资金结构 ………………………………… 163
　第五节　工程项目投资盈利性分析 ……164
　　一、全部投资盈利性分析 …………………… 164
　　二、权益投资盈利性分析 …………………… 167
　　三、损益表的编制 …………………………… 168
　　四、工程项目盈利能力指标分析 …………… 169
　第六节　工程项目清偿能力分析 ………169
　　一、资金来源与运用表的编制 ……………… 170
　　二、资产负债表的编制 ……………………… 170
　　三、财务外汇平衡表的编制 ………………… 170
　　四、工程项目清偿能力指标分析 …………… 170
　本章小结 ……………………………………… 171
　思考与练习 …………………………………… 171

第九章　价值工程 …………………………… 173
　第一节　价值工程概述 ……………………173
　　一、价值工程的概念与特征 ………………… 173
　　二、价值工程的产生和发展 ………………… 176
　　三、价值工程的工作程序 …………………… 177
　第二节　价值工程对象选择和资料
　　　　收集 ……………………………… 178
　　一、价值工程对象选择 ……………………… 178
　　二、价值工程所需资料的收集 ……………… 181
　第三节　功能分析 …………………………182
　　一、功能的定义和分类 ……………………… 182
　　二、功能整理 ………………………………… 183
　　三、功能评价 ………………………………… 184
　第四节　方案分析与选择 ………………190
　　一、方案创造与改进 ………………………… 190
　　二、方案评价和选择 ………………………… 192
　第五节　方案实施与活动成果评价 ……198
　　一、方案试验与实施 ………………………… 198
　　二、价值工程活动成果总评 ………………… 198
　本章小结 ……………………………………… 199
　思考与练习 …………………………………… 199

第十章 设备更新的经济分析…………201
第一节 概述………………………………201
一、设备更新的概念……………………201
二、设备的磨损及磨损规律 202
三、设备磨损的补偿方式……………203

第二节 设备的经济寿命……………204
一、设备的寿命形态……………………204
二、考虑资金时间经济寿命 205
三、考虑资金时间经济寿命 205

第三节 设备更新决策……………………205
一、设备更新的分类……………………205
二、设备更新策略………………………206
三、设备更新方案比选原则 206
四、设备更新方案的比选 207

第四节 设备租赁决策……………………207
一、设备租赁的概念及形式 207
二、设备租赁费作用与支付 208
三、设备租赁决策分析…………………210

第五节 设备租赁与购买方案的影响
因素与比选分析……………210
一、设备租赁与购买的主要影响因素 210
二、设备租赁与购买方案的比选分析 211

本章小结…………………………………214
思考与练习………………………………214

第十一章 房地产项目评价……………215
第一节 房地产开发项目概述 ………215
一、房地产开发项目的分类 216
二、房地产开发项目的特点 217
三、房地产市场调查与预测 218
四、房地产开发项目策划 218

第二节 房地产开发项目效益和费用的
识别…………………………………219
一、投资与成本费用……………………219
二、经营收入、利润和税金 221

三、房地产投资经济效果的表现形式 …222

第三节 房地产开发项目财务报表及其
编制…………………………………222
一、财务评价报表………………………222
二、财务报表的编制……………………223

本章小结…………………………………223
思考与练习………………………………224

第十二章 项目后评价……………………225
第一节 项目后评价概述………………225
一、项目后评价的含义和特点 225
二、项目后评价的目的…………………226
三、项目后评价的作用…………………226
四、项目后评价的基本原则 227
五、项目后评价与项目前评价的区别 227

第二节 项目后评价的基本内容 ……228
一、目标评价……………………………228
二、过程评价……………………………229
三、效益评价……………………………230
四、持续性评价…………………………230
五、影响评价……………………………230
六、房地产项目后评价内容 231

第三节 项目后评价的方法与程序 …233
一、项目后评价的工作要求 233
二、项目后评价的程序…………………234
三、项目后评价的方法…………………236

第四节 项目后评价指标与项目后评价
报告…………………………………239
一、工程项目后评价指标体系的设置 …239
二、项目经济后评价指标的构成与计算 …239
三、项目后评价报告……………………242

本章小结…………………………………244
思考与练习………………………………244

参考文献……………………………………246

第一章 工程经济学概述

 知识目标

1. 了解工程经济学的概念、性质以及与生产建设、经济发展的关系;
2. 熟悉工程经济学的发展过程;
3. 了解工程技术与经济的关系并指导工程技术与经济分析的目的。

 能力目标

1. 能够明确工程经济学的性质;
2. 掌握工程经济学的形成发展过程;
3. 能够分清工程技术与经济关系的关系。

第一节 工程经济学的概念与性质

一、工程经济学的概念

工程经济学(Engineering Economics)是工程与经济的交叉学科,是研究工程技术实践活动经济效果的学科。它是以工程项目为主体,把经济学原理应用到与工程经济相关的问题和投资上,以技术——经济系统为核心,研究如何有效利用资源,提高经济效益的科学。

工程经济学研究各种工程技术方案的经济效益,其是指各种技术在使用过程中如何以最小的投入获得预期产出,或者说如何以等量的投入获得最大产出,如何用最低的寿命周期成本实现产品、作业以及服务的必要功能。

二、工程经济学的性质

1. 工程经济学与自然科学、社会科学密切相关

组织生产,进行预测、决策,对技术方案做分析、论证,都离不开科学技术和现代化管理;进行工程项目的投资决策,需要运用数学优化方法和现代计算手段;从事某一行业的企业管理和技术经济工作,也必须了解该行业的生产技术。因此,自然科学是本课程的

基础。进行工程经济分析，就是为获得更高的经济效益，而经济效益的取得离不开管理的改进、职工积极性和创造性的发挥。因此，工程经济学与社会学、心理学等社会科学互有联系。

2. 工程经济学与生产建设、经济发展有直接联系

无论是工程经济还是企业管理的研究，都要与我国具体情况和生产建设实践密切结合，包括自然资源的特点、物质技术条件和政治、社会、经济状况等。研究所需资料和数据应当来自生产实际，其研究目的都是更好地配置和利用社会资源，不断提高经济效益。因此，工程经济学与生产建设、经济发展有着直接的联系，是一门应用性较强的学科。

3. 工程经济学定量与定性分析并重

工程经济与企业管理都要求有一套系统全面的研究方法。随着自然科学与社会科学的交叉与融合，使系统论、数学、计算机进入工程经济和企业管理领域，使过去只能定性分析的某些因素，现在可以定量化。但是，这其中仍存在大量无法定量化的因素，如技术政策、社会价值、企业文化等。因此，在研究中必须注意定性与定量分析的结合。

第二节　工程经济学的形成与发展

从1887年开始，工程经济学大致经历了形成、迅速发展和成熟三个主要的发展阶段，目前已经发展成为一门独立的应用广泛的综合性学科。

一、工程经济学的形成

工程经济学的历史渊源可追溯到19世纪后半叶，在此之前，工程师一般只对工程的设计、建造和使用等方面的技术问题负责，很少考虑工程的经济问题。被公认的最早探索工程经济问题的学者是美国建筑工程师威灵顿，他于1887年出版的《铁路布局的经济理论》一书被认为是第一部工程经济学著作，该书开创性地论述了工程领域中的经济评价工作。威灵顿发现，许多工程师在做铁路布局决策时很少考虑铁路工程所需要的投资和将来可能带来的经济收益，因而，首次将成本分析方法应用于铁路最佳长度或路线曲率的选择中，并提出了工程利息的概念，他将工程经济学描述为"一门少花钱多办事的艺术"。

威灵顿的精辟见解被后来的工程经济学家所承袭，很多工程经济学家进一步做了大量的研究工作。1915年，美国斯坦福大学的菲什教授出版的第一部直接以《工程经济学：基本原理》为名称的著作。系统地阐述了与债券市场相联系的工程投资模型，其分析内容包括投资、利率、初始费用与运营费用、商业组织与商业统计、估价与预测等。1920年，戈尔德曼教授出版的《财务工程学》，提到"工程师的最基本的责任是成本分析，以达到真正的经济性，即赢得最大可能数量的货币，获得最佳财务效益"。他提出了决定相对价值的复利模型。这样，人们就可以用复利法确定方案的比较价值，从而为工程经济学中许多经济分析原理的产生奠定基础。

1930年，美国工程经济学家格兰特教授出版的《工程经济原理》，奠定了经典工程经济

学的基础，该书历经半个多世纪，到1982年已经再版6次，是一本公认的工程经济学代表著作。格兰特教授不仅指出了古典工程经济学的局限性，而且以复利为基础讨论了投资决策的基本理论和方法，同时，指出人的经验判断在投资决策中具有重要的作用。格兰特对工程经济分析理论的重大贡献得到了社会的普遍认同，因此，被誉为"工程经济学之父"。

二、工程经济学的发展阶段

第二次世界大战结束之后，随着西方社会经济的逐渐复兴，工业投资项目急剧增加，人们面临资金短缺的问题，因此，如何使有限的资金得到更有效的利用成为投资者与经营者普遍关心的问题。在这种背景下，受到凯恩斯主义经济理论的影响，工程经济学的研究内容从单纯的工程费用效益分析扩大到市场供求和投资分配方面，从而取得了重大进展。

1951年，乔尔·迪安(Joel Dean)教授出版的《管理经济学》开创了应用经济学新领域，计算现金流的现值方法逐渐被应用到资本支出的分析上，在投资收益与风险分析上起了重要作用。更重大的转折发生于1961年，乔尔·迪安教授的《资本预算》一书，不仅发展了现金流量的贴现方法，而且开创了资本限额分配的现代分析方法。

1978年，布西(L. E. Bussey)出版的《工程项目的经济分析》全面、系统地总结了工程项目的资金筹集、经济评价、优化决策以及项目的风险和不确定性分析等基本方法与理论。1982年，曾任世界生产力科学联盟主席的里格斯(J. L. Riggs)出版的《工程经济学》(Engineering Economics)，系统阐述了货币的时间价值、货币管理、经济决策、风险与不确定性分析等工程经济学的基本内容，把工程经济学的学科水平向前推进了一大步。

随着数学和计算技术的发展，特别是运筹学、概率论和数理统计等方法的应用，以及系统工程、计量经济学、最优化技术的飞跃发展，工程经济学与相关学科的交流和发展逐步加强，这也给工程经济学研究增添了新的课题，使其内容更加丰富，理论体系更为完善。随着科学技术的发展和人类社会的进步，工程经济学的研究方法还会不断创新，工程经济学的理论也会不断完善，以便满足人们对工程项目和技术方案进行科学决策的新要求。

三、我国工程经济学的发展

20世纪50年代初期，我国在引进苏联156个项目的同时，将技术经济分析和论证的方法，以及"方案研究""建设建议书""技术经济分析"等类似可行性研究的方法广泛应用在计划工作、基本建设工作和企业管理中，并取得了较好的效果。这一时期的项目建设采用苏联的一套基本建设程序，在项目投资前期引入技术经济分析与论证的阶段，由于历史内、外部条件的限制，这些方法虽然比较简单和粗糙，且还没有形成系统的理论和方法，但在当时使项目投资决策有了依据，这些项目的投资都产生了较好的经济效益，为新中国成立初期的工业发展打下了较好的基础。

1962年5月，国务院先后颁布了关于加强基本建设计划设计管理等内容的三项决定，在我国第二部科技发展规划中提出了"技术经济"的概念，并将技术经济视为与其他六大科学技术学科地位相当的学科。此时，工程经济学获得了初步发展。但在"文革"时期，基本建设项目的前期工作没有得到重视，不少工程项目盲目追求项目建设速度，违背了基本建设程序，造成了巨大的经济损失。

1978年改革开放以后，我国在《1978—1985年全国科学技术发展规划纲要》中，将技经济与管理现代化理论和方法的研究列为108项重大研究课题之一。在1978年11月召开的全国技术经济和管理现代化科学规划工作会议上,通过了《技术经济和管理现代化理论方法的研究规划(1978—1985)》,并成立了中国技术经济研究会。国务院成立了技术经济研究中心。1983年,国家计划委员会要求重视投资前期工作,明确规定将项目可行性研究纳入基本建设程序。1984年,交通运输部组织编制了《运输船舶技术经济论证名词术语》的部颁标准(JT 0013—1985),其中已经出现了工程经济学的若干基本概念。1985年,我国政府决定对项目实行"先评估、后决策"的制度,规定建设项目,特别是大中型重点建设项目和限额以上技术改造项目,都必须经过有相应资格的咨询公司的评估。随着经济建设的发展,许多中央、省市主管部门和大中型企业相继成立了技术经济研究机构,一批国内成长起来的科技哲学和经济及管理学者加入技术经济学科队伍中,技术经济的研究队伍不断壮大,学科体系得以不断发展和完善。

20世纪90年代以来,随着我国建立社会主义市场经济体制目标的逐步确立,政府管理经济及配置经济资源的方式发生变化,国家投资体制改革进程加快,工程经济学的理论与方法普遍应用于各类建设项目的经济评价中,同时,也推动了中国工程经济学学科的发展。目前,在项目投资决策分析、项目评估和管理中,工程经济学的原理和方法已经得到广泛应用。

第三节 工程技术与经济关系分析

一、工程技术与经济的关系

为了弄清工程技术与经济的关系,先要了解工程、技术与经济的概念。

工程是指土木建筑或其他生产、制造部门用比较大而复杂的设备来进行的工作,如土木工程、机械工程、交通工程、化学工程、采矿工程、水利工程等。

一项工程要为人们所接受必须具备两个条件:一是技术上的可行性;二是经济上的合理性。在技术上无法实现的项目是不可能存在的,因为人们还没有掌握它的客观规律;而一项工程如果只讲技术可行,忽略经济合理性也同样是不能被接受的。人们发展技术、应用技术的根本目的,正是提高经济活动的合理性,这就是经济效益。技术的先进性与它的经济合理性是相一致的。一般来说,凡是先进的技术,总是具有较高的经济效果。因此,为了保证工程技术更好地服务于经济,最大限度地满足社会需要,就必须研究、寻找技术与经济的最佳结合点,在具体目标和条件下,获得投入产出的最大效益。

人们通常将技术与科学视为一体,但科学和技术是有着根本区别的。科学是人们对客观规律的认识和总结,而技术则是人们改造自然的手段和方法,是人类在利用自然和改造自然的过程中积累起来并在生产劳动中体现出来的经验和知识。科学家的作用是发现宇宙间各种现象的规律来丰富人类的知识宝库,而工程师的作用是把这些知识用于特定的系统中,为社会提供商品和劳务。科学是认识和发现,技术是创造和发明。技术是在产品(或结构、系统及过程)开发、设计和制造中所采用的方法、措施、技巧,运用劳动工具(包括机械设备等),正确有效地使用劳动对象和保护资源与环境,有目的地加工生产,更好地改造世界,为人类造福。技术一般包括自然技术和社会技术两个方面。自然技术是根据生产实践和自然科学原理而发展形成的各种工艺操作方法、技能和相应的生产工具及其他物质装备。社会技术是指组织生产及流通等技术。

现代汉语中所使用的"经济"一词,源于19世纪后半叶,由日本学者从英语"Economy"翻译而来,如无特殊说明,一般不包括古汉语中"经邦济世""经国济民"的意思。"经济"是一个多义词,通常有以下四个方面的含义:

(1)经济是指生产关系。经济是人类社会发展到一定阶段的社会经济制度,是生产关系的总和,是政治和思想意识等上层建筑赖以建立起来的基础,如马克思的政治经济学研究的经济含义。

(2)经济是指一国国民经济的总称,或指国民经济的各部门,如工业经济、农业经济、运输经济等。

(3)经济是指社会生产和再生产,即指物质资料的生产交换、分配、消费的现象和过程,如工业经济学研究的经济含义。

(4)经济是指节约或节省,其是指对资源的有效利用和节约,如工程经济学研究的经济含义。

工程经济学研究的经济不仅指可以用货币计量的经济效果,还包括不可用货币计量的经济效果,不仅包括工程所直接涉及的经济效果,还包括由此而引起的间接效果。

在人类进行物质生产及交换活动中,工程技术和经济是始终并存且不可分割的两个方面,两者相互促进又相互制约。第一,对任何技术的采用或者进行工程建设都是为一定的经济目标服务的,经济的发展成为技术进步的动力和方向;第二,经济的发展又必须依赖于一定的技术手段,技术进步是推动经济发展、提高经济效益的重要条件和手段;第三,任何新技术的产生与应用又都必须消耗人力、物力和资金等资源,这些都需要经济的支持,同时经济发展又将推动技术的更大进步;第四,技术具有强烈的应用性和明显的经济目的性,技术生存的必要条件是其先进性和经济合理性的结合,没有应用价值和经济效益的技术是没有生命力的。技术与经济的这种特性使得它们之间有着紧密而不可分割的联系,它们之间的这种相互促进、相互制约的联系,使任何工程的实施和技术的应用都不仅是一个技术问题,同时又是一个经济问题。

二、工程技术与经济分析的目的

工程技术与经济分析旨在研究技术与经济的关系以及它们之间优化组合的程度和水平,并对提出的各种技术方案进行论证,从技术上的先进性、经济上的合理性入手,对其进行综合评价、比较,并选择最优方案。

具体来讲,工程技术与经济分析可以帮助企业或政府部门在资源有限的情况下,以保证企业经济效益、国民经济效益和社会效益为基础,选择综合收益最佳的工程项目(技术方案),从而提高工程项目经济决策的科学性,并总结已经建成且投入运行后的工程项目(技术方案)的成功经验和失败教训,为以后新项目(技术方案)的决策提供可借鉴的素材。

第四节　工程经济学研究对象与范围

工程经济是微观经济学的一个特殊领域，工程经济学涉及工程技术和经济的关系。工程经济学作为一门新兴学科现已得到了很大的发展，但是对于工程经济学的研究对象却存在着不同的认识，归纳起来有下面几种观点：

(1)从经济角度选择最佳方案。工程经济学研究技术方案、技术政策、技术规划、技术措施等的经济效果，通过计算分析寻找具有最佳经济效果的技术方案。

(2)工程经济学研究技术与经济的关系。技术与经济相互促进与协调发展，以达到技术与经济的最佳结合。

(3)工程经济学是研究生产、建设中各种技术经济问题的学科。

(4)工程经济学是研究技术创新、推动技术进步、促进企业发展和国民经济增长的科学。

总的来看，工程经济学是研究技术与经济的关系以及技术经济活动规律的科学，它是利用经济学的理论和分析方法，研究如何有效地在各种技术之间配置资源，寻求技术和经济最佳结合的学科。具体地说，就是研究为实现一定功能而提出的在技术上可行的技术方案、生产过程、产品或服务，在经济上进行计算、分析、比较和论证的方法的科学。工程经济学并不关心怎样设计一个工程项目(如一个工厂、一座桥梁)或者如何建设它，它关心的问题是：是否应该在这个地点、这个时间建这个项目？如果建这个项目，将要花多少钱？这样的问题可应用于许多工程，如铁路定线、建筑物高度方案的选择、机械设备是购买还是租赁等。

本书的研究对象主要是工程项目，即以工程项目为主体，以技术经济系统为核心，研究各种工程技术方案的经济效益。通过对经济效益的计算，以求找到最优的工程方案，作为决策部门进行工程技术决策的依据。这里所说的项目是指投入一定资源的计划、规划和方案并可以进行分析和评价的独立单位。项目的含义很广泛，它可以是一座拟建中的水电站或工厂、车间，也可以是一项技术革新或改造的计划，还可以是设备更新方案等。

本章小结

本章主要讲述了工程经济学的概念、性质以及工程经济学发展的过程。工程经济学是研究工程技术实践活动经济效果的学科。它是以工程项目为主体，把经济学原理应用到与工程经济相关的问题和投资上，以技术——经济系统为核心，研究如何有效利用资源，提高经济效益的科学。工程经济学与自然科学、社会科学密切相关，经济学与生产建设、经济发展有直接联系。从1887年开始，工程经济学大致经历形成、迅速发展和成熟三个主要的发展阶段。工程技术和经济是始终并存且不可分割的两个方面，两者相互促进又相互制约。工程经济学的目的是可以帮助企业或政府部门在资源有限的情况下,以保证企业经济效益、国民经济效益和社会效益为基础,选择综合收益最佳的工程项目(技术方案),从而提高工程项目经济决策的科学性,并总结已经建成并投入运行后的工程项目(技术方案)的成功经验和失败教训,为以后新项目(技术方案)的决策提供可借鉴的素材。

思考与练习

一、填空题

1. 工程经济学是以_____为主体,将经济学原理应用到与工程经济相关的问题和投资上,以_____系统为核心,研究如何有效利用资源,提高经济效益的科学。

2. 无论是工程经济还是企业管理的研究,都要与我国具体情况和生产建设实践密切结合,包括_____、_____和政治、社会、经济状况等。

参考答案

二、简答题

1. 对于工程经济学的研究对象却存在着不同的认识,归纳起来有哪几种观点?
2. 一项工程要为人们所接受必须具备哪两个条件?
3. 为什么说工程经济学与自然科学、社会科学密切相关?

第二章 工程经济基本要素

知识目标

1. 了解工程项目总投资资金来源和构成;
2. 熟悉工程项目投资估算计算方法;
3. 熟悉工程项目投资审查方法;
4. 了解工程项目运营期成本费用的构成,熟悉工程经济分析中成本费用、经营成本、固定成本与变动成本的计算方法。

能力目标

1. 掌握工程项目投资的估算计算方法和审查方法,能够根据实际情况进行相关的简单工作;
2. 能够对工程经济分析中的成本费用、经营成本、固定成本和变动成本进行计算。

第一节 工程项目投资与投资估算

一、工程项目投资及其构成

投资是指为获得未来期望收益而进行的资本投放活动。对于具体的工程经济分析对象——工程项目投资而言,一般是指某项工程从筹建开始到全部竣工投产为止所发生的全部资金投入。

1. 项目总投资资金来源

项目总投资的资金来源可分为自有资金和负债资金两大类。

(1)项目自有资金也称为权益资金,其是指投资者缴付的出资额(包括资本金和资本溢价),企业用于项目投资的新增资本金、资本公积金、提取的折旧费与摊销费以及未分配的税后利润等。

(2)负债资金是指银行和非银行金融机构的贷款及发行债券的收入等。其包括长期负债(长期借款、应付长期债券与融资租赁的长期应付款项等)和短期负债(短期借款、应付账款等)。

2. 项目总投资的构成

项目总投资由**建设投资**、**建设期利息**和**流动资金**三部分组成。固定资产投资由建设投资和建设期利息组成。工程项目总投资构成如图2-1所示。

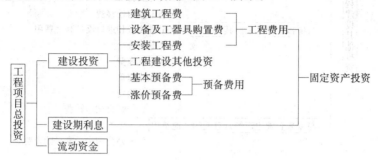

图 2-1　工程项目总投资构成

(1)建设投资。建设投资是指按拟订的建设规模、产品方案、工程技术方案和建设内容进行建设所需的费用。它包括**工程费用**、**工程建设其他费用**和**预备费用**。建设投资是投资中的重要组成部分，是项目工程经济分析的基础数据。

1)工程费用。工程费用是指构成固定资产实体的各项投资。其包括生产工程、辅助生产工程、公用工程、服务工程、环境治理工程等的投资。按性质划分，工程费用包括建筑工程费、设备及工器具购置费和安装工程费。

①建筑工程费是指为建造永久性建筑物和构筑物所需要的费用。其包括建筑物、构筑物自身的建造费用，列入建筑工程预算的供水、供电、供暖、通风、煤气、卫生等设备费用，列入建筑工程预算的管道、线缆等费用，施工场地清理、平整费用，建设环境绿化、美化费用等。

②设备及工器具购置费是指为购置生产运营设备及辅助生产设备、工具、器具而发生的费用。其主要包括设备及工器具的购置费、运输装卸费、包装费、采购费等。

③安装工程费是指为安装定位生产运营设备所需要的费用。其主要包括设备的装配费用，与设备连接的工作台、梯子、栏杆等的装设费用，设备管线的敷设费用，调试运行费用等。

2)工程建设其他费用。工程建设其他费用是指从工程筹建到工程竣工验收交付使用为止的整个建设期间，为保证工程建设顺利完成和交付使用后能够正常发挥效用而发生的各项费用。

工程建设其他费用，按其内容大致可分为三类：第一类为土地费用；第二类为与项目建设有关的其他费用；第三类为与未来企业生产经营有关的其他费用，如图2-2所示。

其中，土地是不可再生的稀缺资源，是工程项目的载体。进行工程经济活动，必须涉及土地取得方式及其费用。值得注意的是，这与计划经济时期土地无偿使用不同。

我国目前已经建立了土地市场，在绝大多数情况下，取得土地的使用权是有偿有期限的，因而土地费用是必不可少的。目前，土地费用一般占工程项目总投资的30%左右，个别项目甚至占60%～70%。

3)预备费用。预备费用是指为使工程顺利开展，避免不可预见因素造成的投资估计不足而预先安排的费用。按我国现行规定，预备费用包括基本预备费和涨价预备费。

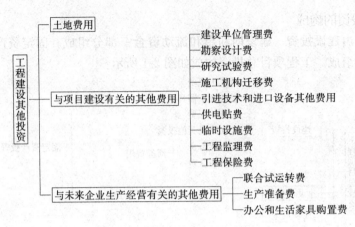

图 2-2 工程建设其他投资的构成

基本预备费是指在项目实施中可能发生的难以预料的支出，又称工程建设不可预见费，其主要指设计变更及施工过程中可能增加的工程量所产生的费用。费用内容包括：在批准的初步设计范围内，技术设计、施工图设计及施工过程中所增加的工程费用；设计变更、局部地基处理等所增加的费用；一般自然灾害所造成的损失和为预防自然灾害而采取措施产生的费用；竣工验收时为鉴定工程质量对隐蔽工程进行必要的挖掘和修复所产生的费用。

涨价预备费是指对建设工期较长的项目，由于在建设期内可能发生材料、设备、人工等价格上涨而引起投资增加，或工程建设其他费用调整，如利率、汇率调整等需要事先预留的费用，也称价格变动不可预见费。

(2) 建设期利息。建设期利息是指因筹措债务资金而在建设期发生的并按规定允许在项目实施后计入固定资产原值的利息，即资本化利息。它包括银行借款、其他机构借款、发行的债券等所有债务资金应计的利息以及手续费、承诺费、管理费、信贷保险费等财务费用。需要注意的是，对于分期建成投产的项目，应按各期投产运营时间分别停止借款利息的资本化，即投产后继续发生的借款费用不再作为建设期利息计入固定资产原值，而应作为运营期利息计入总成本费用。

在项目的经济分析中，各种债务资金无论是按年计息，还是按季、月计息，均可简化为按年计息，即将名义利率折算为年实际利率 i_{eff}。其计算公式为

$$i_{\text{eff}} = \frac{I}{P} = \left(1 + \frac{r}{m}\right)^m - 1 \tag{2-1}$$

式中 I——利息；
  P——本金；
  r——名义利率；
  m——名义利率时间单位内的计息次数。

在项目的经济分析中，假定各种债务资金均在年中支用，即当年借款支用额按半年计息，上年借款按全年计息。

当建设期用自有资金按期支付利息时，直接采用年名义利率按单利计算各年建设期利息。其计算公式为

$$\text{各年应计利息} = \left(\text{年初借款本金累计} + \frac{\text{本年借款}}{2}\right) \times \text{年名义利率} \tag{2-2}$$

当建设期未能付息时，建设期各年利息采用复利方式计息。其计算公式为

$$各年应计利息 = \left(年初借款本息累计 + \frac{本年借款之用额}{2}\right) \times 年实际利率 \quad (2-3)$$

对有多种借款资金来源且每笔借款的年利率各不相同的项目，既可分别计算每笔借款的利息，也可先计算出各笔借款加权平均的年利率，并以加权平均年利率计算全部借款的利息。

【例 2-1】 某新建项目，建设期为 3 年。在建设期第一年借款 3 000 万元，第二年借款 4 000 万元，第三年借款 3 000 万元，每年借款平均支用，年实际利率为 5.6%，用复利法计算建设期借款利息。

【解】 建设期各年利息 (I_x, $x = 1, 2, 3$) 计算如下：

$P_1 = 0$，$A_1 = 3\,000$ 万元，$I_1 = 0.5 \times 3\,000 \times 5.6\% = 84$ (万元)

$P_2 = 3\,000 + 84 = 3\,084$ (万元)，$A_2 = 4\,000$ 万元

$I_2 = (3\,084 + 0.5 \times 4\,000) \times 5.6\% = 284.7$ (万元)

$P_3 = 3\,000 + 84 + 4\,000 + 284.7 = 7\,368.7$ (万元)，$A_3 = 3\,000$ 万元

$I_3 = (7\,368.7 + 0.5 \times 3\,000) \times 5.6\% = 496.6$ (万元)

到建设期末累计借款本利和为：$A_1 + I_1 + A_2 + I_2 + A_3 + I_3 = 10\,865.3$ (万元)，其中，建设期利息为：$I_1 + I_2 + I_3 = 865.3$ (万元)。

(3) 流动资金。流动资金是指项目投产运营后，为维护项目正常生产运营所占用的全部周转资金。它是在生产期内为了保持生产经营的永续性和连续状态而垫付的资金，是伴随着固定资产投资而发生的永久性流动资产投资。流动资金主要包括用于购买原材料、燃料、动力的费用，支付工资以及相关开支的费用，其他经营费用等。

流动资金是流动资产与流动负债的差额。流动资产是指在一年或超过一年的一个营业周期内变现或耗用的资产，包括现金、应收款、预付款、存货等。流动负债是指将在一年或超过一年的一个营业周期内偿还的债务，包括短期借款、应付账款、预收账款、应付工资、应交税金、应付利润、其他应付款、预提费用等。即

$$流动资金 = 流动资产 - 流动负债 \quad (2-4)$$

$$流动资产 = 现金 + 应收款 + 预付款 + 存货 \quad (2-5)$$

$$流动负债 = 短期借款 + 应付账款 + 预收账款 + 应付工资 + 应交税金 + 应付利润 + 其他应付款 + 预提费用 \quad (2-6)$$

在工程经济分析中，流动资金是指建设项目必须准备的基本运营资金，不包括运营中需要的临时性运营资金。在工程经济分析实务中，流动负债一般只考虑应付账款和预收账款。流动资金在生产经营期间被项目长期占用，在项目终了时被全额回收。流动资金的构成如图 2-3 所示。

二、投资估算技术

项目经济分析的现金流量的形成是基于对项目建设期间的投资费用以及运营阶段收益和成本支出的估计。以下是从方法上对成本和费用的估算技术作框架性的介绍。

1. 综合估算方法框架

投资现金流量的综合估算方法框架主要包括**工作分解结构、成本收入分类和估算方法**三个基本部分。

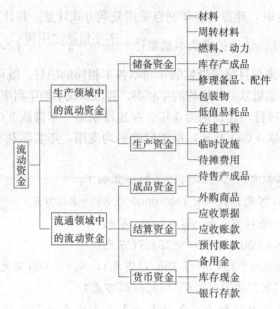

图 2-3 流动资金的构成

任何一个工程项目或产品，都是由一系列工作元素（人工、材料或部件）组成的，通过对这些工作元素的投入或收入的估算加总得出整个项目的现金流量。工作分解结构明确地定义了一个项目的工作要素和它们的相互关系的结构，也称为工作元素结构。为了估算工作分解结构中每一个层级的现金流量，应对成本和收入的分类和元素进行描述，并选择数学模型的估算方法估算研究期内的成本和收入。

这三个组成部分与其相应的分析程序相结合，为分析备选方案的现金流量提供了一种有效的方法。

(1) **工作分解结构(WBS)**。工作分解结构是项目管理的一种基本工具，对工程经济分析也是一种极其重要的辅助手段。工作分解结构为定义所有的项目元素及其相互关系、收集和组织信息，并为确定成本和收入数据以及整合项目管理活动提供了一个框架。如果没有工作分解结构，那么在分析现金流量时，第一步就应建立工作分解结构。某房屋建筑项目工作分解结构的示例如图 2-4 所示。

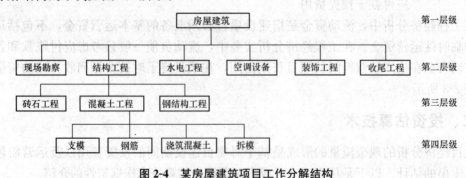

图 2-4 某房屋建筑项目工作分解结构

为了确保工作分解结构包括的工作元素并避免工作元素的重叠，要防止纳入不相关的活动，在大型工程的分析中，应编写一份工作分解结构的说明，以保证每一个层级的工作元素都得到清晰的定义。

(2) 成本与收入的分类。这一分类结构用来对在分析中所需要的成本和收入进行识别与分类，并在这一分类结构下准备成本与收入估算方法所需要的详细的数据，进而估算方案的现金流量。

项目现金流量的估算要与项目的研究期相一致。项目的研究期最好就是项目、产品或服务的寿命周期。项目寿命周期从最初明确经济上的需求开始，到最终项目退出或处置结束。因此，它涵盖了目前和未来所有的成本与收入。完整的成本费用估算应该包括全部寿命周期内的各种费用，称为寿命周期费用。这样，在决策时，就可全面考虑所有现在与将来的有关成本和收入。另外，有利于决策人员重视建设阶段的初始投资与运营阶段的成本和收入之间的平衡。

分析人员除要确定研究期外，还要确定哪些成本和收入对现金流量估算最重要、需要更深入详细地研究，哪些不重要、对分析结果影响不大。

对项目的主要成本和收入可作如下分类：

1) 固定资产与流动资产投资；
2) 人工成本；
3) 材料成本；
4) 维修费；
5) 税费和保险费用；
6) 损耗费用；
7) 管理费；
8) 资产处置费；
9) 收入；
10) 残值回收。

(3) 估算的方法。估算方法的选用，要考虑成本与收入的具体特性，对不同的工作元素采用不同的估算方法，从而得出单个元素的现金流和整个方案的现金流。

成本和收入估算可以根据详细程度、精度和用途不同，分为初步估算、准详细估算和详细估算三类，见表 2-1。

表 2-1 成本和收入估算的分类

序号	项目	内容
1	初步估算	初步估算也称为重要性估算，主要用于项目规划与初始评估阶段。初步估算用于概念设计方案的选择，其精度为 $\pm 30\% \sim \pm 50\%$，可以通过会议、问卷调查和 WBS 中第一层级或第二层级的公式等方法估算
2	准详细估算	准详细估算也称为概算，主要用于项目概念设计阶段或初步阶段。准详细估算（概算）是为支持初步设计阶段的决策而进一步编制的成本与费用估算。其精度通常为 $\pm 15\%$，这与成本和收入划分的准确性以及估算人员与估算资源的投入有关。在准详细估算中，估算人员常常应用 WBS 第二层级和第三层级的公式来计算
3	详细估算	详细估算是项目投标的基础，用于详细设计决策，其精度为 $\pm 5\%$。估算人员一般可根据项目的规范与说明、设计图纸、现场勘查、供应商的报价单、公司内部历史记录，对 WBS 第三层级及以下的层级的工作元素进行详细估算

2. 估算的数据来源

成本和收入估算的信息来源很多，难以完全罗列。按照其重要性顺序，主要有会计记录、企业内部信息、企业外部信息及研究与开发的资料和数据。

会计记录是工程经济分析中成本和收入估算信息的主要来源之一，这些数据一般不能直接使用，需要进行调整。

会计记录往往会对经济分析产生误导，主要原因是：第一，会计数据是以过去的结果为基础的；第二，会计系统有其严格的分类，这种对资产、负债、净值、收入和支出的分类只适用于公司营运决策与财务报告，而不适用于项目设计与方案比选的经济分析与决策；第三，会计规则对资产价值的计算偏保守，会计数据经常是表面上精确，实际上却体现了"长官意志"，尽管其数字精确到每角每分，但并不一定真实。

总的来说，会计记录是历史数据的重要来源，但是，在用于工程经济分析的估算中其也存在某些局限，而且，会计记录往往无法直接反映经济分析中通常用到的边际成本或机会成本。

企业内部信息是估算信息极好的来源。它主要包括企业内部一些职能部门保存的工程、生产、销售、质量、采购和人事记录等，这些信息对经济分析非常有用。

公司外部信息来源很多，主要来自公开出版物与个人之间的联络。估算人员要决定哪些信息有用，哪些信息无用。公开出版物包括技术指南、物价指数、政府出版物、参考书与专业杂志。个人之间的联络是信息潜在的重要来源，通过个人之间的联络，可以从供应商、销售人员、业内人士、顾客、银行、政府机构、商会甚至竞争对手那里获取有用的信息。

如果没有公开的信息资料，或者无法从外部咨询机构获得所需的数据，那么，唯一的途径就是通过企业内部的研究与开发获取相关信息。例如，可研究开发一个试验性的工厂，并试销其新产品。但是这种方法成本较高，而且并不能保证成功，只有在无法通过以上信息来源获取数据并做重大项目决策时，才会被采用。

3. 估算方式

成本估算的方式是多样的，具体内容见表 2-2。

表 2-2 成本估算方式

序号	主要方式	内容
1	召开成本估算会议	通过召开对成本估算信息充分了解、具有丰富经验的专家参加的会议估算项目成本
2	比较法	通过类似工程或设计项目的比较，推算项目的成本，尽管其估算的精度有限，但可确定项目成本的范围，为决策提供参考
3	定量方法	采用定量方法进行成本估算

4. 估算模型

（1）**指数法**。随着时间的推移，成本和价格常常会发生变化。引起这些变化的主要因素包括技术的进步、劳动力和材料的可获得性、通货膨胀等。**指数法是指根据历史数据来估算现在和将来的成本和价格的方法**。在第 n 年的成本或者项目销售价格的估算可以根据在此之前年份(第 k 年)的成本和价格的历史数据来获得。通过对第 n 年(I_n)和第 k 年(I_k)的指数比率来计算：

$$C_n = C_k(I_n/I_k) \tag{2-7}$$

式中　k——参照对比的年份；

　　　n——需要估算成本或价格的年份，其中 $n>k$；

　　　C_n——在第 n 年的成本或价格估算值；

　　　C_k——参照年份时的成本或价格。

这种方法使得成本或项目销售价格可以根据某一特定年份的历史数据和指数来计算。这一概念可以用在 WBS 较低层级上，用来估算设备、材料和人工费用，当然也可用在高级别的 WBS 中，用来估算整个新设备、桥梁等的项目总成本。

【例 2-2】 某企业准备在 2002 年扩建锅炉房，其中，主要的支出是购买和安装锅炉的费用。该型号的设备在 1993 年曾购置过，总费用为 425 万元。据初步了解，生产厂家的技术并无大的改进。试利用指数法在厂方报价之前进行购置费估算。

【解】　初步分析这笔费用的变化主要是由于物价上涨引起的，因此，可以用固定资产投资价格指数。查统计年鉴，1993 年该指数为 145.9，2002 年为 182.4，代入式(2-7)，得出购置费估价为

$$C_{2002} = C_{1993}(I_{2002}/I_{1993}) = 425 \times \frac{182.4}{145.9} = 531（万元）$$

(2)**单价法**。单价法是采用估算的单位成本乘以相应的数量来估算项目成本。这些单位成本主要包括：千瓦发电装机容量的投资费用；每千米、每件或每吨产品的销售收入；每千瓦时的燃油成本；每运营 500 h 的节约费用；每安装一部电话的初装成本；蒸汽管道每千米的温度损耗；每平方米建筑面积的土地、土建或配套成本等。这些要素单价乘以相应的数量后，就可估算出总成本或总收入。

虽然单价法对初步估算十分有用，但是平均值的概念很容易对人产生误导。一般来说，应采用更加详细具体的方法来提高估算精度。

(3)**要素法**。要素法是对单价法的延伸，其估算方法是将产品组成要素的直接估算成本与产品其他组成要素的估算(单价法)相加，以求得产品的成本，即

$$C = \sum_d C_d + \sum_m f_m U_m \tag{2-8}$$

式中　C——要估算的成本；

　　　C_d——可直接估算成本的要素 d 的成本；

　　　f_m——要素 m 的单位成本(即单价)；

　　　U_m——要素 m 的数量。

【例 2-3】 某学校能容纳 2 000 名学生，占地 12 000 m^2，主体建筑由一幢教学楼和办公楼组成。两者的建筑面积分别是 2 800 m^2 和 800 m^2，直接估算造价分别是 800 万元和 120 万元。操场和附属设施的造价按上述两个单体的建筑面积以 780 元/m^2 为宜。市政设施与景观的造价按占地面积以 280 元/m^2 为宜。另外，运动设施的造价按学生人数每人 950 元计算。试用要素法进行投资估算。

【解】　将有关数据代入式(2-8)，得

$$C = 8\,000\,000 + 1\,200\,000 + 780 \times (2\,800 + 800) + 280 \times 12\,000 + 2\,000 \times 950$$
$$= 17\,268\,000（元）$$
$$= 1\,726.8（万元）$$

总投资估算为 1 726.8 万元。

(4) **参数成本估算法**。参数成本估算是采用历史成本数据和统计方法来预测将来的成本。统计方法用来建立成本估算关系，将某一项目(如产品、服务)的成本或价格与一个或几个自变量联系起来(如成本驱动因素等)。成本驱动因素主要是设计变量，对项目总成本影响较大。表 2-3 为部分产品的成本驱动因素。

表 2-3 产品的成本驱动因素

产　品	成本驱动因素(自变量)
建筑物	楼面面积、屋面面积、墙面面积
涡轮发动机	最大冲力、运转推力、燃油消耗
发电厂	功率
柴油机机车	功率、重量、行驶速度
喷气发动机	推力的大小
发动机	功率

参数模型应用在早期的设计阶段，以便了解产品成本是如何随着其物理属性(如重量、容积、功率)等发生变化的。它有助于工程师了解设计方法的选择对产品总成本的影响，这对于开发在经济和技术上可行的产品极为重要。

常用的参数成本估算方法包括生产规模法和学习曲线法两种。生产规模法又称为生产能力指数法或指数模型，常用于推算拟建工厂和设备的投资。一般来说，成本会随生产能力或规模的变化呈指数变化，这一指数往往大于 0 而小于 1，写成公式为

$$I_c = I_r \left(\frac{D_c}{D_r} \right)^m \cdot \varphi \tag{2-9}$$

式中　I_c，I_r——分别为拟建和已建工程或装置的投资额；

D_c，D_r——分别为拟建和已建工程或装置的生产能力；

φ——因建设地点和时间的不同而给出的调整系数；

m——投资生产能力指数(取决于被估算的工厂或设备的类型)。

学习曲线法是利用学习曲线进行参数成本估算的方法。学习曲线是表述随着产出的重复增加，劳动者在生产过程中不断学会技术、提高劳动生产率，使单位产品的劳动用工不断下降的一种规律，如图 2-5 所示。在估算成本费用时要充分考虑这种重复生产成本的下降趋势。

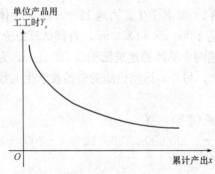

图 2-5　学习曲线示意图

上述的指数法、单价法和要素法等成本与费用的估算方法主要用于工程概念设计阶段或初步设计阶段的方案初步比选的可行性分析。有时，也用于工程详细设计阶段，以材料清单、标准成本和其他详细数据为基础，控制工艺设计的预算费用。

三、投资估算方法

投资估算是进行项目经济性评价的基础，投资估算的精度高低直接影响对项目经济效益评价的结论，进而影响着项目投资决策。同时，投资估算也是资金筹措的依据。估算方法可根据项目研究的不同阶段、对投资估算的不同精度要求以及具体的相关规定选择。

1. 固定资产投资估算方法

固定资产投资估算方法见表2-4。

表2-4 固定资产投资估算方法

方 法		公 式 与 内 容
扩大指标估算法	单位生产能力投资估算法	根据类似企业单位生产能力投资指标估算拟建项目的固定资产投资。单位生产能力投资用类似企业的固定资产投资除以生产能力求得。例如，每千米铁路投资、每千瓦发电能力的电站投资、每吨煤生产能力的煤矿投资等。其计算公式为 $$I_2 = X_2(I_1/X_1)$$ 式中 X_1——类似企业的生产能力； X_2——拟建项目的生产能力； I_1——类似企业的固定资产投资额； I_2——拟建企业的固定资产投资额
	生产能力指数估算法	根据实际统计资料，生产能力不同的两个同类企业其投资与生产能力之比的幂成正比。其表达式为 $$I_2 = I_1(X_2/X_1)^n$$ 式中 X_1——类似企业的生产能力； X_2——拟建项目的生产能力； I_1——类似企业的固定资产投资额； I_2——拟建企业的固定资产投资额； n——生产能力指数。 其中，n 的数值根据不同类型企业的统计资料确定
	比例估算法	根据统计资料，先求出已有同类企业主要设备投资占全厂固定资产投资的比例，然后再估算出拟建项目的主要设备投资，即可按比例求出拟建项目的固定资产投资(I)。其表达式为 $$I = \frac{1}{K}\sum_{i=1}^{n} Q_i p_i$$ 式中 I——拟建项目的固定资产投资； K——主要设备投资占项目固定资产投资的比例； n——设备种类数； Q_i——第 i 种设备的数量； p_i——第 i 种设备的单价(到厂价格)

续表

方　法		公　式　与　内　容
概算指标估算法（国内一般项目）	工程费用 — 建筑工程费	建筑工程是指矿建工程和土建工程。它包括房屋建筑工程、大型土石方和场地平整工程，以及特殊构筑物工程等。 建筑工程费由人工费、材料费、施工机具使用费、企业管理费、利润、规费和税金构成。 人工费、材料费、施工机具使用费可按建筑工程量和当地建筑工程概算综合指标计算。 企业管理费可以以分部分项工程费，或人工费和机械费合计，或人工费作为计算基数，按企业管理费费率计算。 利润是施工企业完成其所承包工程获得的盈利，以定额人工费，或定额人工费和定额机械费合计作为计算基数，参照规定的费率计算。 规费是按国家法律、法规规定，由省级政府和省级有关权力部门规定必须缴纳或计取的费用，包括社会保险费、住房公积金、工程排污费等。 税金是国家税法规定的应计入建筑安装工程造价内的增值税、城市维护建设税、教育费附加以及地方教育费附加等
	工程费用 — 设备购置费	设备购置费包括需要安装和不需要安装的全部设备、工器具及生产用家具购置费等。后者是指新建项目为保证初期正常生产所必须购置的第一套不够固定资产标准的设备、仪器、工卡模具、器具等的费用，不包括备品备件购置费，该费用应随同有关设备列入设备费中。 设备购置费＝设备原价×[1＋设备运杂费费率(包括设备成套公司的成套服务费)] 工器具及生产用家具购置费＝设备购置费×费率(或按规定的金额计算)
	工程费用 — 安装工程费	安装工程费包括设备及室内外管线安装等费用，由人工费、材料费、施工机具使用费、企业管理费、利润、规费和税金构成。人工费、材料费、施工机具使用费按每吨设备、每台设备或占设备原价的百分比估算。企业管理费按照企业管理费费率计算。利润以定额人工费，或定额人工费和定额机械费合计作为计算基数，参照规定的费率计算。税金包括增值税、城市维护建设税、教育费附加以及地方教育费附加等
	其他费用	其他费用按照行业主管部门和地方的取费标准或按建筑工程费的百分比计算
	预备费用	预备费用按建筑工程、设备投资和其他费用之和的一定百分比计算，一般取上述之和的5%～8%

2. 建设期利息估算方法

估算建设期利息，应在确定了投资计划和资金筹措方案的基础上进行。首先根据项目进度计划，确定建设期分年度的投资计划，明确每年需要的总投资额以及外币和本币数额；再依据资金筹措计划，确定建设资金的债务资金比例和具体债务资金的筹资条件。

在工程经济分析实务中，计算建设期利息时，为简化计算，通常假定借款均发生在年中，借款当年按半年计息。即某年应计利息为

$$某年应计利息＝(年初借款资金累计＋当年借款/2)×借款年利率 \qquad (2-10)$$

需要注意的是，若采用单利计息，年初借款资金累计为借款本金累计值；采用复利计息时，年初借款资金累计为借款本金和期间产生的利息的累计值。

3. 流动资金估算方法

流动资金估算方法见表 2-5。

表 2-5 流动资金估算方法

方 法		公 式 与 内 容
扩大指标估算法	按产值（或销售收入）资金率估算	一般加工工业项目多采用产值（或销售收入）资金率进行估算。 流动资金额＝年产值（年销售收入）×产值（销售收入）资金率
	按经营成本（或总成本）资金率估算	由于经营成本（或总成本）是一项综合性指标，能反映项目的物质消耗、生产技术和经营管理水平以及自然资源等条件的差异等实际状况。一些采掘工业项目常采用经营成本（或总成本）资金率估算流动资金。 流动资金额＝年经营成本（或总成本）×经营成本（总成本）资金率
	按固定资产价值、资金率估算	有些项目可按固定资产价值资金率估算流动资金。 流动资金额＝固定资产价值总额×固定资产价值资金率 固定资产价值资金率是流动资金占固定资产价值总额的百分比
	按单位产量资金率估算	有些项目如煤矿，按吨煤资金率估算流动资金。 流动资金额＝年生产能力×单位产量资金率
分项详细估算法	周转次数	周转次数＝360 天/最低周转天数 各类流动资产和流动负债的最低周转天数参照同类项目平均周转天数并结合项目特点确定。 应考虑储存天数、在途天数、保险余量等
	流动资产估算	(1)存货的估算。存货是指企业在日常生产经营过程中持有备售，或者仍处于生产过程，或者在生产经营过程中将消耗的材料或物料等，包括各类材料、商品、在产品、半成品和产成品等。在工程经济分析实务中，一般简化计算，仅考虑外购原材料、燃料动力、在产品和产成品。 外购原材料、燃料动力＝年外购原材料、燃料动力费用/分项周转次数 在产品＝(年外购原材料、燃料动力费用＋年工资及福利费＋ 年修理费＋年其他制造费)/在产品周转次数 产成品＝(年经营成本－年其他营业费用)/产成品周转次数 (2)应收账款估算。应收账款指对外销售商品、提供服务而尚未收回的资金。 应收账款＝年经营成本/应收账款周转次数 (3)预付账款估算。预付账款是指企业为购买各类商品或接受服务所预先支付的款项。 预付账款＝外购商品或服务年费用/预付账款周转次数 (4)现金估算。现金是指为维持项目正常生产运营必须预留的货币资金。 现金＝(年工资及福利费＋年其他费用)/现金周转次数 其中 年其他费用＝制造费用＋管理费用＋营业费用－ 上述费用中包含的工资及福利费、折旧摊销费、修理费
	流动负债估算	(1)应付账款估算。应付账款是指外购原材料、燃料动力以及其他材料已经完成，应该向采购方支付的款项。 应付款＝外购原材料、燃料动力以及其他材料费用/应付账款周转次数 (2)预收账款估算。预收账款是指企业在采购方为获得商品时而预先从对方获得的营业收入。 预收账款＝预收营业收入年金额/预收账款周转次数

四、投资估算审查

加强项目投资估算的审查工作，可保证估算的准确性，以确保其应用的作用。投资估算审查工作的主要内容见表 2-6。

表 2-6 投资估算审查工作的主要内容

序号	项目	主要内容
1	审查投资估算编制依据的可信性	(1)审查选用的投资估算方法的科学性、适用性。每种投资估算方法都有各自的适用条件和范围，并具有不同的精确度，使用的投资估算方法应与项目的客观条件和情况相适应，且不得超出该方法的适用范围，才能保证投资估算的质量。 (2)审查投资估算采用数据资料的时效性、准确性。估算项目投资所需的数据资料与时间有密切关系，必须注意其时效性和准确程度
2	审查投资估算采用数据资料的时效性、准确性	(1)审查项目投资估算包括的工程内容与规定要求是否一致，是否有漏项与重算。 (2)审查项目投资估算的项目产品生产装置的先进水平和自动化程度等是否符合规划要求的先进程度。 (3)审查是否对拟建项目与已运行项目在工程成本、工艺水平、规模大小、自然条件、环境因素等方面的差异作了适当的调整
3	审查投资估算的费用项目、费用数额的符实性	(1)审查费用项目与规定要求、实际情况是否相符，估算的费用项目是否符合国家规定，是否针对具体情况作了适当的增减。 (2)审查是否考虑了采用新技术、新材料，同时考察所需增加的投资额，该额度是否合理。 (3)审查是否考虑了物价上涨和汇率变动对投资额的影响，考虑的波动变化幅度是否合适。 (4)审查"三废"处理所需投资是否进行了估算，其估算数额是否符合实际

第二节 工程项目成本费用

一、工程项目运营期成本费用的构成

工程项目运营期的成本费用由生产成本和期间费用两部分构成，见表 2-7。

生产成本也称制造成本，是指企业生产运营过程中实际消耗的直接材料费、直接工资、其他直接支出和制造费用。

期间费用是指在一定会计期间内发生的与生产经营没有直接关系和关系不密切的管理费用、财务费用和营业费用。期间费用不计入产品的生产成本，直接体现为当期损益。

表 2-7　工程项目运营期成本费用的构成

项　　目		内　　容
生产成本	直接材料费	直接材料费包括企业生产经营过程中实际消耗的原材料、辅助材料、设备零配件、外购半成品、燃料、动力、包装物、低值易耗品的费用以及其他直接材料费
	直接工资	直接工资包括企业直接从事产品生产人员的工资、奖金、津贴和补贴等
	其他直接支出	其他直接支出包括直接从事产品生产人员的职工福利费等
	制造费用	制造费用是指企业各个生产单位(分厂、车间)为组织和管理生产所发生的各项费用,包括生产单位(分厂、车间)管理人员工资、职工福利费、折旧费、维护费、修理费、物料消耗、低值易耗品摊销、劳动保护费、水电费、办公费、差旅费、运输费、保险费、租赁费(不含融资租赁费)、设计制图费、试验检验费、环境保护费以及其他制造费用
期间费用	管理费用	管理费用是指企业行政管理部门为管理和组织经营活动发生的各项费用,包括公司经费(工厂总部管理人员工资、职工福利费、差旅费、办公费、折旧费、修理费、物料消耗、低值易耗品摊销以及公司其他经费)、工会经费、职工教育经费、劳动保险费、董事会费、咨询费、顾问费、招待费、税金(指企业按规定支付的房产税、车船使用税、土地使用税和印花税等)、土地使用费(或海域使用费)、技术转让费、无形资产摊销、开办费摊销、研究发展费以及其他管理费用
	财务费用	财务费用是指企业为筹集资金而发生的各项费用,包括运营期间的利息净支出、汇兑净损失、调剂外汇手续费、金融机构手续费以及在筹资过程中发生的其他财务费用等
	营业费用	营业费用是指企业在销售产品、自制半成品和提供劳务等过程中发生的各项费用以及专设销售机构的各项经费,包括应由企业负担的运输费、装卸费、包装费、保险费、委托代销费、广告费、展览费、租赁费(不包括融资租赁费)和销售服务费用、销售部门人员工资、职工福利费、差旅费、办公费、折旧费、修理费、物料消耗、低值易耗品摊销以及其他经费等

二、工程经济分析中成本费用的计算

在工程经济分析中,成本费用的计算有两种方法,即生产成本加期间费用估算法和生产要素估算法。

(一)生产成本加期间费用估算法

从总成本费用的形成过程来看,总成本由生产成本和期间费用构成,即

$$总成本费用＝生产成本＋期间费用 \quad (2-11)$$

生产成本＝直接材料费＋直接燃料和动力费＋直接工资及福利费＋其他直接支出＋制造费用

$$生产成本＝直接费用＋制造费用 \quad (2-12)$$

$$期间费用＝管理费用＋财务费用＋营业费用 \quad (2-13)$$

(1)**制造费用**是指企业各生产车间为组织和管理生产所发生的各项费用。制造费用包括生产单位管理人员工资和福利费、折旧费、修理费(生产单位和管理用房屋、建筑物、设备)、办公费、水电费、机物料消耗、劳动保护费、季节性和修理期间的停工损失等。但不包括企业行政管理部门为组织和管理生产经营活动而发生的管理费用。为了简化计算,常将制造费用归类为生产单位管理人员工资及福利费、折旧费、修理费和其他制造费用等几部分。

(2)期间费用是指一定会计期间内发生的与生产经营没有直接关系和关系不密切的管理费用、财务费用、营业费用等。

1)管理费用是指企业行政管理部门为管理和组织经营活动发生的各项费用。管理费用包括公司经费、工会经费、劳动保险费、待业保险费、董事会费、咨询费、聘请中介机构费、诉讼费、业务招待费、排污费、房产税、车船使用税、土地使用税、印花税、矿产资源补偿费、技术转让费、研究与开发费、无形资产与其他资产摊销、职工教育经费、计提的坏账准备和存货跌价准备等。为了简化计算，项目评价中可将管理费用归类为管理人员工资及福利费、折旧费、无形资产和其他资产摊销、修理费和其他管理费用等几部分。

2)财务费用是指企业为筹集资金而发生的各项费用。财务费用包括生产经营期间的利息净支出、汇兑净损失、调剂外汇手续费、金融机构手续费以及筹资过程中发生的其他财务费用。

3)营业费用是指企业在销售产品和提供服务过程中发生的费用。营业费用包括应由企业负担的运输费、装卸费、包装费、保险费、广告费、展览费以及专设销售机构人员工资与福利费、类似工程性质的费用、业务费等经营费用。为了简化计算，项目评价中将营业费用归为销售人员工资及福利费、折旧费、修理费和其他营业费用等几部分。

(二)生产要素估算法

当项目经济分析发生在项目投产运营之前时，较难详细估算上述成本费用时，可采用生产要素法估算总成本费用。

总成本费用＝外购原材料、燃料及动力费＋人工工资及福利费＋折旧费＋摊销费＋修理费＋利息支出＋其他费用　　　　　　　　　　　　　　　　　　　(2-14)

两种方法下总成本费用的构成如图 2-6 所示。

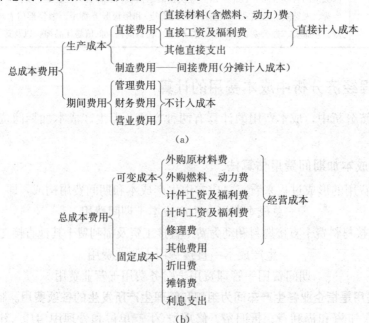

图 2-6　两种方法下总成本费用的构成
(a)按生产成本加期间费用法总成本费用的构成；
(b)按生产要素估算法总成本费用的构成

（1）折旧。固定资产由于使用，不断磨损，逐渐丧失使用价值，企业为将来更新固定资产，逐年从总成本费用中提取磨损部分的价值，补偿固定资产价值的损耗。这种补偿固定资产价值损耗的方法被称为折旧。这不是一个简单的企业行为，企业应遵循国家的折旧制度。

（2）摊销。无形资产和其他资产的原始价值需要在规定的年限内，转移到产品成本中，这种从成本费用中逐年提取部分资金补偿无形资产(专利权、商标权等)和其他资产(生产准备费、开办费等)价值损失的做法，即摊销。企业通过逐年计取摊销费，回收无形资产和其他资产的原始价值。

（3）其他费用。其他费用包括其他制造费用、其他管理费用和其他营业费用三大部分。其他制造费用是指从制造费用中扣除生产单位管理人员工资及福利费、折旧费、理费后的其余部分；其他管理费用是指从管理费用中扣除工资及福利费、折旧费、修理费后的其余部分；其他营业费用是指从营业费用中扣除工资及福利费、折旧费、修理费后的其余部分。

(三)总成本费用构成

固定成本一般包括折旧费、摊销费、修理费、工资及福利费(计件工资除外)和其他费用等，通常将运营期发生的全部利息也作为固定成本。可变成本主要包括外购原材料、燃料及动力费和计件工资等。有些成本费用属于半可变成本，必要时可进一步分解为固定成本和可变成本。产品成本按其与产量变化的关系可分为**固定成本、可变成本和混合成本**。

（1）固定成本。固定成本是指在一定期间和一定生产规模限度内，不随产品产量变化而变化的费用，如固定资产折旧费、管理人员工资、办公费、差旅费等。

（2）可变成本。可变成本是指产品成本中随着产品产量的增减而变化的费用，如直接材料、直接燃料和动力费等。

（3）混合成本。混合成本是指介于固定成本和可变成本之间，其费用总额随产量增减而变化，但非成比例变化的费用，又称半固定半可变成本。同时具有固定成本和可变成本的特征——在不确定性分析的线性盈亏平衡分析时，要求对混合成本进行分解，以分出其中的固定成本和可变成本，并分别计入固定成本和可变成本总额之中。在工程项目的经济分析中，为便于计算和分析，也可将总成本费用中的原材料费用及燃料和动力费用视为可变成本，其余各项均视为固定成本。

三、固定资产折旧

1. 折旧的概念

固定资产在使用过程中会不断发生磨损，产生价值损耗，这种损耗的价值随着工程项目的营运而逐渐转移到成本中，并通过产品销售，以货币资金的形式加以回收，从而达到对固定资产损耗的补偿和更新的目的。固定资产这种因损耗而转移到产品成本中的价值就叫作折旧。将折旧费用计入成本费用是企业回收固定资产投资的一种手段。按照国家规定的折旧制度，企业将已发生的资本性支出转移到产品成本费用中，然后通过产品的销售，逐步回收初始的投资费用。

2. 影响固定资产折旧的因素

企业计算各期折旧额的依据或者说影响折旧的因素主要有以下三个方面：

(1) 折旧的基数。计算固定资产折旧的基数一般为取得固定资产的原始成本，即固定资产的账面原值。企业已经入账的固定资产，除发生下列情况外，不得任意变动：根据国家规定对固定资产进行重新估价；增加补充设备或改良设备；将固定资产的一部分拆除；根据实际价值调整原来的暂估价值；发现原记固定资产价值有错误。

(2) 固定资产的净残值。固定资产的净残值是指预计的固定资产报废时可以收回的残余价值扣除预计清理费用后的数额。由于在计算折旧时，对固定资产的残余价值和清理费只能人为估计，这样就不可避免地存在主观性。为了避免人为调整净残值的数额及人为调整计提折旧额，国家有关所得税暂行条例及其细则规定：净残值比例在原价为5%以内，由企业自行确定；如果情况特殊，需调整残值比例的，应报主管税务机关备案。固定资产的净残值计算公式为

$$固定资产的净残值 = 估价残值 - 估价清理费用$$

(3) 固定资产估计使用年限。固定资产使用年限的长短直接影响其各期应提的折旧额，在确定固定资产使用年限时，不仅要考虑固定资产的有形损耗，还要考虑固定资产的无形损耗。由于固定资产的有形损耗和无形损耗也很难估计准确，因此，固定资产的使用年限也只能预计，同样具有主观随意性。企业应根据国家的有关规定，结合本企业的具体情况，合理地确定固定资产的折旧年限。现行财务制度将企业的固定资产分为三大部分和22类，对各类固定资产折旧年限均规定了一个最高限和最低限。

3. 计提折旧的范围

企业在用的固定资产(包括经营用固定资产、非经营用固定资产、出租固定资产等)一般均应计提折旧。具体范围包括房屋和建筑物；在用的机器设备、仪器仪表、运输工具；季节性停用、大修理停用的设备；融资租入和以经营租赁方式出租的固定资产。已达到预定可使用状态，尚未办理竣工决算的固定资产也应计提折旧。

对已达到预定可使用状态的固定资产，如果尚未办理竣工决算的应当按照估计价值暂估入账，并计提折旧；待办理了竣工决算手续后，再按照实际成本调整原来的暂估价值，同时调整原已计提的折旧额。

不提折旧的固定资产包括未使用、不需用的机械设备；以经营租赁方式租入的固定资产；租赁租出的固定资产；已提足折旧继续使用的固定资产；未提足折旧提前报废的固定资产；国家规定不提折旧的其他固定资产(如土地等)。

4. 计提折旧的方法

会计上计算折旧的方法很多，其包括直线法、工作量法、加速折旧法等。由于固定资产折旧方法的选用直接影响到企业成本、费用的计算，也影响到企业的收入和纳税，从而影响到国家的财政收入，因此，对固定资产折旧方法的选用，国家历来都有比较严格的规定，原则上应该根据固定资产所含经济利益预期实现方式选择折旧方法。随着经济的发展，为了鼓励企业采用新技术，加快科学技术向生产力的转化，增强企业的后劲，现在允许某些行业的企业经国家批准后采用加速折旧的方法。折旧方法一经选定，不得随意变更。如需变更，应当按照一定的程序审批。经批准后报送有关各方备案，并在会计报表中说明。

在进行工程项目的经济分析时,可分类计算折旧,也可综合计算折旧,要视项目的具体情况而定。我国现行的固定资产折旧方法包括**平均年限法、工作量法、加速折旧法**等。

(1)**平均年限法**。平均年限法又称直线法,其是将固定资产的折旧均衡地分摊到各期的一种方法。采用这种方法计算的每期折旧额均是等额的。计算公式如下(净残值率一般取3‰~5‰):

$$年折旧率 = \frac{1-预计残值率}{规定的折旧年限} \times 100\% \qquad (2-15)$$

$$月折旧率 = 年折旧率/12 \qquad (2-16)$$

$$年折旧额 = 年折旧率 \times 固定资产原值 \qquad (2-17)$$

【例2-4】 某企业有一设备,原值为500 000元,预计可使用20年,按照有关规定,该设备报废时净残值率为2%,求该设备的月折旧率和月折旧额。

【解】 $年折旧率 = \frac{1-预计残值率}{规定的折旧年限} \times 100\%$

$= \frac{1-2\%}{20} \times 100\% = 4\%$

月折旧率 = 4%/12 = 0.33%

月折旧额 = 500 000 × 0.33% = 1 650(元)

(2)**工作量法。工作量法是按照固定资产预计可完成的工作量计提折旧额的一种方法**。不考虑减值准备,工作量法折旧的基本计算公式如下:

$$固定资产年折旧额 = \frac{固定资产应计折旧额}{固定资产预计使用年限} \qquad (2-18)$$

$$某项固定资产月折旧额 = 该项固定资产当月工作量 \times 单位工作量折旧额 \qquad (2-19)$$

施工企业常用的工作量法有以下两种方法:

1)行驶里程法。行驶里程法是按照行驶里程平均计算折旧的方法。它适用于车辆、船舶等运输设备计提折旧。其计算公式如下:

$$单位里程折旧额 = \frac{应计折旧额}{总行驶里程} \qquad (2-20)$$

$$某项固定资产月折旧额 = 该项固定资产当月行驶里程 \times 单位里程折旧额 \qquad (2-21)$$

2)工作台班法。工作台班法是按照工作台班数平均计算折旧的方法。它适用于机器、设备等计提折旧。其计算公式如下:

$$每工作台班折旧额 = \frac{应计折旧额}{总工作台班} \qquad (2-22)$$

$$某项固定资产月折旧额 = 该项固定资产当月工作台班 \times 每工作台班折旧额 \qquad (2-23)$$

(3)**加速折旧法**。加速折旧法又称递减折旧法,其是指在固定资产使用年限前期多提折旧,在后期少提折旧,从而相对加快折旧的速度,以使固定资产价值在使用年限内尽早得到补偿的折旧计算方法。它是一种国家鼓励投资的措施,即国家先让利给企业,加速回收投资,增强还贷能力,促进科技进步,因此,只对某些有特殊原因的工程项目,才准许采用加速折旧法计提折旧。加速折旧的方法很多,主要有双倍余额递减法和年数总和法。

1)双倍余额递减法是在不考虑固定资产残值的情况下,根据每期期初固定资产账面余额和双倍的直线折旧率计算固定资产折旧的一种方法。其计算公式如下：

$$年折旧率 = \frac{2}{预期的折旧年限} \times 100\% \qquad (2-24)$$

$$年折旧额 = 年初固定资产账面净值 \times 年折旧率 \qquad (2-25)$$

由于双倍余额递减法不考虑固定资产的残值收入，因此，在应用这种方法时应当在其规定一个资产折旧年限到期以前两年内，将固定资产净值扣除预计残值后的余额平均摊销，即最后两年内改为直线折旧法计算折旧。

2) 年数总和法又称合计年限法，是以固定资产原值扣除预计净残值后的余额乘以一个逐年递减的折旧率计提折旧的一种方法。采用年数总和法的关键是每年都要确定一个不同的折旧率。其计算公式如下：

$$年折旧率 = \frac{尚可使用年限}{预期使用年限的年数总和} \times 100\% \qquad (2-26)$$

或

$$年折旧率 = \frac{预计使用年限 - 已使用年限}{[预期使用年限 \times (预期使用年限 + 1)]/2} \times 100\% \qquad (2-27)$$

$$年折旧额 = (固定资产原值 - 预计净残值) \times 年折旧率 \qquad (2-28)$$

【例 2-5】 某项固定资产原价为 10 000 元，预计净残值为 400 元，使用年限为 5 年。分别采用双倍余额递减法和年数总和法计算各年折旧额。

【解】 第一，双倍余额递减法。

年折旧率 = 2/5 = 40%

则

第一年折旧额 10 000 × 40% = 4 000(元)

第二年折旧额 = (10 000 - 4 000) × 40% = 2 400(元)

第三年折旧额 = (10 000 - 6 400) × 40% = 1 440(元)

第四年折旧额 = (10 000 - 7 840 - 400)/2 = 880(元)

第五年折旧额 = (10 000 - 7 840 - 400)/2 = 880(元)

第二，年数总和法。

计算折旧的基数 10 000 - 400 = 9 600(元)

年数总和 = 1 + 2 + 3 + 4 + 5 = 15(年)

则

第一年折旧额 = 9 600 × (5 - 0)/15 = 3 200(元)

第二年折旧额 = 9 600 × (5 - 1)/15 = 2 560(元)

第三年折旧额 = 9 600 × (5 - 2)/15 = 1 920(元)

第四年折旧额 = 9 600 × (5 - 3)/15 = 1 280(元)

第五年折旧额 = 9 600 × (5 - 4)/15 = 640(元)

加速折旧法具有以下几个方面的优点：

1) 随着固定资产使用年限的推移，它的服务潜力下降了，它所能提供的收益也随之降低，所以根据配比的原则，在固定资产的使用早期多提折旧，而在晚期少提折旧。

2) 固定资产所能提供的未来收益是难以预计的，早期收益要比晚期收益有把握一些。从谨慎原则出发，早期多提、后期少提折旧的方法是合理的。

3）随着固定资产的使用，后期修理维护费要比前期多，采用加速折旧法，早期折旧费比后期多，可以使固定资产的成本费用在整个使用期内比较平均。

4）企业采用加速折旧并没有改变固定资产的有效使用年限和折旧总额，变化的只是投入使用的前期提的折旧多，后期提的折旧少。这一变化的结果推迟了企业所得税的缴纳，实际上等于企业从政府获得了一笔长期无息贷款。

固定资产的折旧方法一经确定，不得随意变更。企业至少应当于每年年度终了，对固定资产的折旧方法进行复核。与固定资产有关的经济利益预期实现方式有重大改变的，应当改变固定资产折旧方法。

企业应当对所有固定资产计提折旧。但是，已提折旧仍继续使用的固定资产和单独计价入账的土地除外。

四、无形资产摊销

无形资产又称"无形固定资产"，是指不具有实物形态，而以某种特殊权利、技术、知识、素质、信誉等价值形态存在于企业并对企业长期发挥作用的资产，如专利权、非专利技术、租赁权、特许营业权、版权、商标权、商誉、土地使用权等。无形资产属于企业的长期资产，能在较长的时间里给企业带来效益。但无形资产也有一定的有效期限，它所具有的价值的权利或特权总会终结或消失，因此，企业应将入账的使用寿命有限的无形资产的价值在一定年限内摊销，其摊销金额计入管理费用，并同时冲减无形资产的账面价值。

无形资产摊销包括摊销期、摊销方法和应摊销金额的确定。

对于使用寿命不确定的无形资产则不需要摊销，但每年应进行减值测试。对于使用寿命有限的无形资产，应在其预计的使用寿命内采用系统合理的方法对其应摊销金额进行摊销。其中，应摊销金额是指无形资产的成本扣除残值后的金额。无形资产摊销存在多种方法，包括直线法、生产总量法等，其原理类似于固定资产折旧。

无形资产应当按照成本进行初始计量。外购无形资产的成本，包括购买价款、相关税费以及直接归属于使该项资产达到预定用途所发生的其他支出；投资者投入无形资产的成本，应当按照投资合同或协议约定的价值确定，但合同或协议约定价值不允许的除外；非货币性资产交换、债务重组、政府补助和企业合并取得的无形资产的成本，应按相应会计准则确定。

企业应当于取得无形资产时分析判断其使用寿命。无形资产的使用寿命为有限的，应当估计该使用寿命的年限或者构成使用寿命的产量等类似计量单位数量。无法预见无形资产为企业带来经济利益期限的，应当视为使用寿命不确定的无形资产。

无形资产的应摊销金额为其成本扣除预计残值后的金额。已计提减值准备的无形资产，还应扣除已计提的无形资产减值准备累计金额。使用寿命有限的无形资产，其残值应当视为零，但下列情况除外：有第三方承诺在无形资产使用寿命结束时购买该无形资产；可以根据活跃市场得到预计残值信息，并且该市场在无形资产使用寿命结束时很可能存在。

企业至少应当于每年年度终了，对使用寿命有限的无形资产的使用寿命及摊销方法进行复核。无形资产的使用寿命及摊销方法与以前估计不同的，应当改变摊销期限和摊销方法。

五、工程成本的计算方法

工程成本是指按对象归集了的费用（即对象化了的费用），并在收入实现时结转成本。因此，工程成本的计算方法一般应根据工程价款的结算方式来确定。建设工程价款结算，可以采取按月结算、分段结算、竣工后一次结算，或按双方约定的其他方式结算。

1. 工程成本竣工结算法

工程成本竣工结算法是指以合同工程为对象归集施工过程中发生的施工费用，在工程竣工后按照所归集的全部施工费用，结算该项工程的实际成本总额。

实行竣工后一次结算工程价款办法的工程，施工企业所属各施工单位平时应按月将该工程实际发生的各项施工费用，及时登记。在工程竣工以前，归集的自开工起至本月末止的施工费用累计额，即为该项工程的未完工程（或在建工程）实际成本。工程竣工后，在清理施工现场、盘点剩余材料和残次材料、及时办理退库手续、冲减工程成本后，归集的自开工起至竣工止的施工费用累计总额，就是竣工工程的实际成本。

2. 工程成本月份结算法

工程成本月份结算法是指在按单位工程归集施工费用的基础上，逐月定期地结算单位工程的已完工程实际成本。也就是既要以建造合同为对象，于工程竣工后办理单位工程成本结算，又要按月计算单位工程中已完分部分项工程成本（这里的已完工程是指已完成的分部分项工程），办理工程成本中间结算。

3. 工程成本分段结算法

实行分段结算办法的合同工程，已完工程实际成本的计算原理，与上述月结成本法相似。所不同的是，其已完工程是指到合同约定的结算部位或阶段时已完成的工程阶段或部位，未完工程是指未完成的工程阶段或部位。不像月份结算法定期进行。

需要说明的是，工程成本的结算期虽然有上述按月或分段及竣工后结算方式，但无论定期或不定期结算已完工程成本，当月发生的生产费用必须在会计结算期按照成本核算对象和成本项目进行归集与分配。所以，会计结算期总是按月进行的，在财务上总是存在成本费用的分配和匹配的问题。

第三节　工程项目收入和税费

一、营业收入

1. 营业收入的概念

营业收入是指以货币形式表示的项目销售产品或提供服务取得的收入。它是反映项目总量劳动成果的效益类指标，是营业数量和价格的乘积。

营业收入是项目建成投产后补偿成本、上缴税金、偿还债务、保证企业再生产正常进行的前提，它是进行利润总额、营业税金及附加和增值税估算的基础数据。营业收入的计

算公式为

$$年营业收入 = 产品销售单价 \times 产品年销售量 \qquad (2-29)$$

在工程项目经济分析中,产品年销售量应根据市场行情,采用科学的预测方法确定。产品销售单价一般采用出厂价格,也可根据需要选用送达用户的价格。

营业收入的估算应在建设项目目标市场有效需求分析和制订项目运营计划的基础上进行。要根据项目的建设规模、产品和服务方案准确地确定目标市场,客观地分析市场渗透能力。还应根据技术成熟程度、市场开发程度、产品寿命期特征等因素,合理制订分年运营负荷计划。

营业收入估算应确立合理的价格体系和选择合理的价格基点。

2. 销售价格的选择

在可行性研究和项目评估中,产品销售价格是一个很重要的因素,它对项目的经济效益变化一般是最敏感的,要审慎选择。销售价格一般有以下四个方面的选择:

(1) **选择口岸价格**。如果项目产品是出口产品,或替代进口产品,或间接出口产品,可以口岸价格为基础确定销售价格。出口产品和间接出口产品可选择离岸价格。替代进口产品可选择到岸价格,直接以口岸价格定价,或者以口岸价格为基础,参考其他相关因素确定销售价格。

(2) **选择计划价格**。如果项目产品属于有关国计民生的产品或者其他国家控制的产品,可选择国家的计划价格。国家计划价格可分为指令性计划价格和指导性计划价格。如果项目产品属于指令性计划控制的范畴,则选择指令性价格作为销售价格;若属于指导性计划控制的范畴,可根据市场供求情况,以标准价格为基础,上、下浮动后作为销售价格。

(3) **选择市场价格**。如果同类产品或类似产品已在市场上销售,并且这种产品既与外贸无关,也不是计划控制的范围,可选择现行市场价格作为项目产品的销售价格。当然,也可以以现行市场价格为基础,根据市场供求关系上、下浮动来确定项目产品的销售价格。

(4) **根据预计成本、利润和税金确定价格**。如果拟建项目的产品属于新产品,则可根据下列公式估算其出厂价格:

$$出厂价格 = 产品计划成本 + 产品计划利润 + 产品计划税金 \qquad (2-30)$$

其中:

$$产品计划利润 = 产品计划成本 \times 产品成本利润率 \qquad (2-31)$$

$$产品计划税金 = \frac{产品计划成本 + 产品计划利润}{1 - 税率} \times 税率 \qquad (2-32)$$

式中,产品计划成本可根据预计的产品成本加以估算,产品成本利润率是根据项目所在行业的平均产品成本利润率来确定的。

以上几种情况,当难以确定采用哪一种价格时,可选择可供选择方案中价格最低的一种作为项目产品的销售价格。

3. 年销售量的确定

在工程经济分析中,应首先根据市场需求预测确定项目产品的市场份额,进而合理确定企业的生产规模,再根据企业的设计生产能力确定年产量。

在现实经济生活中,产品年销售量不一定等于年产量,这主要是因市场波动而引起库存变化导致产量与销售量的差别。但在工程项目经济分析中,难以准确地估算出由于市场波动引起的库存量变化。因此，在估算营业收入时，不考虑项目的库存情况，而假设当年生产出来的产品当年全部售出。这样，就可以根据项目投产后各年的生产负荷确定各年的销售量。如果项目的产品比较单一，用产品单价乘以产量即可得到每年的营业收入；如果项目的产品种类比较多，要根据营业收入和营业税金及附加估算表进行估算，即应首先计算每一种产品的年营业收入，然后汇总在一起，求出项目运营期各年的营业收入；如果产品部分销往国外，还应计算外汇收入，并按外汇牌价折算成人民币，然后再计入项目的年营业收入总额中。

二、税金及附加

税金及附加包括消费税、城市维护建设税、资源税、教育费附加及房产税、土地使用税、车船使用税、印花税等相关税费。其中，教育费附加其征收的环节和计费的依据类似于城市维护建设税。

1. 消费税

消费税是指对工业企业生产、委托加工和进口的部分应税消费品按差别税率或税额征收的一种税。消费税是在普遍征收增值税的基础上，根据消费政策、产业政策的要求，有选择地对部分消费品征收的税。

目前，我国的消费税共设 11 个税目，13 个子目。消费税的税率有从价定率和从量定额两种。其中，黄酒、啤酒、汽油、柴油产品采用从量定额计征的方法；其他消费品均为从价定率计税，其税率在 3%～45% 不等。

消费税采用从价定率和从量定额两种计税方法计算应纳税额，一般以应税消费品的生产者为纳税人，于销售时纳税。应纳税额计算公式为

从价定率方法：

$$应纳税额 = 应税消费品销售额 \times 适用税税率$$

$$= \frac{销售收入(含增值税)}{1 + 增值税税率} \times 消费税税率$$

$$= 组成计税价格 \times 消费税税率 \quad (2\text{-}33)$$

从量定额方法：

$$应纳税额 = 应税消费品销售数量 \times 单位税额 \quad (2\text{-}34)$$

应税消费品的销售额是指纳税人销售应税消费品向买方收取的全部价款和价外费用，不包括向买方收取的增值税税款。销售数量是指应税消费品的数量。

2. 城市维护建设税

城市维护建设税是以纳税人实际缴纳的流转税额为计税依据征收的一种税。城市维护建设税按纳税人所在地区实行差别税率：项目所在地为市区的，税率为 7%；项目所在地为县城、镇的，税率为 5%；项目所在地为乡村的，税率为 1%。

城市维护建设税以纳税人实际缴纳的增值税、消费税税额为计税依据。其应纳税额计算公式为

$$应纳税额 = (增值税 + 消费税)的实纳税额 \times 适用税税率 \quad (2\text{-}35)$$

3. 资源税

资源税是指国家对在我国境内开采应税矿产品或者生产盐的单位和个人征收的一种税。

实质上，它是对因资源生成和开发条件的差异而客观形成的级差收入征收的。资源税的征收范围包括以下几项：

(1)矿产品，包括原油、天然气、煤炭、金属矿产品和非金属矿产品。

(2)盐，包括固体盐、液体盐。

资源税的应纳税额，按照应税产品的课税数量和规定的单位税额计算。应纳税额的计算公式为

$$应纳税额＝应税产品课税数量\times 单位税额 \tag{2-36}$$

课税数量是指：

(1)纳税人开采或者生产应税产品用于销售的，以销售数量为课税数量；

(2)纳税人开采或者生产应税产品自用的，以自用数量为课税数量。

4. 教育费附加

教育费附加是指为了发展地方教育事业，扩大地方教育经费来源而征收的一种附加税。 教育费附加的纳税人是有义务缴纳增值税、消费税和营业税的单位和个人。教育费附加以实际缴纳的增值税、营业税、消费税的税额为计征依据，与三种税同时缴纳。教育费附加税率为3％。其计算公式为

$$应纳教育费附加额＝(消费税＋增值税＋营业税)的实纳税额\times 3\% \tag{2-37}$$

5. 房产税

房产税是以房屋为征税对象，按房屋的计税余值或租金收入为计税依据，向产权所有人征收的一种财产税。 房产税暂行条例规定，房产税在城市、县城、建制镇和工矿区征收。城市、县城、建制镇、工矿区的具体征税范围，由各省、自治区、直辖市人民政府确定。

房产税征收标准从价或从租两种情况：

(1)从价计征的，其计税依据为房产原值一次减去10％～30％后的余值；

(2)从租计征的(即房产出租的)，以房产租金收入为其计税依据。从价计征10％～30％的具体减除幅度由省、自治区、直辖市人民政府确定。如浙江省规定具体减除幅度为30％。

房产税税率采用比例税率。按照房产原值计征的，年税率为1.2％；按房产租金收入计征的，年税率为12％。

房产税应纳税额的计算分为以下两种情况，其计算公式为

(1)以房产原值为计税依据的：

$$应纳税额＝房产原值\times(1-10\%或30\%)\times 税率(1.2\%) \tag{2-38}$$

(2)以房产租金收入为计税依据的：

$$应纳税额＝房产租金收入\times 税率(12\%) \tag{2-39}$$

6. 土地使用税

土地使用税是指在城市、县城、建制镇、工矿区范围内使用土地的单位和个人，以实际占用的土地面积为计税依据，依照规定由土地所在地的税务机关征收的一种税赋。 由于土地使用税只在县城以上城市征收，因此也称为城镇土地使用税。

城镇土地使用税根据实际使用土地的面积，按税法规定的单位税额交纳。其计算公式如下：

$$应纳城镇土地使用税额＝应税土地的实际占用面积\times 适用单位税额 \tag{2-40}$$

一般规定每平方米的年税额，大城市1.5元至30元；中等城市1.2元至24元；小城

市 0.9 元至 18 元；县城、建制镇、工矿区 0.6 元至 12 元。房产税、车船使用税和城镇土地使用税均采取按年征收，分期交纳的方法。

7. 车船使用税

车船税是指对在我国境内应依法到公安、交通、农业、渔业、军事等管理部门办理登记的车辆、船舶，根据其种类，按照规定的计税依据和年税额标准计算征收的一种财产税。

车船税［核定载客人数 9 人（含）以下乘用车部分］按 7 个档次征收：

(1) 1.0 升（含）以下 60 元至 360 元。

(2) 1.0 升以上至 1.6 升（含）300 元至 540 元。

(3) 1.6 升以上至 2.0 升（含）360 元至 660 元。

(4) 2.0 升以上至 2.5 升（含）660 元至 1 200 元。

(5) 2.5 升以上至 3.0 升（含）1 200 元至 2 400 元。

(6) 3.0 升以上至 4.0 升（含）2 400 元至 3 600 元。

(7) 4.0 升以上 3 600 元至 5 400 元。

凡发动机排气量小于或者等于 1 升的载客汽车，都应按照微型客车的税额标准征收车船税。发动机排气量以如下凭证相应项目所载数额为准：

(1) 车辆登记证书；

(2) 车辆行驶证书；

(3) 车辆出厂合格证明；

(4) 车辆进口凭证。

8. 印花税

印花税是指对经济活动和经济交往中设立、领受具有法律效力的凭证的行为所征收的一种税。因其采用在应税凭证上粘贴印花税票作为完税的标志而得名。印花税的纳税人包括在中国境内设立、领受规定的经济凭证的企业、行政单位、事业单位、军事单位、社会团体、其他单位、个体工商户和其他个人。

印花税以应纳税凭证所记载的金额、费用、收入额和凭证的件数为计税依据，按照适用税率或者税额标准计算应纳税额。

应纳税额计算公式如下：

$$应纳数额 = 应纳税凭证记载的金额（费用、收入额）\times 适用税税率 \quad (2-41)$$

$$应纳税额 = 应纳税凭证的件数 \times 适用税额标准 \quad (2-42)$$

第四节　工程项目利润

一、利润总额

利润总额是指企业在一定时期内生产经营活动的最终财务成果。它集中反映了企业生产经营各方面的效益。

现行会计制度规定，利润总额等于营业利润加上投资净收益、补贴收入和营业外收支净额的代数和。其中，营业利润等于主营业务收入减去主营业务成本和主营业务税金及附加，加上其他业务利润，再减去营业费用、管理费用和财务费用后的净额。在对工程项目进行经济分析时，为简化计算，在估算利润总额时，假定不发生其他业务利润，也不考虑投资净收益、补贴收入和营业外收支净额，本期发生的总成本等于主营业务成本、营业费用、管理费用和财务费用之和。并且视项目的主营业务收入为本期的销售(营业)收入，主营业务税金及附加为本期的营业税金及附加。利润总额的估算公式为

$$利润总额＝产品销售(营业)收入－税金及附加－总成本费用 \quad (2-43)$$

根据利润总额可计算所得税和净利润，在此基础上可进行净利润的分配。在工程项目的经济分析中，利润总额是计算一些静态指标的基础数据。

二、所得税计算

根据税法的规定，企业取得利润后，应先向国家缴纳所得税，即凡在我国境内实行独立经营核算的各类企业或者组织者，其来源我国境内、境外的生产、经营所得和其他所得，均应依法缴纳企业所得税。

企业所得税以应纳税所得额为计税依据。纳税人每一纳税年度的收入总额减去准予扣除项目的余额，为应纳税所得额。纳税人发生年度亏损的，可用下一纳税年度的所得弥补；下一纳税年度的所得不足以弥补的，可以逐年延续弥补，但是延续弥补期最长不得超过5年。

企业所得税的应纳税额计算公式如下：

$$所得税应纳税额＝应纳税所得额×25\% \quad (2-44)$$

在工程项目的经济分析中，一般按照利润总额作为企业所得，乘以25％税率计算所得税，即

$$所得税应纳税额＝利润总额×25\% \quad (2-45)$$

三、净利润的分配

由于利润是企业生产经营活动最终成果的体现，而追求利润最大化是投资者的主要经济目标，故评价投资项目经济效益应以利润为主要依据。技术经济分析中涉及的利润包括利润总额和净利润。

$$利润总额＝营业利润＋投资净收益＋营业外收支净额 \quad (2-46)$$

其中：

$$营业利润＝营业收入－销售税金及附加－营业成本－管理费用－销售费用－财务费用 \quad (2-47)$$

净利润是指利润总额扣除所得税后的差额，计算公式为

$$净利润＝利润总额－所得税 \quad (2-48)$$

在工程项目的经济分析中，一般视净利润为可供分配的净利润，可按照下列顺序分配：

(1)提取盈余公积金。一般企业提取的盈余公积金分为两种：一是法定盈余公积金，在其金额累计达到注册资本的50％以前，按照可供分配净利润的10％提取，达到注册资本的50％，可以不再提取；二是法定公益金，按可供分配净利润的5％提取。

(2)向投资者分配利润(应付利润)。企业以前年度未分配利润，可以并入本年度向投资者分配。

(3)未分配利润，即未作分配的净利润。可供分配利润减去盈余公积金和应付利润后的余额，即为未分配利润。

本章小结

工程项目经济基本要素，即工程项目投资、工程项目生产经营期成本费用、工程项目收入和税费及工程项目利润。工程项目运营期的成本费用由生产成本和期间费用两部分构成。总成本费用＝外购原材料、燃料及动力费＋人工工资及福利费＋折旧费＋摊销费＋修理费＋利息支出＋其他费用。固定资产在使用过程中会不断发生磨损，产生价值损耗，这种损耗的价值随着工程项目的营运而逐渐转移到成本中去，并通过产品销售，以货币资金的形式加以回收，从而达到对固定资产损耗的补偿和更新的目的。固定资产这种因损耗而转移到产品成本中去的价值就叫作折旧。企业在用的固定资产(包括经营用固定资产、非经营用固定资产、出租固定资产等)一般均应计提折旧，会计上计算折旧的方法很多，有直线法、工作量法、加速折旧法等。无形资产摊销包括摊销期、摊销方法和应摊销金额的确定。营业收入是指以货币形式表示的项目销售产品或提供服务取得的收入。它是反映项目总量劳动成果的效益类指标，是营业数量和价格的乘积。营业收入是项目建成投产后补偿成本、上缴税金、偿还债务、保证企业再生产正常进行的前提，它是进行利润总额、税金及附加和增值税估算的基础数据。附加是指教育费附加，其征收的环节和计费的依据类似于城市维护建设税。利润总额是企业在一定时期内生产经营活动的最终财务成果。它集中反映了企业生产经营各方面的效益。

思考与练习

一、填空题

1. 项目投资的资金来源可分为_____和_____两大类。
2. 项目总投资由_____、_____和_____三部分组成。
3. 投资估算是进行_____的基础，_____直接影响对项目经济效益评价的结论，进而影响着_____。
4. 工程项目运营期的成本费用由_____和_____两部分构成。
5. 经营成本是指总成本费用扣除_____、_____、_____及其他资产摊销费和财务费用。
6. _____是企业在一定时期内生产经营活动的最终财务成果。
7. 无形资产摊销包括_____、摊销方法和_____。
8. 施工企业常用的工作量法有_____和_____两种方法。

二、简答题
1. 工程项目运营期成本费用的构成包括哪些内容?
2. 简述工程经济分析中成本费用的计算原理。
3. 影响固定资产折旧的因素有哪些?

三、计算题
某新建项目,建设期为3年。在建设期第一年借款500万元,第二年借款400万元,第三年借款300万元,每年借款平均使用,年利率为6%。试计算建设期借款利息。

第三章 工程经济评价指标与方案

知识目标

1. 掌握工程项目经济的基本要素,掌握投资估算、经营成本费用、收入、税费和利润计算方法;
2. 了解什么是工程项目经济效益,明确工程项目经济效益评价指标和评价原则;
3. 了解静态评价和动态评价的优缺点及适用范围,掌握静态评价和动态评价方法;
4. 明确工程项目经济效益评价方案类型,能够对不同方案进行经济分析与比较。

能力目标

1. 能够明确工程项目经济基本要素,能够进行投资估算和经营成本费用、收入、税费和利润计算;
2. 能够明确工程项目经济效益评价指标和评价原则;
3. 能够对工程项目经济效益进行分析与评价;
4. 能够对工程项目经济效益评价方案进行比较与分析。

经济效益是工程经济学中一个非常重要的概念,我们进行经济分析就是分析投资项目的经济效益。经济效益评价是工程经济分析的核心。为此,我们必须了解经济效益的基本概念、评价指标及评价原则。

第一节 经济效益评价概述

一、工程经济项目评价指标

人们在社会生产实践中所从事的任何一项活动,都是为了获得一定的效益。不同的实践活动所获得效益的形式和大小有所不同。其中,经济效益可以从两个角度去考核:一是在既定的人力、物力、财力的条件下,如何充分、合理地使用资源,使其发挥最大的效能,获得最大的产出,更好地满足既定的目标要求;二是在既定的目标下,如何充分合理地使用现有的人力、物力、财力等资源，使其消耗量最小。

从经济效益的两种考核方式来看，任何一项经济实践活动既是物质财富的创造过程，也是资源的消耗过程。因此，我们可以用物质财富的创造和资源的消耗来评价经济效益的高低。即经济效益就是指人们在经济实践活动中取得的有用成果和劳动耗费之比或之差。

经济效益评价是投资项目评价的核心内容。为了确保投资决策的正确性和科学性，研究经济效益评价的指标和方法是十分必要的。

评价工程项目技术方案的指标多种多样，这些指标从不同角度反映项目的经济性。从形态上看，主要可分为两类：一类是以货币单位计量的价值型指标，如净现值、净年值、费用现值、费用年值等；另一类是以百分比或比例表示的、反映资金利用效率的效率型指标，如投资收益率、内部收益率、外部收益率、净现值指数等。按照是否考虑资金的时间价值，经济效益评价指标可分为静态评价指标和动态评价指标。不考虑资金时间价值的评价指标被称为静态评价指标，静态评价指标主要用于技术经济数据不完备和不精确的项目初选阶段；考虑资金时间价值的评价指标被称为动态评价指标，动态评价指标用于项目最后决策前的可行性研究阶段。工程经济项目评价指标如图 3-1 所示。

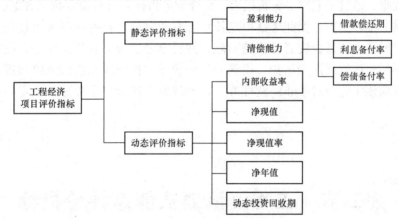

图 3-1　工程经济项目评价指标

二、经济效果评价的基本内容

经济效果评价的内容应根据技术方案的性质、目标、投资者、财务主体以及方案对经济与社会的影响程度等具体情况确定，一般包括方案盈利能力、偿债能力、财务生存能力等评价内容。

(一)技术方案的盈利能力

技术方案的盈利能力是指分析和测算拟定技术方案计算期的盈利能力和盈利水平。其主要分析指标包括方案财务内部收益率和财务净现值、资本金财务内部收益率、静态投资回收期、总投资收益率和资本金净利润率等，可根据拟定技术方案的特点及经济效果分析的目的和要求等选用。

(二)技术方案的偿债能力

技术方案的偿债能力是指分析和判断财务主体的偿债能力。其主要指标包括利息备付率、偿债备付率和资产负债率等。

(三)技术方案的财务生存能力

财务生存能力分析也称资金平衡分析,是根据拟定技术方案的财务计划现金流量表,通过考察拟定技术方案计算期内各年的投资、融资和经营活动所产生的各项现金流入和流出,计算净现金流量和累计盈余资金,分析技术方案是否有足够的净现金流量维持正常运营,以实现财务可持续性。而财务可持续性应首先体现在有足够的经营净现金流量,这是财务可持续的基本条件;其次,在整个运营期间,允许个别年份的净现金流量出现负值,但各年累计盈余资金不应出现负值,这是财务生存的必要条件。若出现负值,应进行短期借款,同时分析该短期借款的时间长短和数额大小,进一步判断拟定技术方案的财务生存能力。短期借款应体现在财务计划现金流量表中,其利息应计入财务费用。为维持技术方案正常运营,还应分析短期借款的可靠性。

在实际应用中,对于经营性方案,经济效果评价是从拟定技术方案的角度出发,根据国家现行财政、税收制度和现行市场价格,计算拟定技术方案的投资费用、成本与收入、税金等财务数据,通过编制财务分析报表,计算财务指标,分析拟定技术方案的盈利能力、偿债能力和财务生存能力,据此考察拟定技术方案的财务可行性和财务可接受性,明确拟定技术方案对财务主体及投资者的价值贡献,并得出经济效果评价的结论。投资者可根据拟定技术方案的经济效果评价结论、投资的财务状况和投资所承担的风险程度,决定拟定技术方案是否应该实施。对于非经营性方案,经济效果评价应主要分析拟定技术方案的财务生存能力。

第二节 工程经济效益静态评价指标

一、静态评价方法及适用范围

静态评价方法是指在评价和选择方案时,不考虑资金时间价值因素对投资效果产生影响的一种分析方法。

静态评价法的优点是简捷方便,能较快地得出评价结论,但由于未考虑时间价值因素带来的资金价值变化,不能反映项目寿命期的全面情况。所以,静态评价法只适用于一些工期很短或属于政府专项预算拨款的建设项目的经济评价,结论的精确度也较差。

二、盈利能力评价指标与评价标准

1. 静态投资回收期

所谓静态投资回收期,即不考虑资金的时间价值因素的回收期。因静态投资回收期不考虑资金的时间价值,所以,项目投资的回收过程就是方案现金流的算术累加过程,累计净现金流为0时所对应的年份,即为投资回收期。其计算公式可表示为

$$\sum_{t=0}^{P_t}(CI-CO)_t = 0 \qquad (3-1)$$

式中 P_t——投资回收期(年);
　　 CI——现金流入量;
　　 CO——现金流出量;
　　 $(CI-CO)_t$——第 t 年的净现金流量。

如果投产或达产后的年净收益相等，或用年平均净收益计算时，则投资回收期的表达式转化为

$$P_t = \frac{K}{R} \qquad (3-2)$$

式中 K——全部投资;
　　 R——等额净收益或年平均净收益。

实际上投产或达产后的年净收益不可能都是等额数值，因此，投资回收期也可根据全部投资财务现金流量表中累计净现金流量计算求得，现金流量表中累计净现金流量等于 0，或出现正值的年份，即为项目投资回收的终止年份。其计算公式为

$$P_t = T - 1 + \frac{第(T-1)年累计净现金流量的绝对值}{第\ T\ 年净现金流量} \qquad (3-3)$$

式中 T——累计净现金流量出现正值的年份。

计算结果中的小数部分也可化为月数，从而可用年和月表示。

设基准投资回收期为 P_c，则判别准则为：

若 $P_t \leq P_c$，则项目可以接受；若 $P_t > P_c$，则项目应予以拒绝。

【例 3-1】 表 3-1 为某方案的有关数据，建设期为 3 年，生产期为 20 年，并且各年的收益不同，已知基准投资回收期为 8 年，试用投资回收期指标评价该方案。

表 3-1　某方案有关数据表

年份	年初投资	年现金流入	累计净现金流量	年份	年初投资	年现金流入	累计净现金流量
1	−1 250		−1 250	13		1 074	+2 940
2	−1 500		−2 750	14		1 074	+4 014
3	−1 500		−4 250	15		1 074	+5 088
4	−750	374	−4 626	16		1 074	+6 162
5		374	−4 252	17		1 074	+7 236
6		374	−3 878	18		1 074	+8 310
7		374	−3 504	19		1 074	+9 384
8		1 074	−2 430	20		1 074	+10 458
9		1 074	−1 356	21		1 074	+11 532
10		1 074	−282	22		1 074	+12 606
11		1 074	+792	23		1 074	+13 680
12		1 074	+1 866				

【解】 根据表 3-1 所列，方案的建设期为 3 年，累计净现金流量出现正值的年份为投产

后的第 8 年,当年的净现金流量为 792 万元,上年累计净现金流量的绝对值为 282 万元,按公式计算投资:

$$P_t = 8 - 1 + \frac{282}{792} = 7.36(年)$$

由于 $P_c = 8$,$P_t < P_c$,所以该方案是可取的。

2. 投资收益率

投资收益率(ROI) 是指单位总投资能够实现的息税前利润,其表达式为

$$ROI = \frac{EBIT}{TI} \tag{3-4}$$

式中　$EBIT$——息税前利润,即 $EBIT$=净利润+计入成本的利息+所得税税金;
　　　TI——投资总额。

投资收益率高于同行业的收益率参考值,表明项目满足盈利能力要求。投资收益率是反映全部投资收益能力的静态指标。

3. 资本金利润率

资本金利润率(ROE) 是指单位资本金可以实现的净利润,其表达式为

$$ROE = \frac{NP}{EC} \tag{3-5}$$

式中　NP——年净利润;
　　　EC——项目资本金。

资本金利润率高于同行业的利润率参考值,表明项目满足盈利能力要求。

三、清偿能力评价指标与评价标准

现代企业经营的特点即为举债经营,企业清偿能力是项目投资者和债权人共同关心的问题,也是评价项目风险的重要方面。因此,企业清偿能力指标已成为判断和评价项目经济效果的重要指标。

1. 借款偿还期

借款偿还期是指在国家财政规定及项目具体财务条件下,以项目投产后可用于还款的资金偿还建设投资借款本金和建设期利息(不包括已用自有资金支付的建设期利息)所需要的时间。其一般表达式为

$$\sum_{t=1}^{P_d} R_t - I_d = 0 \tag{3-6}$$

式中　I_d——建设投资借款本金和建设期利息(不包括已用自有资金支付的部分)之和;
　　　P_d——建设投资借款偿还期(从借款开始年计算,当从投产年算起时,应予以注明);
　　　R_t——第 t 年可用于还款的资金,包括净利润、折旧、摊销及其他还款资金。

通常,借款偿还期按已约定或确定的偿还期限和偿还方式计算。

计算出借款偿还期后,与贷款机构要求的还款期限进行对比,满足贷款机构提出的要求期限时,即认为项目是有清偿能力的。否则,即认为项目没有清偿能力。从清偿能力角度考虑,则认为项目是不可行的。

2. 利息备付率

利息备付率也称已获利息倍数,是指项目在借款偿还期内各年可用于支付利息的息税

前利润与当期应付利息费用的比值。其表达式为

$$ICR = \frac{EBIT}{PI} \tag{3-7}$$

式中　ICR——利息备付率；

$EBIT$——息税前利润；

PI——计入总成本费用的应付利息。

$$税息前利润 = 利润总额 + 计入总成本费用的利息费用 \tag{3-8}$$

当期应付利息是指计入总成本费用的全部利息。

利息备付率分年计算。利息备付率越高，表明利息偿付的保障程度越高。

利息备付率表示使用项目利润偿付利息的保证倍率。参考国际经验和国内行业的具体情况，根据我国企业历史数据统计分析，一般情况下，利息备付率不宜低于2，才能满足债权人的要求。

3. 偿债备付率

偿债备付率（$DSCR$）是指借款偿还期内，用于计算债务资金还本付息的资金与应还本付息额的比值。其表达式为

$$DSCR = \frac{EBITAD - T_{AX}}{PD} \tag{3-9}$$

式中　$EBITAD$——息税前利润＋折旧＋摊销；

T_{AX}——企业所得税；

PD——应还本付息金额。

偿债备付率表示用于还本付息的资金偿还债务资金的保障程度。偿债备付率应大于1，并结合债权人要求确定。

【例3-2】 某项目使用1 000万元建设投资（其中含无形资产和其他资产200万元）进行建设，项目资本金为700万元，借款300万元，借款利率为8%，半年息。约定从已经投产的第3年年末开始还款，3年还清。还款方式为本金等额偿还，利息照付。项目流动资金为200万元，第3年年初投入。固定资产残值为40万元，无形资产、其他资产无残值，在5年内线性折旧和摊销。项目实施情况见表3-2。

表3-2　某项目建设和运营情况表　　　　　　　　　　　万元

项　　目	计算期						
	1	2	3	4	5	6	7
建设投资（不含建设期利息）	800	200					
其中：资本金	500	200					
贷　　款	300						
流动资金			200				
营业收入（不含税）			500	600	600	600	600
营业税及附加			51	61	61	61	61
经营成本			100	140	140	140	140

企业所得税税率为25%，基准折现率为10%，试评价该项目的偿债能力。

【解】 (1)计算应付利息。

年实际利率为 $i=(1+0.08/2)^2-1=8.16\%$

第1年应计利息为 $300\times50\%\times8.16\%=12.24$(万元)

第2年应计利息为 $(300+12.24)\times8.16\%=25.48$(万元)

投产后3年内每年应偿还的本金为 $(300+12.24+25.48)/3=112.57$(万元)

第3年应付的利息为 $(300+12.24+25.48)\times8.16\%=27.56$(万元)

第4年应付的利息为 $(300+12.24+25.48-112.57)\times8.16\%=18.37$(万元)

第5年应付的利息为 $(300+12.24+25.48-112.57-112.57)\times8.16\%=9.19$(万元)

(2)计算折旧和摊销。

年折旧额 $=(800+12.24+25.48-40)/5=159.5$(万元)

年摊销额 $=200/5=40$(万元)

(3)计算总成本费用。

第3年总成本 $=100+159.5+40+27.56=327.06$(万元)

第4年总成本 $=140+159.5+40+18.37=357.87$(万元)

第5年总成本 $=140+159.5+40+9.19=348.69$(万元)

(4)计算利润。

第3年利润 $=500-327.06-51=121.94$(万元)

第4年利润 $=600-357.87-61=181.13$(万元)

第5年利润 $=600-348.69-61=190.31$(万元)

(5)计算所得税及净利润。

第3年所得税 $=121.94\times25\%=30.5$(万元)

第3年净利润 $=121.94-30.5=91.44$(万元)

第4年净利润 $=181.13\times(1-25\%)=135.85$(万元)

第5年净利润 $=190.31\times(1-25\%)=142.73$(万元)

(6)计算偿债备付率。

第3年偿债备付率 $=(159.5+40+91.44+27.56)/(112.57+27.56)=2.27$

第4年偿债备付率 $=(159.5+40+135.85+18.37)/(112.57+18.37)=2.70$

第5年偿债备付率 $=(159.5+40+142.73+9.19)/(112.57+9.19)=2.89$

由于 $DSCR>1$，说明该项目清偿能力较强。

第三节 工程经济效益的动态评价指标

一、动态评价方法及适用范围

在工程实施过程中，由于时间和利率的影响，同样的货币面值在不同的时间会有不同的价值。在建设项目经济评价中，应考虑每笔现金流量的时间价值。这种对建设项目的一切资金流都考虑它所发生的时点及其时间价值，用以进行经济评价的方法称为动态分析法。与静态评价法相比较，该方法更加注重考察方案在其计算期内各年现金流量的具体情况，能够比较全面地反映项目整个寿命期的经济效果，使用范围较广。

二、动态评价指标与评价标准

1. 动态投资回收期

所谓动态投资回收期，即考虑资金时间价值因素的投资回收期。 由于动态回收期包含资金的时间价值，所以，在考察资金的回收过程，即用收益补偿投资的过程时，应注意分布在不同时间点的现金流的时间价值差异，体现在动态投资回收期的计算上，应注意不同时点现金流的等值换算。其一般表达式为

$$\sum_{t=0}^{P_t} NCF_t (1+i_c)^{-t} = 0 \tag{3-10}$$

动态投资回收期通常用累计法求得，其计算公式为

$$P_t = T - 1 + \frac{\text{第}(T-1)\text{年净现金流现值累计值的绝对值}}{\text{第 } T \text{ 年净现金流的现值}} \tag{3-11}$$

式中　T——累计净现金流量现值首次为非负值所对应的年份。

特别是当建设项目仅有初始投资且年收益数额相等时，动态投资回收期可用资金回收公式求得。即

$$R = K(A/P, i_c, P_t) \tag{3-12}$$

【例 3-3】　对于表 3-3 中的净现金流量系列求静态和动态投资回收期，$i_c = 10\%$，$P_c = 12$ 年。

【解】　各年累计净现金流量和累计折现值列于表 3-3 中，根据静态投资回收期和动态投资回收期计算公式得：

静态投资回收期 $P_t = 8 - 1 + (84 \div 150) = 7.56$（年）

动态投资回收期 $P_t' = 11 - 1 + (2.94 \div 52.57) = 10.06$（年）

表 3-3　净现金流量表

年　份	净现金流量	累计净现金流量	折现系数	折现值	累计折现值
1	−180	−180	0.909 1	−163.64	−163.64
2	−250	−430	0.826 4	−206.60	−370.24
3	−150	−580	0.751 3	−112.70	−482.94
4	84	−496	0.683 0	57.37	−425.57
5	112	−384	0.620 9	69.54	−356.03
6	150	−234	0.564 5	84.68	−271.35
7	150	−84	0.513 2	76.98	−194.37
8	150	66	0.466 5	69.98	−124.39
9	150	216	0.424 1	63.62	−60.77
10	150	366	0.385 5	57.83	−2.94

续表

年 份	净现金流量	累计净现金流量	折现系数	折现值	累计折现值
11	150	516	0.350 5	52.57	+49.63
12~20	150	1 866	2.018	302.78	352.41

由于静态投资回收期和动态投资回收期均小于12年，所以该方案可行。

利用投资回收期考察建设项目的经济效益状况的优点在于概念明确，简单易算，既反映方案的盈利性又反映方案的风险；利用投资回收期的缺点是，它只反映了项目投资回收前的盈利情况，而不能反映投资回收后的盈利情况，因而对项目在整个寿命期内经济效益的反映是不全面的。因此，投资回收期通常不能独立判断项目是否可行，一般作为辅助评价指标来使用。

2. 净现值

净现值（NPV）是反映投资方案在计算期内获利能力的动态评价指标。投资方案的净现值是指用一个预定的基准收益率 i_c，分别把整个计算期内各年所发生的净现金流量都折现到建设期初的现值之和。净现值（NPV）计算公式为

$$NPV = \sum_{t=0}^{n} (CI - CO)_t (1 + i_c)^{-t} \qquad (3\text{-}13)$$

式中　NPV——净现值；

　　　$(CI-CO)_t$——第 t 年的净现金流量（应注意"+""-"号）；

　　　i_c——基准收益率；

　　　n——方案计算期。

净现值是评价项目盈利能力的绝对指标。当 $NPV>0$ 时，说明该方案除满足基准收益率要求的盈利之外，还能得到超额收益，故该方案可行；当 $NPV=0$ 时，说明该方案基本能满足基准收益率要求的盈利水平，方案勉强可行或有待改进；当 $NPV<0$ 时，说明该方案不能满足基准收益率要求的盈利水平，方案不可行。

利用净现值来反映建设项目经济效益状况的优点在于不仅考虑了资金时间价值，进行动态评价，而且考虑了方案整个计算期的现金流量，因而能比较全面地反映方案的经济状况，经济意义明确，能够直接以货币额表示项目的净收益。其缺点在于必须首先确定一个符合经济现实的基准收益率，而基准收益率的确定往往是比较困难的，它只能表明项目的盈利能力超过、等于或未达到要求的水平，而该项目的盈利能力究竟比基准收益率的要求高多少或低多少，则表示不出来，不能真正反映项目投资中单位投资的使用效率。

【例3-4】 某项目各年的现金流量见表3-4，已知 $i_c=10\%$，试用净现值指标评价其经济可行性。

表3-4　某项目各年的现金流量表　　　　　　　　　　　　　　　　万元

年 份 项 目	0	1	2~7
销售收入			1 500
投资	2 000	2 000	

续表

年份 项目	0	1	2~7
经营成本			100
净现金流量	-2 000	-2 000	1 400

【解】 (1)由表中各年净现金流量和公式得：

$NPV = -2\,000 - 2\,000(P/F, 10\%, 1) + 1\,400(P/A, 10\%, 6)(P/F, 10\%, 1)$
$\quad\quad\quad = -2\,000 - 2\,000 \times 0.909\,1 + 1\,400 \times 4.355 \times 0.909\,1$
$\quad\quad\quad = 1\,724.58(万元)$

计算结果表明，该投资方案除达到预定的10%收益率外，还有现值为1 724.58万元的余额，因此该方案可行。

(2)求净现值还可在现金流量表上继续计算，见表3-5。

表3-5 现金流量表求净现值 　　　　　　　　　　　　　　万元

年份 项目	0	1	2	3	4	5	6	7
销售收入			1 500	1 500	1 500	1 500	1 500	1 500
投资	2 000	2 000						
经营成本			100	100	100	100	100	100
净现金流量	-2 000	-2 000	1 400	1 400	1 400	1 400	1 400	1 400
折现系数$(1+i_c)^{-t}$	1.000 0	0.909 1	0.826 4	0.751 3	0.683 0	0.620 9	0.564 5	0.513 2
净现金流量现值	-2 000	-1 818.2	1 156.96	1 051.82	956.20	869.26	790.30	718.48
累计净现金流量现值	-2 000	-3 818.2	-2 661.24	-1 609.42	-653.22	216.04	1 006.34	1 724.82

由表3-5计算结果可知，净现值为1 724.82万元，说明该方案达到预定收益率的要求，并且还有额外剩余，因此该方案可行。

(1)净现值与折现率。从净现值的概念可知，对某一特定建设项目净现值的大小很重要的影响因素是折现率，在进行方案经济可行性评价时，通常选取基准折现率作为计算参数。基准折现率是行业或国家可以接受的最低期望收益率，它是一个重要的经济杠杆参数。从它作为度量方案经济可行性标准的角度看，它是行业或社会的最低期望时间价值；从理论上讲，其大小应当是边际方案的边际收益率。在工程项目经济分析实务中，折现率的大小一般由资金成本、通货膨胀率和投资风险系数来确定。作为国家参数，折现率由有关部门定期制定并发布。

(2)净现值函数。净现值函数是用来表示净现值与折现率之间变化关系的函数。对于既定方案，NPV随着i的变化表现出某种变化规律。一般随着i的增加，NPV逐渐变小，如图3-2所示。

(3)净现值与净年值。净年值(NAV)通常称为年

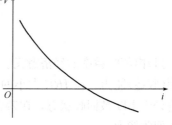

图3-2 净现值函数曲线(一)

值，其是指将方案计算期内的净现金流量，通过基准收益率折算成与其等值的各年年末等额支付序列。其计算公式为

$$NAV = NPV(A/P, i_c, n) = \sum_{t=0}^{n}(CI-CO)_t(1+i_c)^{-t}(A/P, i_c, n) \quad (3\text{-}14)$$

式中，各参数意义同前。

由净年值的概念不难看出，NAV 与 NPV 是等效的经济评价指标。与净现值指标的评价标准一样，净年值的评价标准是：$NAV \geqslant 0$。若某方案 $NAV \geqslant 0$，则该方案经济上可行；反之，则方案不可行。

净年值和净现值是等效的价值型评价指标，净年值和净现值对同一方案有着相同评价结论。介绍净年值指标的意义在于，在某些特别的情况下，净年值有其特别的优越性。

3. 内部收益率

由图 3-3 可知，**内部收益率(IRR)的实质就是使投资方案在计算期内各年净现金流量的现值累计等于 0 时的折现率**。也就是说，在这个折现率时，项目的现金流入的现值和等于其现金流出的现值和。依内部收益率的定义，内部收益率可用净现值方程求得。即

$$\sum_{t=0}^{n} NCF_t(1+IRR)^{-t} = 0 \quad (3\text{-}15)$$

一般情况下，解这样一个高次方程比较困难。根据净现值曲线的变化趋势，可以用人工试算线性内插法求解内部收益率。首先选取一个接近 IRR 的横坐标点 i_1，对应可求得纵坐标值 NPV_1（$NPV_1 > 0$），而后再选取一个横坐标点 i_2，对应求得纵坐标 NPV_2（$NPV_2 < 0$），用两点连线与横轴的交点可近似地表示 IRR。

$$IRR = i_1 + \frac{NPV_1}{NPV_1 + |NPV_2|}(i_2 - i_1) \quad (3\text{-}16)$$

为保证计算的精度，一般要求 $i_2 - i_1 < 5\%$。

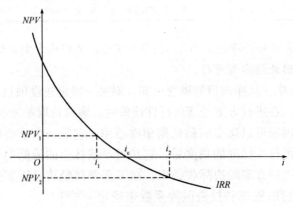

图 3-3　净现值函数曲线(二)

(1) 内部收益率的经济意义。内部收益率表示方案未被回收（即尚存于方案中）的投资的盈利（收益）能力。在 IRR 大小的利率水平下，在方案的整个寿命期内，方案所占用的资金一直处于不断被回收状态，在寿命终结时被全部回收。因此，IRR 表示方案对未被回收资金的回收能力。

【例 3-5】　某方案寿命期为 3 年，现金流量图如图 3-4 所示。

【解】 依据内部收益率定义,令

$NPV=-100+40(P/F, i, 1)+47(P/F, i, 2)+33(P/F, i, 3)=0$

求得 $IRR=10\%$。表示方案未被回收的资金(第一年为 100 万元,第二年为 70 万元,第三年为 30 万元)的盈利能力(收益能力)为 10%。

图 3-5 可形象地反映项目未被回收资金的回收过程。

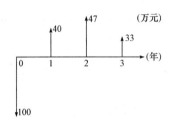

图 3-4 某方案现金流量图

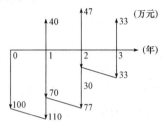

图 3-5 资金回收过程图

需要注意的是,内部收益率反映了项目内部资金(即未被回收的资金)的收益能力,它不能反映全部投资的收益能力,应将内部收益率(IRR)和投资收益率(ROI)区别开来。

(2)内部收益率的评价。以内部收益率指标评价建设项目的经济可行性,其评价标准为:若方案 $IRR \geqslant i_c$,则表明达到了行业或国家的基本经济要求,因而经济上可行;反之,则不可行。

内部收益率的最大优点是其大小完全取决于项目本身的因素,可以比较客观、真实地反映方案的经济性,因而其成为评价方案的重要指标;其缺点是计算较烦琐,并且对于非常规项目,净现值方程会出现多解或无解的情形,从而使内部收益率指标失效。由于只能反映其占用资金的使用效率,而不能反映其总量的使用效果,因此,内部收益率通常与净现值指标一起使用。

4. 外部收益率

外部收益率(ERR)是项目在寿命周期内,各年支出的终值(按 ERR 折算)累计与各年收入(按照基准折现率折算)的终值累计相等时的折现率。其计算表达式为

$$NFV=-\sum_{t=0}^{n}CF'_t(1+ERR)^{n-1}+\sum_{t=0}^{n}CF''_t(1+i_c)^{n-1}=0 \quad (3-17)$$

式中 NFV——净终值;

ERR——外部收益率;

CF'_t——第 t 年的支出;

CF''_t——第 t 年的收入;

i_c——基准折现率。

(1)外部收益率的经济含义。外部收益率的经济含义与内部收益率相似,都是反映项目在寿命周期内的盈利能力。两者的区别是,ERR 假设所回收的资金是以相当于基准收益率进行再投资,而 IRR 假设所回收的资金仍然是以 IRR 进行再投资。

(2)外部收益率的评价。应用 ERR 指标评价项目的经济效果时,评价标准如下:

若 $ERR \geqslant i_c$,则该项目在经济上是可行的;若 $ERR \leqslant i_c$,则项目在经济上不可行。外部收益率的特点是不会出现多个解的情况,可以用代数方法直接求解。外部收益率目前使

用不普遍，但对非常规项目评价有优越之处。

【例 3-6】 某项目现金流量见表 3-6，设计准折现率为 10%，计算项目的外部收益率。

表 3-6 项目的净现值流量　　　　　　　　　　　　　　万元

年份(年末)	0	1	2	3	4	5
净现金流量	-2 000	300	500	500	500	1 200

【解】 根据外部收益率公式得：

$NFV = -2\,000(F/P, ERR, 5) + 300(F/P, i_c, 4) +$
$\quad\quad 500(F/A, i_c, 3)(F/P, i_c, 1) + 1\,200 = 0$

解方程得知，$ERR > i_c$，所以，该项目在经济上是可行的。

5. 净现值率

为了考察资金的利用效率，可采用净现值率作为净现值的补充指标。所谓净现值率，也称净现值指数，是指方案的净现值与其投资现值之比。其计算公式为

$$NPVR = \frac{NPV}{K_p} = \frac{\sum_{t=0}^{n}(CI-CO)_t(1+i_c)^{-t}}{\sum_{t=0}^{n}K_t(1+i_c)^{-t}} \quad (3-18)$$

式中　$NPVR$——净现值率；
　　　K_p——项目总投资现值。

用净现值率指标评价建设项目的经济可行性，其评价标准是：$NPVR \geq 0$。即当某方案 $NPVR \geq 0$ 时，表明该方案达到了基本经济要求，因而在经济上可行；反之，则不可行。

净现值率作为比率性指标，仅能反映资金的使用效率，因此，一般不能独立用于方案经济可行性的判别。它通常与净现值指标结合使用。

第四节　互斥方案比较

互斥方案是指方案之间存在互不相容、互相排斥的关系，且在多个比选方案中只能选择一个方案，这种择此就不能择彼的多方案组合就叫作互斥方案。例如，同一建筑的结构类型选择就是互斥方案，使用砖混结构、框架结构还是钢结构，只能选一个；还有厂址的选择，一个地点就是一个方案，不同地点的方案选择就是互斥型。由于互斥方案只能从中选择一个方案，因此选择互斥型方案时，它们的现金流量之间不存在相关关系。

方案的互斥关系决定了人们只能在若干方案中选择一个方案作为最佳方案实施。由于每一个方案都具有相同的被选择的可能性，为了使资金发挥最大的效益，这就需要进行比选，以确定一个最优方案。该类型方案的经济效果评价包括以下两点：

(1) 绝对效果检验。考察备选方案中各方案自身的经济效果是否满足评价准则的要求。
(2) 相对效果检验。考察备选方案中哪个方案相对最优。

绝对效果检验实际上和单一方案经济效果评价方法相同，而相对效果检验是在绝对效果检验的基础上选择最优。两种检验的目的和作用不同，通常情况下缺一不可，以确保所选方案不仅可行而且最优。

一、互斥型方案静态评价方法

1. 增量投资回收期法

增量投资回收期又称追加投资回收期，或差额投资回收期，其是指用两个互斥方案相比较而出现的成本的节约额来回收增加的投资的期限。增量投资回收期是一个静态评价指标。该方法是通过计算增加的投资是否能在期望的时间内回收，来判断投资额不等的两个方案的优劣。

甲、乙两个投资额不等的互斥方案，不妨假定甲方案的投资额 I_1 小于乙方案的投资额 I_2，如果甲方案相比乙方案成本少或净收益高，显然甲方案就是最理想的方案。但常见情况是，投资少的方案往往经营成本较高或净收益较少，而投资大的方案，经营成本较低或者净收益较多。针对这种情况，设甲方案的经营成本为 C_1，乙方案为 C_2，此时有 $C_1>C_2$；或者设甲方案的年净收益为 A_1，乙方案为 A_2，此时有 $A_1<A_2$。

乙方案在甲方案基础上增量的投资为 (I_2-I_1)，所带来的效果为经营成本的节约 (C_1-C_2)，或者年净收益的增加 (A_2-A_1)。增量的投资什么时候能够收回来，这是投资者关心的问题，当各年经营成本的节约基本相同，或者各年净收益基本相同时，计算增量投资回收期的表达式为

$$\Delta P_t = \frac{I_2-I_1}{C_1-C_2} = \frac{I_2-I_1}{A_2-A_1} \tag{3-19}$$

式中 ΔP_t——增量投资回收期。

计算增量投资回收期，若小于标准投资回收期，则投资大的方案为优；反之，则投资小的方案为优。

【例 3-7】 某项目建设有两个设计方案，第一个方案采用比较先进的技术设备，投资额为 2 000 万元，年成本为 300 万元；第二个方案投资额为 1 500 万元，年成本为 400 万元，两个方案的年销售收入均为 600 万元。如果标准投资回收期为 10 年，试用增量投资回收期指标比较两个方案。

【解】 首先进行绝对效果检验，分别计算两个方案的投资回收期。

第一个方案：

$$P_{t1} = \frac{I_1}{A_1} = \frac{2\,000}{600-300} \approx 6.67(年) < 10(年)$$

第二个方案：

$$P_{t2} = \frac{I_2}{A_2} = \frac{1\,500}{600-400} = 7.5(年) < 10(年)$$

两个方案的投资回收期均小于标准投资回收期 10 年，就单方案而言，均可行。进行相对效果检验，计算增量投资回收期。

$$\Delta P_{t(1-2)} = \frac{I_1-I_2}{C_2-C_1} = \frac{2\,000-1\,500}{400-300} = 5(年) < 10(年)$$

或 $$\Delta P_{t(1-2)} = \frac{I_1 - I_2}{A_1 - A_2} = \frac{2\,000 - 1\,500}{300 - 200} = 5(年) < 10(年)$$

即第一方案较第二方案增加的投资 500 万元，在 5 年内就能回收，低于标准投资回收期 10 年，故增加投资可行，所以第一方案优于第二方案。

2. 增量投资收益率法

增量投资收益率是指增量投资所带来的经营成本上的节约与增量投资之比。假定甲方案的投资额 I_1 小于乙方案的投资额 I_2，甲方案的经营成本为 C_1，乙方案为 C_2，此时有 $C_1 > C_2$，或者设甲方案的年净收益为 A_1，乙方案为 A_2，此时有 $A_1 < A_2$。增量投资收益率 R 的表达式为

$$\Delta R = \frac{C_2 - C_1}{I_2 - I_1} = \frac{A_2 - A_1}{I_2 - I_1} \tag{3-20}$$

式中 ΔR——增量投资收益率。

不难看出，增量投资收益率和增量投资回收期两个指标互为倒数，即 $\Delta R = 1/\Delta P$。若计算出来的增量投资收益率大于基准投资收益率，则投资大的方案可行，它表示投资的增量 $(I_2 - I_1)$ 完全可以有经营费用的节约 $(C_1 - C_2)$ 或增量收益 $(A_2 - A_1)$ 来得到补偿；反之，则投资小的方案为优。

二、互斥型方案的选择

互斥型方案的选择不涉及资金约束问题，因为超过投资限额的方案不能参选，又因为方案之间具有互斥性，故互斥型方案的选择实质上是在一组方案中选出一个最优方案的问题。

各个互斥型方案投入的原料，产出的产品及产品的品种、质量、数量、方案的寿命期限都不尽相同。对于方案投入、产品的不同，在市场经济条件下，可以表现为方案投入和产出在货币量上的变化，从而使方案中不同因素变为可比。因此，我们采用根据互斥型方案寿命期限是否相同，将其分为各方案寿命期相等和各方案寿命期不等两类进行讨论的相对局部比较法。

(一) 寿命期相等的互斥型方案的比较和选择

对于寿命期相等的互斥方案，通常将它们的寿命期限作为共同分析期或计算期。这样，方案在时间上就具有可比性。

1. 净现值法

用净现值法对寿命相等的互斥方案进行经济效益比选，按前述比较内容，需遵循如下步骤：

(1) 绝对效益检验。备选方案需满足 $NPV \geqslant 0$（NPV 为应用净现值）的检验标准。备选方案只有满足 $NPV \geqslant 0$ 的标准，才表明其达到了行业基本经济要求，在经济上具有合理性。

(2) 相对效益检验。需通过计算方案之间的追加投资额净现值（或称增量净现值、相对净现值）指标来判断方案相对效益。具体过程如下：

1) 将通过绝对效益检验的方案按投资额大小顺序排列。

2) 构造投资额次小方案 A_2 相对于投资额最小方案 A_1 的追加投资方案 $(A_2 - A_1)$（或称相对投资方案、增量投资方案）。其年净现金流为

$$\Delta NCF_j = NCF_{2j} - NCF_{1j} \qquad (3-21)$$

式中 ΔNCF_j——追加投资方案(A_2-A_1)第 j 年的净现金流量。

3)计算追加投资方案的净现值,即追加投资净现值 ΔNPV_{2-1},并检验追加投资方案的经济性。

4)判断方案的相对效益。若 $\Delta NPV_{2-1} \geqslant 0$,则表明投资大的方案($A_2$ 方案)除能达到投资小的方案(A_1 方案)的收益水平外,追加投资(或称相对投资、增量投资)也达到了经济性要求,因此,投资大的方案优。从经济上应选择投资大的方案为实施方案;反之,若 $\Delta NPV_{2-1} < 0$,表明投资大的方案没能达到投资小的方案的收益水平,或追加投资没能达到最低经济要求,因此,投资小的方案优。从经济上应选择投资小的方案为实施方案。

5)用下一方案再与较优方案比较,重复上述2)~4)过程,直至全部方案比较完毕。

(3)方案优选。根据相对效益比较,选出最优方案。

【例3-8】 方案 A、B、C 是互斥方案,其净现金流量见表3-7。设基准折现率 $i_c = 10\%$,试进行方案评选。

表3-7 互斥方案 A、B、C 净现金流量表 万元

方案\年末	0	1~10	方案\年末	0	1~10
A	-200	39	C	-150	24
B	-100	20	追加投资方案(A-B)	-100	19

【解】 (1)方案绝对效益检验:

$NPV_A = -200 + 39(P/A, 10\%, 10) = -200 + 39 \times 6.144 = 39.62$

$NPV_B = -100 + 20(P/A, 10\%, 10) = -100 + 20 \times 6.144 = 22.88$

$NPV_C = -150 + 24(P/A, 10\%, 10) = -150 + 24 \times 6.144 = -2.54$

$NPV_A > 0$,$NPV_B > 0$,方案 A、B 均通过绝对效益检验。

$NPV_C < 0$,方案 C 不满足经济性要求,应舍弃。

(2)方案 A、B 相对效益检验。构造追加投资方案(A-B)见表3-7。

$\Delta NPV_{A-B} = -100 + 19(P/A, 10\%, 10) = -100 + 19 \times 6.144 = 16.74$

由于 $\Delta NPV_{A-B} > 0$,故 A 优于 B。

(3)方案优选。由相对效益检验结果 A>B,所以,选择方案 A 为实施方案。

下面仍以例3-8为例进行说明。

1)如前,不再赘述。

2)相对效益检验并优选。

由于 $\max\{NPV_j\} = NPV_A$,故应选择方案 A。

从理论上讲,用净现值法比选互斥方案,应遵循上述例3-8中三个基本步骤。但是,由于 $\Delta NPV_{2-1} = NPV_2 - NPV_1$,因此,在实践中,上述三个基本步骤可简化为

1)绝对效益检验,需满足 $\Delta NPV \geqslant 0$ 的标准。

2)相对效益检验并优选,需满足 $\max\{NPV_j\}$ 标准。

综合以上分析可得出结论:在众多互斥方案中只有通过绝对经济效益检验的相对最优

方案,才是唯一可被接受的方案。对于净现值法而言,最优方案的判断准则是:净现值大于或等于零且净现值最大的方案是最优可行方案。这个准则可以推广到与净现值等效的其他价值性标准即净年值和净终值。净年值(或净终值)大于或等于零且净年值(或净终值)最大的方案为最优可行方案。

2. 内部收益率法

采用内部收益率法评价互斥方案,同样应当按绝对经济效益检验和相对经济效益检验两步进行。那么是否有与净现值法类似的内部收益率最大的判别准则呢?

首先看由例3-8资料计算得出的结果。

由方程式:

$-200+39(P/A,10\%,10)=0$

$-100+20(P/A,10\%,10)=0$

$-150+2(P/A,10\%,10)=0$

求得 $IRR_A=14.5\%$,$IRR_B=15.1\%$,$IRR_C=9.6\%$(IRR 为内部收益率)。

由于 $IRR_A>i_c$,$IRR_B>i_c$,故方案 A、B 均通过绝对经济效益检验,而 $IRR_C<i_c$ 没通过绝对经济效益检验,应舍弃。

由以上计算结果表明,按内部收益率最大准则判别最优可行方案 $\max\{IRR_j\}=IRR_B$ 与用净现值法判别得出的结论是矛盾的。这是由于 $\max\{IRR_j\}$ 标准追求的是方案内资金的使用效率最高,而因为方案的不可分性,资金使用效率最高未必意味着方案的总量经济效益最大。一般来说,用内部收益率标准比较方案,对投资少且内部收益率大的方案有利。因此,不能简单地用内部收益率最大化作为比选方案的标准。

所以,用内部收益率法进行方案比选必须遵循如下步骤:

(1)绝对效益检验。备选方案须通过评价标准 $IRR \geqslant i_c$ 的检验,以满足其行业经济上合理性的要求。

(2)相对效益检验。计算追加投资(或称增量投资、相对投资)方案的内部收益率,即追加投资(或称增量投资、相对投资)内部收益率 ΔIRR。若 $\Delta IRR \geqslant i_c$,表明投资大的方案除具有与投资小的方案相同的收益能力外,追加投资也达到了起码的经济要求,因此,投资大的方案相对优,应以其为实施方案;反之,若 $\Delta IRR<i_c$,则表明投资大的方案达不到投资小的方案的收益水平或追加投资在经济上不合理,因此,投资小的方案相对优,应以其为实施方案。

追加投资内部收益率的判断准则如图3-6所示。

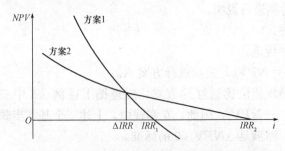

图3-6 用于两方案相对比较的增量投资内部收益率

【例 3-9】 仍用例 3-8 的资料，试用追加投资内部收益率指标判断方案的相对优劣。

【解】 根据前面的分析，已知投资最小的方案 B 是可行方案（$IRR_B = 15.1\%$），取其为基础方案。然后采用环比法，将投资大的方案与基础方案比较，依此类推。

首先取 C 方案与 B 方案比较，增量投资的净现金流量见表 3-8。增量投资的内部收益率可由

$$-50 + 4(P/A, \Delta IRR_{C-B}, 10) = 0$$

表 3-8 增量投资净现金流量表   万元

方案＼年末	0	1～10	方案＼年末	0	1～10
C—B	−50	4	A—B	−100	19

求得，$\Delta IRR_{C-B} \approx 0 < i_c$，说明 C 方案相对于 B 方案的追加投资 50 万元不经济，因此，应舍弃 C 方案。以 B 方案作为下一轮比较的基础方案。

再将 A 方案与 B 方案比较，增量投资净现金流量见表 3-8，增量投资内部收益率 ΔIRR_{A-B} 由：

$$-100 + 19(P/A, \Delta IRR_{A-B}, 10) = 0$$

求得，$\Delta IRR_{A-B} = 13.8\% > i_c$，说明 A 方案相对于 B 方案的增量投资 100 万元是合理的，故 A 方案优于 B 方案，应确定 A 方案为实施方案。其结论与用净现值指标评价结论一致。

比率性指标一般不能直接用于互斥方案的相对效益比较，而必须采用增量投资指标进行方案比选，其做法是首先把各个备选方案按投资额由小到大排列，然后再用环比法进行比较。

时间性指标也不能直接用于互斥方案的相对比较，而必须采用增量投资的时间性指标（如增量投资回收期）评选方案。

用增量投资内部收益率指标评选互斥方案，其优点是经济概念清楚，但计算比较烦琐。需要指出的是，如果增量投资方案的净现金流量符号变化超过一次，则可能出现内部收益率方程无解或多解的情况，此时内部收益率指标可能失效。所以，在采用内部收益率指标时，要特别注意增量投资净现金流量符号多次变化的情况。

(二) 寿命期不同的互斥型方案的比较和选择

当几个互斥型方案寿命期不同时，方案之间不能直接比较。这时必须对方案的寿命期作适当处理，以保证时间上的可比性。其方法有方案重复法、年等值法、年费用法和研究期法。

1. 方案重复法

方案重复法也叫作最小公倍数法。这种方法是将相比较的各方案重复执行若干次，直到彼此期限相等为止。即以各备选方案计算期的最小公倍数为各方案的共同计算期，假设各个方案均在这样一个共同的计算期内重复进行，对各方案计算期内各年的净现金流量进行重复计算，直至与共同的计算期相等。以净现值较大的方案为优。显然这一相等的期限就是各方案寿命期的最小公倍数。

【例3-10】 某项目有 A、B 两个方案,方案 A 的初始投资为 900 万元,寿命期为 4 年,每年年末净收益为 330 万元;方案 B 的对应数据为 1 400 万元、8 年、400 万元。两方案均无残值,若基准收益率为 12%。试对比两方案。

【解】 两方案寿命期的最小公倍数为 8 年,故可画出两个可比方案的现金流量图,如图 3-7 所示。

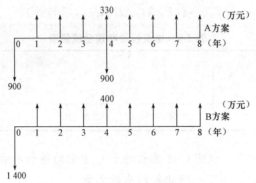

图 3-7 两个可比方案的现金流量图

由图 3-7 可得:

$NPV(12)_A = 330(P/A, 12\%, 8) - 900(P/A, 12\%, 4) - 900 = 167.36(万元)$

$NPV(12)_B = 400(P/A, 12\%, 8) - 1\,400 = 587.0(万元)$

因为 $NPV(12)_B > NPV(12)_A$,故 B 方案为最优。

2. 年等值法和年费用法

寿命不等的方案比较也可用年等值法。年等值法实际上也采用了方案重复法对寿命期的处理方法。只是由于无论方案重复多少次,所形成的寿命期相同的可比方案年等值都与原始方案的年等值相同。从各原始方案年等值的大小即可判断方案效益的大小。年等值法对重复次数较多、计算复杂的方案尤为适用。

【例3-11】 若在例 3-10 中尚有 C 方案,其初始投资为 1 800 万元,寿命期为 11 年,每年年末净收益为 390 万元,寿命期末残值为 770 万元,试比较三个方案。

【解】 若采用方案重复法计算,寿命期的最小公倍数为 88 年,A 方案需重复执行 22 次,计算复杂,故采用年等值法。

$AE(12)_A = 330 - 900(A/P, 12\%, 4) = 33.72(万元)$

$AE(12)_B = 400 - 1\,400(A/P, 12\%, 8) = 118.18(万元)$

$AE(12)_C = 390 - 1\,800(A/P, 12\%, 11) + 770(A/F, 12, 11) = 124.15(万元)$

因 $AE(12)_C > AE(12)_B > AE(12)_A$,故 C 方案为最优方案。

对于寿命期不同的互斥型方案,若其年效益相同,仅为方案初始投资和经常性支出不同,可用年费用法对方案进行局部比较。在此对方案寿命期的处理方法与年等值法相同,而具体比较方法与寿命期相同方案局部比较法中年费用法相同,故不赘述。

3. 研究期法

方案重复法、年等值法和年费用法都以假设方案能够重复执行至达到可比要求为前提。 这种假设通常被认为是合理的,但在某些情况下并不符合实际,尤其是重复期数多、重复期限长的情况更是如此。因为技术是不断进步的，完全相同的方案不可能反复实施很多次。因此，这类方法带有夸大方案之间区别的倾向。

针对上述问题，一种比较可行的办法是研究期法。研究期法就是通过研究分析，直接选取一个适当的计算期作为各个方案共同的计算期，计算各个方案在该计算期内的净现值，以净现值较大的为优。在实际应用中，为方便起见，往往直接选取诸方案中最短的计算期作为各方案的共同计算期，所以，研究期法也可以称为最小计算期法。方案比选中经济评价指标的应用范围见表 3-9。

表 3-9 方案比选中经济评价指标的应用范围

用途指标	净现值	内部收益率
方案比选(互斥方案选优)	无资金限制时，可选择 NPV 较大者	一般不直接用，可计算差额投资内部收益率(ΔIRR)，当 $\Delta IRR \geq i_c$ 时，以投资较大方案为优
项目排队(独立项目按优劣排序的最优组合)	不单独排序	一般不采用(可用于排除项目)

根据对方案的了解程度，通常可采用以下两种方法：

(1)预测未来价值法。当对寿命期长的方案在研究期末的价值有所估计时，宜采用此法。

【例 3-12】 若两方案数据如表 3-10 所示，基准贴现率为 15%，研究期定为 3 年，A 方案在研究期期末可回收资金估计为 140 万元。试比较两方案。

【解】 两方案在研究期内的现金流量如图 3-8 所示。

表 3-10 某投资两方案基本数据 万元

年末	A	B
0	−300	−240
1	100	110
2	110	110
3	130	110
4	100	—
5	80	—

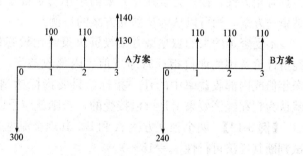

图 3-8 某投资两方案的现金流量图

$NPV(15)_A = 100(P/F, 15\%, 1) + 110(P/F, 15\%, 2) + (130+140)(P/F, 15\%, 3) - 300$
$= 100 \times 0.8696 + 110 \times 0.7561 + (130+140) \times 0.6575 - 300 = 47.656(万元)$

$NPV(15)_B = 110(P/A, 15\%, 3) - 240 = 110 \times 2.283 - 240 = 11.13(万元)$

由此得出 A 方案较优。

这种方法判断的结果是否准确，与方案在研究期末处理回收价值的准确性有关。如重估值有困难，一般可用回收固定资产余值。

(2)承认未使用价值法。将寿命期长于研究期的方案的初始投资依等值原理变换为年金计入寿命期各年,然后计算研究期内各方案的净现值加以比较。

仍以例 3-11 为例:

$NPV(15)_A = 100(P/F,15\%,1) + 110(P/F,15\%,2) + 130(P/F,15\%,3) - 300(A/P,15\%,5)(P/A,15\%,3) = 51.28(万元)$

$NPV(15)_B = 110(P/A,15\%,3) - 240 = 11.13(万元)$

由此得出 A 方案较优。

第五节 独立方案比较

独立方案的采用与否,只取决于方案自身的经济性,且不影响其他方案的采用与否。这一特点决定了独立方案的现金流量及其效果具有可加性。一般独立方案的选择分为以下两种情况:一种情况是没有资源限制,如果独立方案之间共享的资源(通常为资金)足够多,则任何一个方案只要是经济上可行的,都可以采纳并实施;另一种情况是有资源限制,如果独立方案之间共享的资源是有限的,不能满足所有方案的需要,则在不超出资源限制的条件下,在可行方案中选择其中的某一些方案作为最终实施的方案,那么,这些被选中的方案组合应该是能够产生最佳经济效果的方案组合。

一、不受资金约束的独立型方案的比选

如果没有资金约束,独立型方案又称完全独立方案。完全独立方案的现金流相互独立,不具有相关性,任一完全独立方案的采用与否都不影响其他方案的决策。如果决策的对象是单一方案,则可以认为是独立方案的特例。

不受资金约束的独立型方案投资决策时比较容易,只需进行绝对效果检验,独立方案经济评价常用的评价指标有净现值、内部收益率、净年值等。分别计算各方案的净现值、净年值或内部收益率中的任一指标,只要指标达到评价标准,通过绝对效果检验的方案,就认为它在经济效果上是可以接受的,否则就应予以拒绝。

【例 3-13】 两个独立方案 A 和 B,其现金流见表 3-11,不具有相关性,资金不受约束。试判断其经济可行性($i_c = 15\%$)。

表 3-11 独立方案 A 和 B 的净现金流　　　　　　　　　　万元

方案	初始投资额	1~10 年
A	2 000	450
B	2 000	300

【解】 $NPV_A = -2\,000 + 450(P/A,15\%,10) = 258.46(万元)$

$NPV_B = -2\,000 + 300(P/A,15\%,10) = -494.36(万元)$

$NPV_A > 0$,A 方案可接受;$NPV_B < 0$,B 方案应予拒绝。

二、有资金约束的独立方案的比选

一般情况下,由于项目的经济条件有限,能够采用的方案数目多少会受到项目财力、物力和人力的限制,这样就使独立方案的比选成为有约束条件的选择。在资金总额约束的条件下,项目方案比选的实质是排列各方案的优先次序,使净收益大的方案优先采纳,在不超过有限资金总额的条件下,选取能够带来总收益最多的一组方案。常用的资金有限独立方案的比选有两种方法,即**独立方案互斥化法**和**效率指标排序法**。

1. 独立方案互斥化法

独立方案互斥化的原理是将独立方案的所有组合列出来,使每个组合形成一个组合方案(其现金流量为被组合方案现金流量的叠加),因这些组合方案之间是互斥关系,故被称为组合互斥方案。由于是所有可能的组合,则最终的选择只可能是其中一种方案组合,因此,所有可能的组合方案形成了互斥关系,可按互斥方案的比选方法确定最优的方案组合。最优的方案组合即是独立方案的最佳方案选择。

用净现值指标评价的基本步骤如下:

(1)分别对各独立方案进行绝对效果检验,即剔除 $NPV<0$,或 $IRR<i_c$ 的方案。

(2)对通过绝对效果检验的独立方案,列出所有可能的方案组合,将所有的组合按初始投资额从小到大的顺序排列。

(3)排除初始投资额超过投资资金限制的方案组合。

(4)对所剩的方案组合按互斥方案的比选方法确定最优的方案组合,可用净现值法判定,即分别计算各方案组合的净现值,以净现值最大者为最佳组合,也可用增量内部收益率法选择最佳方案组合,不过其结论和净现值法是一致的。

【例 3-14】 有三个独立方案 A、B 和 C,寿命皆为 10 年,现金流量见表 3-12。基准收益率 $i_c=10\%$,投资资金限制为 7 000 万元。要求选择最佳方案组合。

表 3-12 独立方案现金流量　　　　　　　　　　　　　　　　　万元

方案	初始投资	年净收益
A	2 500	520
B	3 200	640
C	3 800	760

【解】 首先分别计算各独立方案的净现值,剔除单一方案不可行者。按照所有可能方案的投资额的大小排序(包括 0 方案),见表 3-13。

表 3-13 组合互斥方案现金流量计算　　　　　　　　　　　　　万元

序号	方案组合	初始投资	年净收益	净现值
1	0	0	0	0
2	A	2 500	580	1 064.1
3	B	3 200	640	732.8

续表

序号	方案组合	初始投资	年净收益	净现值
4	C	3 800	760	870.2
5	A+B	5 700	1 220	1 796.9
6	A+C	6 300	1 340	1 934.3
7	B+C	7 000	1 400	1 603.0
8	A+B+C	9 500		

由于方案组合 A+B+C 的投资额为 9 500 万元＞7 000 万元，故可不计算此组合。观察对比表 3-13 中各组合的净现值，A+C 的净现值最大且大于 0，所以，A+C 为最优方案组合，A 方案和 C 方案是最优的选择。

2. 效率指标排序法

效率指标排序法包括内部收益率排序法和净现值率排序法。内部收益率排序法是根据资源效率指标的大小确定独立项目的优先顺序，然后根据资源约束条件确定最优项目组合。

【例 3-15】 有 6 个独立方案的现金流量见表 3-14，寿命期均为 6 年，基准收益率 $i_c=10\%$。①若资金限制为 520 万元，选择哪些项目最有利？②若资金限制为 500 万元，选择哪些项目更有利？

表 3-14 独立方案现金流   万元

项目	初始投资 I	年净收益 R
A	120	36.0
B	110	23.8
C	90	30.4
D	160	42.4
E	150	56.6
F	140	34.0

【解】 首先求出各个项目的内部收益率，内部收益率可按照下式计算：

$$-I+R(P/A, IRR, 6)=0$$

$IRR_A=20\%$，$IRR_B=8\%$，$IRR_C=25\%$，$IRR_D=16\%$，$IRR_E=30\%$，$IRR_F=12\%$。

图 3-9 表示各个项目按照内部收益率高低的排序，纵坐标表示内部收益率，横坐标表示投资额 I 的累计值，虚线表示基准收益率水平 i_c。

(1)若资金限制为 520 万元，由图 3-9 可知，按照内部收益率的高低优先选择(E、C、A、D)，且(E、C、A、D)4 个项目的投资额刚好等于 520 万元。B 项目 $IRR_B=8\%<i_c$，故无论有没有剩余资金都应该被淘汰，F 项目虽然 $IRR_F=12\%>i_c$，但是由于资金有限，不得不放弃。故最终的选择为(A、C、D、E)4 个项目。

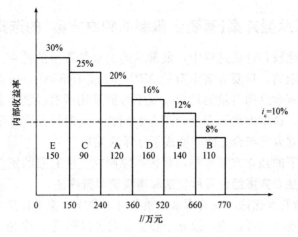

图 3-9　项目优劣顺序图

(2)若资金限制为 500 万元,则(E、C、A)项目可以首先选择,投资为 360 万元,剩余 140 万元资金,由于项目的不可分割性,D 项目不能被选中,但是下一个项目 F 的内部收益率 $IRR_F=12\%>i_c$,且资金刚好为 140 万元,故最优的项目组合为(A、C、E、F)4 个项目。

净现值率排序法和内部收益率排序法具有相同的原理:计算各方案的净现值,排除净现值小于零的方案,然后计算各个方案的净现值率(净现值率=净现值/投资额的限制),按净现值率从小到大的顺序,一次选取方案,直至所选取方案的投资额之和达到或最大限度地接近投资限制。

第六节　其他方案多方案比选

一、互补型方案的选择

经济上互补而又对称的方案可以结合在一起作为一个"综合体"来考虑;经济上互补而不对称的方案,如建筑物 A 和空调 B 则可把问题转化为对有空调的建筑物方案 C 和没有空调的建筑物方案 A 这两个互斥方案的经济比较。

二、现金流量相关型方案的选择

对现金流量相关型方案,不能简单地按照独立方案或互斥方案的评价方法来分析,而应首先确定方案之间的相关性,对其现金流量之间的相互影响作出准确的估计,然后根据方案之间的关系,把方案组合成互斥的组合方案。如跨江收费项目的建桥方案 A 或轮渡方案 B,可以考虑的方案组合是方案 A、方案 B 和 AB 混合方案。在 AB 混合方案中,方案 A 的收入将因另一方案 B 的存在而受到影响。最后按照互斥方案的评价方法对组合方案进行比选。

三、组合—互斥型方案(有资金限制的独立方案)的选择

在若干独立方案比较和选优过程中,最常见的约束是资金的约束。对于独立方案的比选,如果没有资金的限制,只要方案本身的 $NPV \geq 0$ 或 $IRR \geq i_c$,方案就可行。但在有明确的资金限制时,受资金总拥有量的约束,就不可能采用所有经济上合理的方案,只能从中选择一个方案实施,这就出现了资金合理分配问题。此时,独立方案在约束条件下成为相关的方案。几个独立方案组合之间就变成了互斥的关系。

有资金约束条件下的独立方案选择,其根本原则在于使有限的资金获得最大的经济利益。具体评价方法有**独立方案组合互斥化法和净现值率排序法**。

(1)**独立方案组合互斥化法**。在有资金约束条件下独立方案的比选中,由于每个独立方案都有两种可能——选择或者拒绝,故 n 个独立方案可以构成 2^n 个组合方案。可以把每个方案组合可以看成是一个满足约束条件的互斥方案,这样按互斥方案的经济评价方法就可以选择出一个符合评价准则的可行方案组合。因此,有约束条件的独立方案的选择可以通过方案组合转化为互斥方案的比选。评价基本步骤如下:

1)分别对各独立方案进行绝对效果检验,即剔除 $NPV < 0$ 或 $IRR < i_c$ 的方案。

2)对通过绝对效果检验的方案,列出不超过总投资限额的所有组合投资方案,则这些组合方案之间具有互斥的关系。

3)将各组合方案按初始投资额大小顺序排列,按互斥方案的比选原则选择最优的方案组合,即分别计算各组合方案的净现值或增量投资内部收益率,以净现值最大的组合方案为最佳方案组合;或者以增量投资内部收益率判断准则选择最佳方案组合。由于增量投资内部收益率与净现值计价结论是一致的,为简化有资金约束的独立方案的选择,一般仅用净现值最大作为最优方案组合的选择准则。

在有资金约束条件下运用独立方案互斥化法进行比选,优点是在各种情况下均能保证获得最佳组合方案;其缺点是在方案数目较多时,计算比较烦琐。

(2)**净现值率排序法**。净现值率大小说明该方案单位投资所获得的超额净效益大小。应用 $NPVR$ 评价方案时,将净现值率大于或等于零的各个方案按净现值率的大小依次排序,并以此次序选取方案,直至所选取的方案组合的投资总额最大限度地接近或等于投资限额为止。

按净现值率排序原则选择项目方案,其基本思想是单位投资的净现值越大,在一定投资限额内所能获得的净现值总额就越大。

在有明显的资金总量限制,且各项目占用资金远小于资金总拥有量时,适宜用净现值率进行方案选优。

净现值率排序法的优点是计算简便。其缺点是由于投资方案的不可分性,即一个方案只能作为一个整体被接受或放弃,经常会出现资金没有被充分利用的情况,因而不一定能保证获得最佳组合方案。

【**例 3-16**】 现有八个独立方案,其初始投资、净现值、净现值率的计算结果已列入表 3-15 中,试在投资预算限额为 12 000 万元内,用净现值率排序法确定其投资方案的最优组合。

表 3-15 某投资有关数据表

方案	A	B	C	D	E	F	G	H
投资额/万元	4 000	2 400	800	1 800	2 600	7 200	600	3 000
NPV/万元	2 400	1 080	100	450	572	1 296	84	1 140
NPVR	0.6	0.45	0.13	0.25	0.22	0.18	0.14	0.38
NPVR 大小排序	1	2	8	4	5	6	7	3

【解】最佳方案组合投资：A+B+H+D=4 000+2 400+3 000+1 800=11 200(万元)

四、混合相关型方案的选择

对混合相关型方案的选择，无论项目间是独立的或是互斥的或是有约束的，它们的解法都一样，即把所有的投资方案的组合排列出来，然后进行排序和取舍。

综上分析，进行多方案经济比选的基本思路就是先变相关为互斥，再用互斥方案的评价方法来选择。选择时应注意以下问题：

(1)方案经济比选可按各方案所含的全部因素计算的效益与费用进行全面对比，也可就选定的因素计算相应的效益和费用进行局部对比，应遵循效益与费用计算口径对应一致的原则，注意各方案的可比性。

(2)在方案不受资金约束的情况下，一般采用增量内部收益率、净现值和净年值等指标评价方案，且比较的结论也总是一致的。当有明显资金限制且各方案占用资金远低于资金总拥有量时，一般宜采用净现值率评价方案。由于项目的不可分性(即一个项目只能作为一个整体而被接受或放弃)，决策不能严格按方案 NPVR 从大到小的次序来考虑取舍。

(3)对计算期不同的方案进行比选时，宜采用净年值和年费用等指标。如果采用增量内部收益率、净现值率等方法进行比较时，则应对各方案的计算期进行适当处理。

(4)对效益相同或效益基本相同但难以具体估算的方案进行比较时，可采用最小费用法，包括费用现值比较法和年费用比较法。

本章小结

经济效益的评价指标体系主要包括反映劳动成果类(或收益类)指标、反映劳动耗费类指标及同时反映劳动成果(收益)和劳动耗费类指标。经济效益评价应遵循技术与经济相结合、定性分析与定量分析相结合、财务分析和国民经济分析相结合及满足可比的原则，通过对静态评价和动态评价指标及评价标准的学习，掌握经济效益的静态评价和动态评价方法。工程项目经济效益评价一般有单一方案(又称独立型方案)和多方案两类，而多方案又分为互斥型、互补型、现金流量相关型、组合—互斥型和混合相关型五种类型，通过学习能够对上述方案进行经济分析，并选择最佳方案。

思考与练习

一、填空题

1. 评价工程项目技术方案的指标多种多样,这些指标从不同角度反映项目的经济性。从形态上看,主要分为两类:一类是以货币单位计量的_____,如净现值、净年值、费用现值、费用年值等;另一类是以百分比或比例表示的、反映资金利用效率的_____。

2. 增量投资回收期是一个_____指标。该方法是通过_____,来判断投资额不等的两个方案的优劣。

3. _____是评价项目盈利能力的绝对指标。

4. 技术方案的偿债能力是指分析和判断财务主体的偿债能力,其主要指标包括_____、_____和_____等。

参考答案

二、简答题

1. 工程经济效益静态评价有什么优点?在哪些情况下适用?
2. 净现值率排序法的优缺点分别是什么?
3. 用互斥方案的评价方法时应注意哪些问题?
4. 相对于静态评价,动态评价法有哪些优点?

第四章　现金流量与资金时间价值的计算

知识目标

　　1. 了解现金流量的概念和工程项目投资的构成，熟悉现金流量表的形式与现金流量图的作图方法和规则，掌握工程项目投资的估算技术和方法；

　　2. 了解资金时间价值的概念，熟悉资金时间价值及资金等值的影响因素，掌握资金时间价值的衡量尺度和资金等值计算；

　　3. 了解名义利率和实际利率的概念及二者的关系，掌握名义利率和实际利率的计算公式及其应用。

能力目标

　　1. 能够熟识现金流量表和现金流量图，能够运用投资估算的技术和方法进行工程项目投资估算；

　　2. 能掌握资金时间价值的衡量尺度，并能进行资金等值计算；

　　3. 能熟练运用名义利率和实际利率的计算公式。

第一节　现金流量与投资估算

一、现金流量的概念与构成

　　现金流量是指拟建项目在建设或运营中实际发生的以现金或现金等价物表现的资金流入和资金流出的总称。现金流量可分为现金流入量、现金流出量和净现金流量三种。

　　现金流入量是指在整个计算期内所发生的实际现金流入，或者说是某项目引起的企业**现金收入的增加额**。其通常来自营业（销售）收入、固定资产报废时的残值收入以及项目结束时收回的流动资金。这里的中心指标是营业现金流入。

　　现金流出量是指在整个计算期内所发生的实际现金支出，或者说是某项目引起的企业**现金支出的增加额**。其通常支付于企业的投入资金（建设投资和流动资金投资）、税金及附加和经营成本等。

净现金流量是指某个时点上实际发生的现金流入与现金流出的差额。当流入量大于流出量时,其值为正;反之,其值为负。

建设项目的现金流量是指以项目作为一个独立系统,反映项目整个计算期内的实际收入或实际支出的现金活动。

项目计算期也称项目寿命期,是指对拟建项目进行现金流量分析时应确定的项目的服务年限。一般可分为建设期、投产期、达产期和回收处理期四个时期。

确定现金流量应注意以下问题:发生时点;实际发生;不同的角度有不同的结果(如税收,从企业的角度来看是现金流出,从国家的角度来看就不是现金流出)。

在项目经济分析与评价中,构成系统现金流量的要素主要有投资、成本、销售收入、税金和利润等。这些经济量是构成经济系统现金流量的基本要素,也是进行经济分析最重要的基础数据。其中,构成系统现金流入的要素主要是销售收入、回收固定资产残值和回收流动资金等;构成系统现金流出的要素主要是投资、经营成本、税金等。

二、现金流量的确定和发生时间的选择

1. 现金流量的确定

在投资项目决策中,经济分析是建立在现金流量基础上的,也就是说,项目分析是建立在一定时期内项目的收益和支出的实际资金数量之上的。而影响项目投资决策结果的现金流量是相关现金流量,因此,我们要在现金流量分析中考虑相关的现金流量。

在辨别相关现金流量时,应明确净现金流量不是利润;相关现金流量是有无对比的增量现金流量,而非总量现金流量;相关现金流量是未来发生的,而非过去发生的,即沉没成本不应该考虑在内;相关现金流量不能忽视机会成本。

2. 现金流量发生时间的选择

一个完整的投资全过程是从第一笔投资投入到项目不再产生收益为止。作为实业性投资,这个周期至少要几年甚至几十年。在投资决策的前期,一般要事先估计这样一个投资的周期,即计算期或研究期。计算期的起点可以定在投资决策后开始实施的时点上,在此之前的投资支出(一般不会很大)可以合并后作为该点上的支出。计算期的长短取决于项目的性质,或根据产品的寿命周期、主要生产设备的经济寿命、合资合作期限而定,一般取上述考虑中较短者,最长不宜超过 20 年。投资者希望在这段时间内使投资活动取得成功,在投资环境风险较大的情况下,投资者一般选定较短的计算期,仅几年甚至几个月,这样,投资项目选择的余地很小,投资规模也不会很大。

此外,在工程经济分析中,我们还必须正确地考虑现金流量发生的时间。由于货币具有时间价值,从理论上讲,分析投资项目的现金流量应该与其发生的时间相一致。而投资项目的现金流量可能会发生在投资期间的任何时点,因此,在大多数情况下,为了方便计算和汇集现金流量,按投资各年归集现金流量时,现金流量发生在年(期)末,第一年年初发生的可另行处理,可作为"0"年。

为使决策更准确,最好进行每日现金流量估计。但是预测中的不确定性和工作量的加大会导致决策成本过高,所以,选择估计现金流量的时间要考虑所得和所费之间的平衡,一般按年分析项目现金流量比较合适。但是,如果有必要和可能,可以以月、季或半年为单位进行分析。

三、现金流量表与现金流量图

1. 现金流量表

现金流量表是指能够直接、清楚地反映出项目在整个计算期内各年现金流量(资金收支)情况的一种表格,利用它可以进行现金流量分析,计算各项静态和动态评价指标,是评价项目投资方案经济效果的主要依据。

现金流量表的一般形式见表4-1。

表4-1 现金流量表　　　　　　　　　　　　　　　万元

序号	年序 项目	建设期		投产期		达到设计能力生产期				合计
		1	2	3	4	5	6	…	n	
1	现金流入									
1.1	产品销售(营业)收入									
1.2	回收固定资产余值									
1.3	回收流动资金									
2	现金流出									
2.1	固定资产投资(含投资方向调节税)									
2.2	流动资金									
2.3	经营成本									
2.4	销售税金及附加									
2.5	所得税									
3	净现金流量(1-2)									
4	累计净现金流量									
5	所得税前净现金流量(3+2.5)									
6	所得税前累计净现金流量									

从表4-1中可以看出,现金流量表的纵列是现金流量的项目,其编排按现金流入、现金流出、净现金流量等顺序进行;表的横行是年序,按项目计算期的各个阶段来排列。整个现金流量表中既包含现金流量各个项目的基础数据,又包含计算的结果;既可纵向看各年的现金流动情况,又可横向看各个项目的发展变化,直观方便,综合性强。

根据现金流量表中的净现金流量,我们可直接计算净现值、静态投资回收期、动态投资回收期等主要的经济评价指标,非常直观、清晰。现金流量表是实际操作中常用的分析工具。

2. 现金流量图

对于一个经济系统,其现金流量的流向(支出或收入)、数额和发生时点都不尽相同,为了正确地进行经济效果评价，我们有必要借助现金流量图来进行分析。所谓现金流量图，就是一种反映经济系统资金运动状态的图示，即把经济系统的现金流量绘入一幅时间坐标图中，表示出各现金流入、流出与相应时间的对应关系，如图4-1所示。

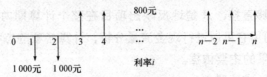

图 4-1 现金流量图

现以图4-1为例说明现金流量图的作图方法和规则：

(1)以横轴为时间轴，向右延伸表示时间的延续，轴上每一刻度表示一个时间单位，可取年、半年、季或月等；零表示时间序列的起点。

(2)时间坐标上的垂直箭线代表不同时点的现金流量，在横轴上方的箭线表示现金流入，即效益；在横轴下方的箭线表示现金流出，即费用或损失。

(3)现金流量的方向(流入与流出)是针对特定的系统而言的。贷款方的流入就是借款方的流出；反之亦然。通常，工程项目现金流量的方向是针对资金使用者的系统而言的。

(4)在现金流量图中，箭线长短与现金流量数值大小本应成比例，但由于经济系统中各时点现金流量的数额常常相差悬殊而无法成比例绘出，故在绘制现金流量图时，箭线长短只是示意性地体现各时点现金流量数额的差异，并在各箭线上方(或下方)注明其现金流量的数值。

(5)箭线与时间轴的交点即为现金流量发生的时点。

从上述内容可知，现金流量图包括三个要素：大小——现金流量的数额；流向——现金流入或流出；时点——现金流入或流出所发生的时间点。

第二节 资金时间价值

资金时间价值反映了社会资金运动的客观规律。对于具有时间分布"长期性"特征的建设项目的评价，引入资金时间价值十分必要。

一、资金时间价值概述

1. 资金时间价值的含义

资金时间价值是指一定量的资金在不同时点上具有不同的价值。 例如，今天我们将100元存入银行，若银行的年利率是10%，一年以后的今天，我们将得到110元。其中的100元是本金，10元是利息，这个利息就是资金时间价值。

在不考虑风险因素和通货膨胀的条件下，只要将货币进行有目的的投资，就会产生资金时间价值，它会随时间的推移而发生增值。资金具有时间价值，即使是两笔金额相等的资金，如果发生在不同时期，其实际价值量也是不相等的。因此，一定金额的资金必须注明其发生的时间，才能表明其准确的价值。

2. 研究资金时间价值的意义

在方案的经济评价中，时间是一项重要的因素，研究资金时间因素，就是研究时间因素对方案经济效果(或经济效益)的影响，从而正确评价投资方案的经济效果(或经济效益)。具体来讲，研究资金时间价值在宏观方面可以促进有限的资金得到更加合理的利用。因为时间是市场经济的一个经济范畴，我国的建设资金有限，考虑资金时间价值，可以充分发挥建设资金的效用；在微观方面，研究资金时间价值可以使方案评价更加合理、更加切合实际。

3. 引起资金时间价值的原因

资金的运动规律就是资金的价值随时间的变化而变化，其变化的主要原因有以下几项：

(1) **通货膨胀、货币贬值**——今年的1元比明年的1元价值大。

(2) **承担风险**——明年得到1元不如现在拿到1元保险。

(3) **货币增值**——通过一系列的经济活动使今年的1元获得一定数量的利润，从而到明年成为1元多。

资金时间价值有两个含义：其一是将货币用于投资，通过资金的运动而使货币增值；其二是将货币存入银行，相当于个人失去了对这些货币的使用权，按时间计算这种牺牲的代价。在社会主义市场经济条件下，由于受商品生产的规律所制约，必须通过生产与流通，货币的增值才能实现。因此，为了使有限的资金得到充分的利用，就必须运用"资金只有运动才能增值"的规律，加速资金周转，提高经济效益。

4. 资金投入和回收的特点

在总投资量一定的情况下，前期投入的资金越多，资金的负效益越大；后期投入的资金越多，资金的负效益越小。当资金的回收期一定时，距离现在越近的时间回收的资金越多，资金的时间价值就越大；反之，则越小。

5. 资金周转的速度

资金周转速度越快，在一定的时间内等量资金的周转次数越多，资金的时间价值越大；反之，则越小。

由于资金是一种有限的短缺资源，对于国民经济增长具有特别的制约作用。因此，从上述影响资金时间价值的因素来看，要想充分利用并最大限度地获取资金的时间价值，就要合理地使用资金，防止多占积压等浪费资金的现象发生，同时可以吸引、收集闲散资金，加速资金周转，提高投资的社会经济效益。

6. 资金的时间价值的意义

资金的时间价值的意义体现在以下四点：

(1) 充分体现时间因素对经济效益的影响，提高决策的质量。

(2) 树立时间就是金钱的观念，提高资金的利用效率和投资效益。

(3) 有利于资源的优化配置，使资源向效益高(增值快)的地方流动，提高国民经济的整体实力。

(4) 用于缩短项目建设周期，尽早产生投资效益。

总之，在工程经济活动中，必须要承认资金的时间价值的客观存在性，以便获得更好的工程经济效益。

二、资金时间价值的影响因素与衡量尺度

(一)资金时间价值的影响因素

从投资者的角度来看,资金时间价值主要受以下因素影响:

(1)投资额。投资的资金额度越大,资金的时间价值就越大。例如,如果银行存款年利率为2.2%,那么将200元存入银行,一年后的现值为204.4元;400元存入银行,一年后的现值为408.8元。显然,400元的时间价值比200元的时间价值大。

(2)利率。一般来讲,在其他条件不变的情况下,利率越大,资金时间价值越大;利率越小,资金时间价值越小。例如,如果银行存款年利率为2.2%时,将100元存入银行,一年的时间价值是2.2元;如果银行存款年利率为5%,将100元存入银行,一年的时间价值是5元。显然,银行存款年利率为5%时的时间价值比存款年利率为2.2%时的时间价值大。

(3)时间。在其他条件不变的情况下,时间越长,资金时间价值越大;反之,则越小。

(4)通货膨胀。如果出现通货膨胀,会使资金贬值,贬值会减少资金时间价值。

(5)风险。投资是一项充满风险的活动。项目投资以后,其寿命期、每年的收益、利率等都可能发生变化,既可能使项目遭受损失,也可能使项目获得意外的收益,这就是风险的影响。不过,风险往往同收益成比例,风险越大的项目,一旦经营成功,其收益也越大。

由于资金时间价值受到上述多种因素的影响,因此,在对项目进行投资分析时一定要从以上几个方面认真考虑,谨慎选择。

(二)资金时间价值的衡量尺度

资金时间价值一般用利息和利率来衡量。利息是利润的一部分,是利润的分解或再分配。利率是指一定时期内积累的利息总额与原始资金的比值,即利息与本金之比。它是国家调控国民经济、协调部门经济的有效杠杆之一。

资金时间价值的计算方法与复利方式计息的方法完全相同,因为利息就是资金时间价值的一种重要表现形式,而且通常用利息作为衡量资金时间价值的绝对尺度,用利率作为衡量资金时间价值的相对尺度。

1. 利息与利率

(1)利息。利息是指借贷资本的增值或使用借贷资本的代价,在借贷过程中,债务人支付给债权人的超过原借款本金的部分,就是利息,即

$$I = F - P \tag{4-1}$$

式中　I——利息;

F——还本付息总额;

P——本金。

(2)利率。在经济学中,利率的定义是从利息的定义中衍生出来的。也就是说,在理论上先承认了利息,再以利息来解释利率。在实际计算中,正好相反,常根据利率计算利息,利息的大小用利率来表示。

利率就是在单位时间内(如年、半年、季、月、周、日等)所得利息与借款本金之比,

通常用百分数表示，即

$$i = \frac{I_t}{P} \times 100\% \tag{4-2}$$

式中　i——利率；

　　　I_t——单位时间内的利息；

　　　P——借款本金。

用于表示计算利息的时间单位称为计息周期，计息周期通常为年、半年、季，也可以为月、周或日。

【例4-1】 张某年初借本金10 000元，一年后付息800元，试求这笔借款的年利率。

【解】 根据式(4-2)计算年利率为

$$i = \frac{I_t}{P} \times 100\% = (800/10\ 000) \times 100\% = 8\%$$

影响利率的因素有社会平均利润率、借出资本所承担的风险、资本的供求关系、通货膨胀率、借出资本期限的长短等。

2. 单利与复利

利息的计算方法分为**单利法**与**复利法**两种。

(1)**单利法。**单利计息是指每期利息的计息基数都是以本金来计算，不把先前计息周期中的利息累加到本金中去，即利息不再计利。因此，每期的利息是固定不变的，其总利息与利息的期数成正比。其计算公式为

$$F = P(1+in) \tag{4-3}$$

式中　F——第n期期末的本利和(本金与全部利息之总和)；

　　　P——本金；

　　　i——利率；

　　　n——计息期数(资金占用期内计算利息的次数)。

【例4-2】 张某借款1 000元，按8%的年利率单利计息，求第4年年末的本金与全部利息之和(即所欠的总金额)。

【解】 $F = P(1+in) = 1\ 000 \times (1+8\% \times 4) = 1\ 320$(元)

即到期后应归还的本利和为1 320元。

单利法虽然考虑了资金时间价值，但仅针对本金而言，而没有考虑每期所得利息再进入社会再生产过程从而实现增值的可能性，这是不符合资金运动实际情况的。因此，单利法不能完全反映资金时间价值，在应用上有其局限性，通常仅适用于短期投资及期限不超过一年的借款项目。

(2)**复利法。**所谓复利法，即不但对初始本金计算利息，而且对期间产生的利息也计算利息的计息方式，即"利生利""利滚利"。其计算一般式为

$$F = P(1+i)^n \tag{4-4}$$

式中符号意义同前。

式(4-4)的推导过程见表4-2。

表 4-2 采用复利法计算本利和的推导过程

计息期数	期初本金	期末利息	期末本利和
1	P	$P \cdot i$	$F_1 = P + P \cdot i = P(1+i)$
2	$P(1+i)$	$P(1+i) \cdot i$	$F_2 = P(1+i) + P(1+i) \cdot i = P(1+i)^2$
3	$P(1+i)^2$	$P(1+i)^2 \cdot i$	$F_3 = P(1+i)^2 + P(1+i)^2 \cdot i = P(1+i)^3$
⋮	⋮	⋮	⋮
$n-1$	$P(1+i)^{n-2}$	$P(1+i)^{n-2} \cdot i$	$F_{n-1} = P(1+i)^{n-2} + P(1+i)^{n-2} \cdot i = P(1+i)^{n-1}$
n	$P(1+i)^{n-1}$	$P(1+i)^{n-1} \cdot i$	$F_n = P(1+i)^{n-1} + P(1+i)^{n-1} \cdot i = P(1+i)^n$

【例 4-3】 张某现在把 1 000 元存入银行,年利率为 8%,问 4 年后有存款多少元?

【解】 $F = 1\,000 \times (1+8\%)^4 = 1\,360.5$(元)

即 4 年后有存款 1 360.5 元。

从上面的计算结果可以看出,单利计息与资金占用时间之间呈直线形变化关系,利息额与时间按等差级数增值;而复利计息与资金占用时间之间则是指数变化关系,利息额与时间按等比级数增值。当利率较高、资金占用时间较长时,复利所需支付的利息额就比单利要大得多。所以,复利计息方法对资金占用的数量和时间有较好的约束力。目前,在工程经济分析中,一般都采用复利法,单利法仅在我国银行储蓄存款中采用。

三、资金等值的影响因素及其计算

我们已经知道,资金有时间价值,即相同的金额,因其发生的时点不同,其价值就不相同;反之,不同时点绝对值不等的资金在时间价值的作用下却可能具有相等的价值。

资金等值是指与某一时间点上的实际经济价值等于另一时间点上的价值。例如,现将 1 000 元存入银行,年利率为 2%,一年后可取出 1 020 元。那么我们说,一年后的 1 020 元与现在的 1 000 元是等值的。在工程经济分析中,资金等值是一个十分重要的概念,它为我们提供了一个计算某一经济活动有效性或者进行方案比较、优选的可能性。

(一)资金等值的影响因素

影响资金等值的因素有资金的数额、资金发生的时点及一定的利率。反映在资金等值计算基本公式上主要包括以下几项:

(1)现值(P)。现值又称本金,其是指某一现金流量值换算成当前时点上的金额,即指未来某一时点上的一定量现金折合为现在的价值。

(2)终值(F)。终值又称将来值,其是指现在一定量的现金在未来某一时点上的价值,俗称本利和,即某一现金流量值换算成未来终了时点上的金额。

(3)等额年金或年值(A)。等额年金或年值是指某一现金流量值换算成若干连续时点上且大小相等的金额。

(4)利率、折现或贴现率、收益率(i)。

(5)计息期数(n)。

(6)实际利率(i)。

(7)名义利率(r)。

(8)复利的周期数(m)。

(二)资金等值的计算

利用等值的概念，把在不同时点发生的资金金额换算成同一时点的等值金额，这一过程叫作资金等值计算。资金等值的计算方法与利息的计算方法相同，根据支付方式不同，可以分为**一次支付系列**、**等额支付系列**、**等差支付系列**和**等比例支付系列**。

当进行资金等值系列计算时，公式中的基本假设条件如下：

(1)项目的期初投资 P 发生在现金流量图的 0 点。

(2)本期的期末及下期的期初。

(3)A 和 F 均在期末发生。

1. 一次支付系列

一次支付又称整付，是指所分析系统的现金流量，无论是流入或是流出，均是一次性发生。

终值与现值的计算涉及利息计算方式的选择。目前有两种利息计算方式，即单利和复利。在单利方式下，每期都按初始本金计算利息，当期利息即使不取出也不计入下期本金，计算基础不变。在复利方式下，以当期期末本利和为计息基础计算下期利息，即利上加利。在现代财务管理中一般用复利方式计算终值与现值，这是由于利息也参与资金运动并产生增值，用复利的计算方法更加科学。因此，一次性收付款的现值和终值有时也称为复利现值和复利终值。

(1)单利的终值和现值。为便于同后面介绍的复利计算方式相比较，加深对复利的理解，这里先介绍单利的有关计算。

1)按照单利的计算法则，利息的计算公式为

$$I = Pin \tag{4-5}$$

除非特别指明，在计算利息时，给出的利率均为年利率，对不足一年的利息以一年等于 360 天来折算

【例 4-4】 张某持有一张带息商业票据，票面利率为 8%，面额为 10 000 元，出票日期为 3 月 1 日，到期为 5 月 30 日(90 天)，则张某到期可得利息是多少？

【解】 其现金流量图如图 4-2 所示。

$$I = 10\,000 \times 8\% \times 90/360 = 200(元)$$

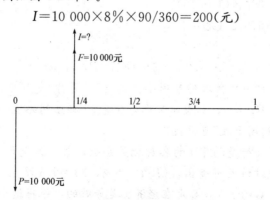

图 4-2 带息商业票据的现金流量图

2)单利终值的计算公式如下:
$$F=P+Pin=P(1+in) \tag{4-6}$$
单利现值的计算同单利终值的计算是互逆的,由终值计算现值的过程称为折现。
3)单利现值的计算公式为
$$P=F/(1+in) \tag{4-7}$$

【例 4-5】 李某希望在 4 年后取得本利和 10 000 元,用以支付一笔款项。则在利率为 5%,单利方式计算条件下,李某现在需存入银行的资金是多少?

【解】 其现金流量图如图 4-3 所示。
$$P=10\ 000/(1+4\times 5\%)=8\ 333.33(元)$$

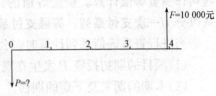

图 4-3 存入银行资金的现金流量图

(2)复利的终值和现值。

1)复利终值公式。复利终值是指一定量的本金按复利计算若干期后的本利和。复利的终值(已知现值 P,求终值 F)计算举例如下:

【例 4-6】 李某现将 10 000 元存放于银行,年存款利率为 5%,问一年后的本利和为多少? n 年后的本利和是多少?

【解】 其现金流量图如图 4-4 所示。
$$F=P+Pi$$
$$=P(1+i)$$
$$=10\ 000\times(1+5\%)=10\ 500(元)$$

如李某并不提走现金,将 10 500 元继续存在银行,则第二年本利和为

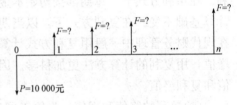

图 4-4 存入银行资金的现金流量图

$$F=P(1+i)(1+i)$$
$$=P(1+i)^2$$
$$=10\ 000\times(1+5\%)^2$$
$$=11\ 025(元)$$

同理,第三年的本利和为
$$F=P(1+i)^2(1+i)$$
$$=P(1+i)^3$$
$$=10\ 000\times(1+5\%)^3$$
$$=11\ 576.25(元)$$

第 n 年的本利和为
$$F=P(1+i)^n=P(F/P,i,n) \tag{4-8}$$

式中,$(1+i)^n$ 通常称为"一次性收付款项终值系数",简称"复利终值系数",用符号 $(F/P,i,n)$ 表示。如本例 $(F/P,5\%,3)$ 表示利率为 5%、3 期复利终值的系数。复利终值系数可以通过查阅附录一"复利因子表"直接获得。

"复利因子表"的第一行是利率 i 的各种相关系数,第一列是计息期数,相应的 $(1+i)^n$ 在其纵、横相交处。通过该表可查出,$(F/P,5\%,3)=1.157\ 6$。即在利率为 5% 的情况下,现在的 1 元和 3 年后的 1.157 6 元在经济上是等效的,根据这个系数可以把现值换算成终值。

2)复利现值公式。复利的现值(已知终值 F,求现值 P)计算如下:

在某一特定时点上一次性支付(或收取),经过一段时间后再相应地一次性收取(或支付)的款项,即为一次性收付款项。这种性质的款项在日常生活中十分常见。例如,存入银行一笔现金 100 元,年利率为复利 10%,经过 3 年后一次性取出本利和 133.10 元,这里所涉及的收付款项就属于一次性收付款项。

上述 3 年后的本利和 133.10 元即为终值。上述 3 年后的 133.10 元折合为现在的价值为 100 元,这 100 元即为现值。

复利现值相当于原始本金,它是指今后某一特定时点收到或付出的一笔款项,按折现率(i)所计算的现在时点的价值。其计算公式为

$$P = F(1+i)^{-n} = F(P/F, i, n) \tag{4-9}$$

式中,$(1+i)^{-n}$ 通常称为"一次性收付款项现值系数",记作(P/F,i,n),可以直接查阅"复利因子表"获得。

【例 4-7】 某企业投资项目预计 5 年后可获得收益 1 000 万元,按投资报酬率 10% 计算,则现在应投资多少?

【解】 其现金流量图如图 4-5 所示。

$$P = F(1+i)^{-n} = F(P/F, i, n)$$
$$= 1\,000 \times (1+10\%)^{-5}$$
$$= 1\,000 \times (P/F, 10\%, 5)$$
$$= 1\,000 \times 0.620\,9 = 620.9(万元)$$

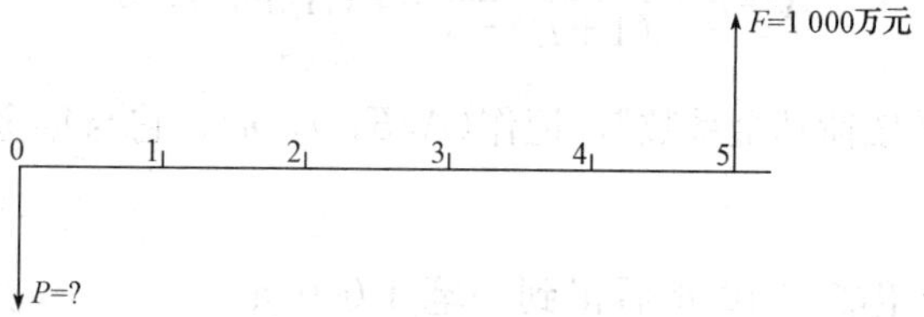

图 4-5 某投资项目的现金流量图

2. 等额支付系列

等额支付系列是多次收付形式的一种。多次收付是指现金流量不是集中在一个时点上发生,而是发生在多个时点上。现金流量的数额大小可以是不等的,也可以是相等的。当现金流量大小相等时,发生时间是连续的,就称为等额支付系列,其现金流量又叫作年金。

年金是指一定时期内每次等额收付的系列款项,通常记作 A。值得注意的是,年金并未强调时间间隔为一年。年金的形式多种多样,如保险费、养老金、折旧、租金、等额分期收款、等额分期付款以及零存整取或整存零取储蓄等,都存在年金问题。年金按其每次收付发生的时点不同,可分为普通年金、即付年金、递延年金、永续年金等几种。

(1)普通年金终值的计算(已知年金 A,求年金终值 F)。**普通年金是指从第一期起,在一定时期内每期期末等额发生的系列收付款项,又称后付年金。**

如果年金相当于零存整取储蓄存款的零存数,那么,年金终值就是零存整取的整取数,年金终值的计算公式为

$$F = A(1+i)^0 + A(1+i)^1 + A(1+i)^2 + \cdots + A(1+i)^{n-2} + A(1+i)^{n-1} \tag{4-10}$$

整理式(4-10)，可得

$$F = A \times \frac{(1+i)^n - 1}{i} = A(F/A, i, n) \tag{4-11}$$

式中，$\frac{(1+i)^n - 1}{i}$ 称为"年金终值系数"，记作$(F/A, i, n)$，可通过直接查阅"复利因子表"求得有关数值。

【例4-8】 李某在5年内每年年末在银行存款100万元，存款利率为10%，李某5年后应从银行取出本利和为多少？

【解】 其现金流量图如图4-6所示。

$$F = 100 \times \frac{(1+10\%)^5 - 1}{10\%}$$
$$= 100 \times (F/A, 10\%, 5)$$
$$= 100 \times 6.1051$$
$$= 610.51 (万元)$$

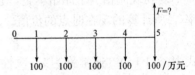

图4-6 李某银行存款的现金流量图

(2)**年偿债基金的计算**(已知年金终值F，求年金A)。偿债基金是指为了在约定的未来某一时点清偿某笔债务或积聚一定数额的资金而必须分次等额形成的存款准备金。由于每次形成的等额准备金类似年金存款，因而同样可以获得按复利计算的利息，所以，债务总额实际上等于年金终值，每年提取的偿债基金等于年金A。也就是说，偿债基金的计算实际上是年金终值的逆运算。其计算公式为

$$A = F \times \frac{i}{(1+i)^n - 1} = F(A/F, i, n) \tag{4-12}$$

式中，$\frac{i}{(1+i)^n - 1}$ 称为"偿债基金系数"，记作$(A/F, i, n)$，它与年金终值系数$(F/A, i, n)$互为倒数。

【例4-9】 张某希望能在10年后得到一笔4 000元的资金，在年利率为5%的条件下，张某需每年均匀地存入银行多少现金？

【解】 其现金流量图如图4-7所示。

根据式(4-12)可求得：

$$A = F \times \frac{i}{(1+i)^n - 1} = 4\,000 \times \frac{0.05}{(1+0.05)^{10} - 1}$$
$$= 4\,000 \times 0.0795 = 318(元)$$

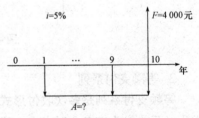

图4-7 已知终值求年金现金流量图

即张某每年应存入银行318元。

(3)**普通年金现值的计算**(已知年金A，求年金现值P)。年金现值是指一定时期内每期期末等额收付款项的复利现值之和。年金现值的计算公式为

$$P = A(1+i)^{-1} + A(1+i)^{-2} + \cdots + A(1+i)^{-(n-1)} + A(1+i)^{-n} \tag{4-13}$$

整理式(4-13)，可得：

$$P = A \times \frac{(1+i)^n - 1}{i(1+i)^n} = A(P/A, i, n) \tag{4-14}$$

式中，$\frac{(1+i)^n - 1}{i(1+i)^n}$ 称为"年金现值系数"，记作$(P/A, i, n)$，可通过直接查阅"复利因子表"

获得有关数值。

式(4-14)也可以写作

$$P = A \times \frac{1-(1+i)^{-n}}{i} \tag{4-15}$$

【例 4-10】 王某为了在未来的 10 年中,每年年末取回 5 万元,已知年利率为 8%,现需向银行存入多少现金?

【解】 其现金流量图如图 4-8 所示。

$$P = 5 \times (P/A, 8\%, 10)$$
$$= 33.55(万元)$$

即王某现需向银行存入 33.55 万元。

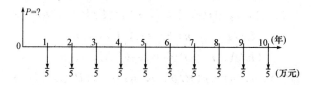

图 4-8 某银行年金现金流量图

(4) **年资本回收额的计算**(已知年金现值 P,求年金 A)。**资本回收是指在给定的年限内等额回收初始投入资本或清偿所欠债务的价值指标。**年资本回收额的计算是年金现值的逆运算,资本回收公式可以通过复利终值公式与年金终值公式,以 n 时间点为等值转换点变换求得。其现金流量图如图 4-9 所示。其计算公式为

$$A = P \times \frac{i(1+i)^n}{(1+i)^n - 1} = P(A/P, i, n) \tag{4-16}$$

式中,$\frac{i(1+i)^n}{(1+i)^n-1}$ 称为"资本回收系数",记作 $(A/P, i, n)$,可直接查阅"复利因子表"或利用年金现值系数的倒数求得。式(4-16)也可写作

$$A = P \times \frac{i}{1-(1+i)^{-n}} \tag{4-17}$$

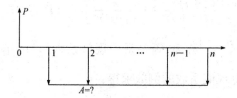

图 4-9 资本回收现金流量图

【例 4-11】 某企业现借 100 万元的借款,在 10 年以内以年利率为 12% 等额偿还,则每年应付金额是多少?

【解】 其现金流量图如图 4-10 所示。

$$A = 100 \times \frac{12\%}{1-(1+12\%)^{-10}}$$
$$= 100 \times 0.1770 = 17.7(万元)$$

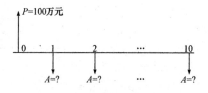

图 4-10 贷款的现金流量图

或 $A = 100 \times [1/(P/A, 12\%, 10)]$
     $= 100 \times (1/5.6502)$
     $\approx 17.7(万元)$

(5)公式总结。总结上面的六个基本公式，其系数存在以下关系：

1)倒数关系。

$$(P/F, i, n) = 1/(F/P, i, n)$$
$$(P/A, i, n) = 1/(A/P, i, n)$$
$$(F/A, i, n) = 1/(A/F, i, n)$$

2)乘积关系。

$$(F/P, i, n)(P/A, i, n) = (F/A, i, n)$$
$$(F/A, i, n)(A/P, i, n) = (F/P, i, n)$$

3)其他关系。

$$(A/F, i, n) + i = (A/P, i, n)$$
$$[(F/A, i, n) - n]/i = (F/G, i, n)$$
$$[(P/A, i, n) - n(P/F, i, n)]/i = (P/G, i, n)$$
$$[1 - n(A/F, i, n)]/i = (A/G, i, n)$$

3. 等差系列

在经济分析中，经常会遇到其现金流量呈等差数列规律变化的问题，可能递增，也可能递减，若每年增加或减少的量是相等的，就适合用等差系列公式。

(1)等差系列现值公式。

$$P = \left(\frac{A}{i} + \frac{G}{i^2}\right)\left[1 - \frac{1}{(1+i)^n}\right] - \frac{G}{i} \times \frac{n}{(1+i)^n} \tag{4-18}$$

式中 G——每年发生金额的等差值；
      A——第一年年末发生的金额。

该公式的含义是，第一年年末发生的金额为 A，此后每年发生金额的差额为 G，第 n 年年末发生的金额为 $(n-1)G$，求这些金额的现值总额 P 为多少。现金流量图如图 4-11 所示。当 $A = 0$ 时，该式可写成：

$$P = \frac{G}{i}\left[\frac{(1+i)^n - 1}{i(1+i)^n} - \frac{n}{(1+i)^n}\right] = G(P/G, i, n) \tag{4-19}$$

式中，$\frac{1}{i}\left[\frac{(1+i)^n - 1}{i(1+i)^n} - \frac{n}{(1+i)^n}\right]$ 称为"等差系列现值系数"，记作 $(P/G, i, n)$，可直接查阅"定差因子表"或利用年金现值系数的倒数求得。

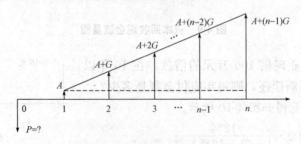

图 4-11 现值公式的现金流量图

【例 4-12】 某项目建成投产后第一年年末净收益为 8 万元，以后每年净收益会递增 2.5 万元。若年利率为 5%，试求 5 年后其每年收益的现值总和。

【解】 根据等差系列现值公式：

$$P = \left(\frac{A}{i} + \frac{G}{i^2}\right)\left[1 - \frac{1}{(1+i)^n}\right] - \frac{G}{i} \times \frac{n}{(1+i)^n}$$

$$= \frac{A}{i}\left[1 - \frac{1}{(1+i)^n}\right] + \frac{G}{i}\left[\frac{(1+i)^n - 1}{i(1+i)^n} - \frac{n}{(1+i)^n}\right]$$

$$= \frac{8}{5\%} \times \left[1 - \frac{1}{(1+5\%)^5}\right] + \frac{2}{5\%} \times \left[\frac{(1+5\%)^5 - 1}{5\% \times (1+5\%)^5} - \frac{5}{(1+5\%)^5}\right]$$

$$= 24.14(万元)$$

(2) 等差系列终值公式。

$$F = \left(\frac{A}{i} + \frac{G}{i^2}\right)\left[(1+i)^n - 1\right] - \frac{nG}{i} \quad (4-20)$$

该公式的经济含义是：期初发生一笔现金流量 A，以后每期都以 G 的差额递增或递减，则经过 n 期以后，其现金流量的终值 F 是多少。其现金流量图如图 4-12 所示。当 $A=0$ 时，该式可写成：

$$F = \frac{G}{i}\left[\frac{(1+i)^n - 1}{i} - n\right] = G(F/G, i, n) \quad (4-21)$$

式中，$\frac{1}{i}\left[\frac{(1+i)^n - 1}{i} - n\right]$ 称为"等差系列终值系数"，记作 $(F/G, i, n)$，可直接查阅"定差因子表"或利用年金现值系数的倒数求得。

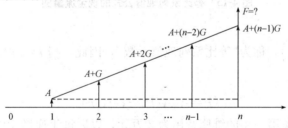

图 4-12 终值公式的现金流量图

【例 4-13】 某设备投产后，第一年折旧 5 万元，以后每年折旧递增 1.5 万元。若年利率为 5%，试求 5 年后该设备的折旧总额。

【解】 根据等差系列终值公式：

$$F = \left(\frac{A}{i} + \frac{G}{i^2}\right)\left[(1+i)^n - 1\right] - \frac{nG}{i}$$

$$= \left[\frac{5}{5\%} + \frac{1}{(5\%)^2}\right]\left[(1+5\%) - 1\right] - \frac{5 \times 1}{5\%}$$

$$= 38.15(万元)$$

(3) 等差系列年值公式。

$$A = G\left[\frac{1}{i} - \frac{n}{(1+i)^n - 1}\right] = G(A/G, i, n) \quad (4-22)$$

式中，$\left[\frac{1}{i} - \frac{n}{(1+i)^n - 1}\right]$ 称为"资本回收系数"，记作 $(A/G, i, n)$，可直接查阅"定差因子

表"或利用年金现值系数的倒数求得。

4. 等比系列公式

在经济分析中，还会遇到一些现金流量是以一定的比率递增或递减的问题，这时就需要用到等比系列公式。

(1) 等比系列现值公式。

$$\begin{cases} P = \dfrac{A}{i-j}\left[1-\left(\dfrac{1+j}{1+i}\right)^n\right] & (i \neq j) \\ P = \dfrac{nA}{1+i} & (i=j) \end{cases} \qquad (4\text{-}23)$$

式中　A——第一年年末现金流量；

　　　j——现金流量每年递增或递减的比率。

该公式的经济含义是：第一年的现金流量是 A，以后每年的现金流量以 j 的比率递增，则 n 年后各年的现金流量现值的总和是多少。其现金流量图如图 4-13 所示。

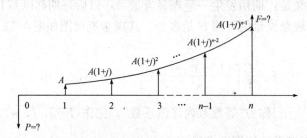

图 4-13　等比系列现值公式的现金流量图

式中，$\dfrac{1}{i-j}\left[1-\left(\dfrac{1+j}{1+i}\right)^n\right]$ 称为"等比系列现值系数"，因此，当 $i \neq j$ 时，等比例系列现值公式又可记作：

$$P = A(A/P, i, j, n)$$

【例 4-14】　某设备第一年的维修费用为 2 万元，以后每年递增 10%，若年利率为 5%，试求 5 年后该设备维修费的总额。

【解】　根据等比系列现值公式：

$$\begin{aligned} P &= \frac{A}{i-j}\left[1-\left(\frac{1+j}{1+i}\right)^n\right] \\ &= \frac{2}{5\%-10\%}\times\left[1-\left(\frac{1+10\%}{1+5\%}\right)^5\right] \\ &= 10.47(万元) \end{aligned}$$

(2) 等比例系列终值公式。

$$\begin{cases} F = \dfrac{A}{i-j}\left[(1+i)^n-(1+j)^n\right] & (i \neq j) \\ F = nA(1+i)^{n-1} & (i=j) \end{cases} \qquad (4\text{-}24)$$

式中，$\dfrac{1}{i-j}\left[(1+i)^n-(1+j)^n\right]$ 称为"等比系列终值系数"，因此，当 $i \neq j$ 时，等比例系列现值公式又可记作：

$$F=A(A/F, i, j, n)$$

等比例系列终值公式的现金流量图如图 4-14 所示。

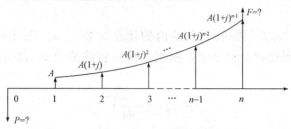

图 4-14 等比系列终值公式的现金流量图

第三节 名义利率和实际利率

一、名义利率和实际利率的概念及其计算

在复利计算中，利率周期通常以年为单位，它可以与计息周期相同，也可以不同。当利率周期与计息周期不一致时，就出现了名义利率和实际利率的概念。

由前述已知，单利与复利的区别在于复利法包括了利息的利息。实质上名义利率和实际利率的关系与单利和复利的关系一样，所不同的是名义利率和实际利率是用在计息周期小于利率周期时。

1. 名义利率

所谓名义利率 r，是指计息周期利率 i 乘以一个利率周期内的计息周期数 m 所得的利率周期利率，即

$$r = i \times m \tag{4-25}$$

若月利率为 1%，则年名义利率为 12%。很显然，计算名义利率时忽略了前面各期利息再生的因素，这与单利的计算相同。通常所说的利率周期利率都是名义利率。

【例 4-15】 张某借款 100 元，年利率为 5%，若按一年一期复利计息，其一年后所欠本利和为多少？若将"一年一期复利计息"改为"半年一期复利计息"，结果又如何？

【解】

(1) 按一年一期复利计息。一年后的本利和为：$F = 100 \times (1+5\%)^1 = 105$(元)

(2) 按半年一期复利计息。半年后，100 元变成了：$100 + 100 \times 2.5\% = 102.5$(元)
一年后本利和为：$102.5 + 102.5 \times 2.5\% = 105.06$(元)

则其年利率为：年利率 $= \dfrac{\text{年利息}}{\text{本金}} \times 100\% = \dfrac{5.06}{100} \times 100\% = 5.06\%$

2. 实际利率

若用计息周期利率来计算利率周期利率，并将利率周期内的利息再生因素考虑进去，

这时所得的利率周期利率称为利率周期实际利率(又称有效利率)。

(1)离散式复利的实际利率计算。离散式复利指的是按照一定的时间单位(如年、月、日等)来计算的利息。

已知名义利率 r，名义利率时间单位内的计息次数为 m，则计息周期内实际利率为 $i=r/m$，在某个利率周期初有资金 P，根据一次支付终值公式可得该利率周期的本利和 F，即

$$F=P\left(1+\frac{r}{m}\right)^m \tag{4-26}$$

根据利息的定义可得该利率周期的利息 I 为

$$I=F-P=P\left(1+\frac{r}{m}\right)^m-P=P\left[\left(1+\frac{r}{m}\right)^m-1\right] \tag{4-27}$$

再根据利率的定义可得该利率周期的实际利率 i 为

$$i=\frac{I}{P}=\frac{P\left(1+\frac{r}{m}\right)^m-P}{P}=\left(1+\frac{r}{m}\right)^m-1 \tag{4-28}$$

即

$$i=\left(1+\frac{r}{m}\right)^m-1 \tag{4-29}$$

式(4-29)也称作是离散式复利的名义利率和实际利率的转换式。

【例4-16】 李某向银行借款 500 元，约定 3 年后归还。若年利率为 6%，按月计算利息，试求 3 年后李某应归还给银行多少元。

【解】 根据题意可知，年名义利率为 6%，每年计息次数为 12 次，则年实际利率为

$$i=\left(1+\frac{r}{m}\right)^m-1=\left(1+\frac{6\%}{12}\right)^{12}-1=6.168\%$$

每年按实际利率计算利息，3 年后 500 元的未来值为

$$F=P(1+i)^n=500\times(1+6.168\%)^3=598.35(元)$$

(2)连续式复利的实际利率计算。按顺时计息的方式称为连续式复利。这时在名义利率的时间单位内，计息次数有无限多次，即 $m\to\infty$。根据求极限的方法可求得年实际利率。实际利率为

$$i=\lim_{m\to\infty}\left[\left(1+\frac{r}{m}\right)^m-1\right] \tag{4-30}$$

由于，$\left(1+\frac{r}{m}\right)^m=\left[\left(1+\frac{r}{m}\right)^{\frac{m}{r}}\right]^r$ \hfill (4-31)

而，$\lim_{m\to\infty}\left(1+\frac{r}{m}\right)^{\frac{m}{r}}=e$ \hfill (4-32)

所以，$i=\lim_{m\to\infty}\left[\left(1+\frac{r}{m}\right)^m-1\right]=\lim_{m\to\infty}\left[\left(1+\frac{r}{m}\right)^{\frac{m}{r}}\right]^r-1=e^r-1$ \hfill (4-33)

也就是说，连续复利的年实际利率是：

$$i=e^r-1 \tag{4-34}$$

式(4-34)也称作是连续式复利的名义利率和实际利率的转换式。其中，e 为自然对数的底，其数值为 2.718 281 828…。

【例 4-17】 李某向银行借款 500 元,约定 3 年后归还。若年利率为 6%,采用连续式复利,试求 3 年后李某应归还给银行多少元。

【解】 用连续复利公式计算,银行计算李某还款时的利率为

$$i = e^r = e^{6\%} - 1 = 6.184\%$$

3 年后李某应偿还金额为

$$F = P(1+i)^n = 500 \times (1 + 6.184\%)^3 = 598.60(元)$$

从例 4-16 和例 4-17 的计算结果来看,连续复利比离散复利的利息多。

虽然资金是连续运动的,但在实际的工程或项目评价中,大多数时候还是采用离散式复利计算。

二、名义利率和实际利率的关系

为了进一步说明名义利率和实际利率之间的区别与联系,我们以名义利率为 10% 为例,分别计算按年、半年、季度、月、日连续计算复利,其相应的实际利率见表 4-3。

表 4-3 实际利率与名义利率的关系

年名义利率(r)	计息期	年计息次数(m)	计息期利率($i=r/m$)	年实际利率(i)
10%	年	1	10%	10%
	半年	2	5%	10.25%
	季	4	2.5%	10.38%
	月	12	0.833%	10.47%
	日	365	0.0274%	10.52%

从表 4-3 中可以看出,每年计息期 m 越多,i 与 r 相差越大,所以,在工程经济分析中,如果各方案的计息期不同,就不能简单地使用名义利率来评价,而必须换算成实际利率进行评价,否则会得出不正确的结论。

通过上述分析与计算,可知名义利率与实际利率间存在着下述关系:

(1) 当计息周期为一年时,名义利率与实际利率相等,计息周期不足一年时,实际利率大于名义利率。

(2) 名义利率不能完全地反映资金的时间价值,实际利率才能真实地反映资金的时间价值。

(3) 令 i 为实际利率,r 为名义利率,m 为复利的周期数,则实际利率与名义利率之间存在着下述关系:

$$i = \left(1 + \frac{r}{m}\right)^m - 1 \tag{4-35}$$

(4) 名义利率越大,周期越短,则实际利率与名义利率的差值就越大。

本章小结

现金流量是指拟建项目在建设或运营中实际发生的以现金或现金等价物表现的资金流

入和资金流出的总称。现金流量表能够直接、清楚地反映出项目在整个计算期内各年现金流量(资金收支)情况,现金流量图是反映经济系统资金运动状态的图示,现金流量表与现金流量图是进行工程项目经济分析的重要依据。资金时间价值是指一定量的资金在不同时点上具有不同的价值。利息和利率是衡量资金时间价值的尺度。资金等值是指与某一时间点上的实际经济价值等于另一时间点上的价值。利用等值的概念,把在不同时点发生的资金金额换算成同一时点的等值金额,这一过程叫作资金等值计算。资金等值的计算方法与利息的计算方法相同。根据支付方式不同,其可以分为一次支付系列、等额支付系列、等差支付系列和等比例支付系列。名义利率和实际利率是利率周期与计息周期不一致时出现的概念,应掌握两者的计算方法和关系。

思考与练习

一、填空题

1. 在投资项目决策中,经济分析是建立在_____基础上的,也就是说,项目分析是建立在一定时期内_____的实际资金数量之上的。
2. 资金周转速度越快,在一定的时间内等量资金的周转次数越_____,资金的时间价值越_____;反之则越_____。
3. 现金流量图包括三个要素:_____——现金流量的数额;_____——现金流入或流出;_____——现金流入或流出所发生的时间点。

参考答案

二、选择题

1. 某个时点上实际发生的现金流入与现金流出的差额称为( )。
 A. 利润　　　　　B. 实际收入　　　　C. 净现金流量　　　D. 经营成本
2. 衡量资金时间价值的尺度为( )。
 A. 利润和利息　　　　　　　　　　　B. 利息和利率
 C. 利润和利率　　　　　　　　　　　D. 成本和利息

三、简答题

1. 研究资金时间价值的意义和资金时间的意义分别是什么?
2. 资金的运动规律就是资金的价值随时间的变化而变化,其变化的主要原因是什么?
3. 资金投入和回收的特点是什么?
4. 名义利率与实际利率之间存在怎样的关系?

第五章　工程项目风险与不确定性分析

>>> 知识目标

1. 了解不确定性分析的不确定性和风险的原因及相关计算方法；
2. 了解概率分析的方法；
3. 掌握不确定性分析中盈亏平衡分析的原理和敏感性分析的计算方法。

>>> 能力目标

能够根据工程项目的特点和客观变化特点，抓住关键因素，正确判断，提高不确定性分析和风险分析的水平。

第一节　概　述

一、不确定性产生的原因

在现实社会里，一个拟建项目的所有未来结果都是未知的，因为影响方案经济效果的各种因素（如市场需求和各种价格）的未来变化都带有不确定性，而且由于测算方案现金流量时各种数据（如投资额、产量）缺乏足够的信息或测算方法上的误差，使得方案经济效果评价指标值带有不确定性。因此，不确定性是所有项目固有的内在特性，只是对不同的项目，这种不确定性的程度有大有小。一般情况下，产生不确定性或风险的主要原因如下：

(1)项目数据的统计偏差。这是指由于原始统计上的误差，统计样本点的不足，公式或模型的套用不合理等所造成的误差。例如，项目固定资产投资和流动资金是项目经济评价中重要的基础数据，但在实际中，往往由于各种原因而高估或低估其数额，从而影响项目评价的结果。

(2)通货膨胀。由于通货膨胀的存在，会产生物价的浮动，从而影响项目评价中所用的价格，进而导致诸如年销售收入、年经营成本等数据与实际发生偏差。

(3)技术进步。技术进步会引起新老产品和工艺的替代，这样，根据原有技术条件和生产水平所估计的年销售收入等指标就会与实际值发生偏差。

(4)市场供求结构的变化。这种变化会影响到产品的市场供求状况,进而对某些指标值产生影响。

(5)建设条件和生产条件的变化。

(6)其他外部影响因素。如政府政策的变化,新的法律、法规的颁布,国际政治经济形势的变化等,均会对项目的经济效果产生一定的、甚至是难以预料的影响。

在项目经济评价中,如果想全面分析这些因素的变化对项目经济效果的影响是十分困难的,因此在实际工作中,往往需要着重分析和把握那些对项目影响大的关键因素,以期取得较好的效果。

二、不确定性分析的概念

对项目进行经济分析和评价主要是针对拟议中的方案,是在投资前进行的。因此,分析所用的数据,如投资、寿命、销售收入、成本、固定资产残值等,是通过预测和估计取得的。在进行投资方案财务评价和国民经济评价时,我们假定数据是确定不变的,以此得出方案的经济评价结论。而由于项目的内部条件、外部环境的变化,项目在实施中实际发生的数据与分析所用的数据不可能完全一致,甚至有较大的偏差,因此就有影响方案经济性评价结论的不确定性因素,会对项目决策产生不利影响,使投资潜伏风险,所以,在进行工程经济分析时,进行不确定性分析是十分有必要的。

不确定性分析通常是对投资方案进行了以财务评价和国民经济评价为基础的分析,其旨在用一定的方法考察不确定性因素对方案实施效果的影响程度,分析项目运行风险,以完善投资方案的主要结论,提高投资决策的可靠性和科学性。

所谓不确定性分析,就是分析项目在经济运行中存在的不确定性因素对项目经济效果的影响,预测项目承担和抗御风险的能力,考察项目在经济上的可靠性,以避免项目实施后造成不必要的损失。

这里所说的不确定性分析包含了不确定性分析和风险分析两项内容,严格来讲,两者是有差异的。其区别就在于一个是不知道未来可能发生的结果,或不知道各种结果发生的可能性,由此产生的问题称为不确定性问题;另一个是知道未来可能发生的各种结果的概率,由此产生的问题称为风险问题。但是从投资项目经济评价的实践角度来看,将两者严格区分开来的实际意义不大。因此,一般情况下,人们习惯于将以上两种分析方法统称为不确定性分析。

三、不确定性分析的作用

不确定性分析是项目经济评价中的一个重要内容。因为前面项目评价都是以一些确定的数据为基础,如项目总投资、建设期、年销售收入、年经营成本、年利率、设备残值等指标值,认为它们都是已知的、确定的,即使对某个指标值所做的估计或预测,也认为是可靠、有效的。但实际上,由于前述各种影响因素的存在,这些指标值与其实际值之间往往存在着差异,这样就对项目评价的结果产生了影响,如果不对此进行分析,仅凭一些基础数据所做的确定性分析为依据来取舍项目,就可能会导致投资决策的失误。例如,某项目的基准折现率 i 定为 8%,根据项目基础数据求出的项目的内部收益率为 10%,由于内部收益率大于基准折现率,根据方案评价准则自然会认为项目是可行的。但如果凭此就作出投资决策则是欠周到的，因为我们还没有考虑到不确定性问题。如果在项目实施的过程中存在通货膨胀，并且通货膨胀率高于2%，则项目的风险就很大，甚至会变成不可行的。因此，为了有效地减少不确定性因素对项目经济效果的影响，提高项目的风险防范能力，进而提高项目投资决策的科学性和可靠性，除对项目进行确定性分析以外，还很有必要对项目进行不确定性分析。

常用的不确定性分析有盈亏平衡分析、敏感性分析、概率分析三种方法。在具体应用时，要在综合考虑项目的类型、特点、决策者的要求，相应的人力、财力，以及项目对国民经济的影响程度等条件后来选择。一般来讲，盈亏平衡分析只适用于项目的财务评价，而敏感性分析和概率分析则可同时用于财务评价和国民经济评价。

四、不确定性分析的因素

1. 鉴别不确定性因素

尽管项目运行中涉及的所有因素都具有不确定性，但它们在不同条件下的不确定性程度是不同的。对项目进行不确定性分析时没有必要对所有的不确定性因素进行分析，而应找出不确定性程度较大的因素作为分析的重点。

2. 界定不确定性的性质

不确定性包括不可测定的不确定性因素与可测定的风险因素。对不可测定的不确定性因素，应界定其变化的幅度、变化的范围，确定其边界值。对可测定的风险因素应确定其概率分布状况。

3. 选择不确定性分析的方法

根据不确定性因素的性质，选择不确定性分析的方法。一般情况下，盈亏平衡分析与敏感性分析适用于不可测定的不确定性分析；概率分析适用于可测定的风险分析。

4. 明确不确定性分析的结果

不确定性分析根据分析的需要和依据的指标不同，其分析的结果可以为平衡点确定、不同区间的方案选择、不同方案的比选、敏感度与敏感因素的界定、风险预测等。

第二节　盈亏平衡分析

盈亏平衡分析也称收支平衡分析或损益平衡分析，其是研究建设项目投产后正常年份的产量、成本和利润三者之间的平衡关系，以利润为零时的收益与成本的平衡为基础，测算项目的生产负荷状况，度量项目承受风险的能力。具体地说，盈亏平衡分析就是通过对项目正常生产年份的生产量、销售量、销售价格、税金、可变成本、固定成本等数据进行计算，以求得盈亏平衡点及其所对应的自变量，分析自变量的盈亏区间，分析项目承担风险的能力。

对一个工程项目而言，随着销量的变化，盈利与亏损之间一般至少有一个转折点，我们称这种转折点为盈亏平衡点 BEP(Break Even Point)。在这点上，营业收入与成本费用相等，既不亏损也不盈利。

盈亏平衡分析关键就是要找出项目方案的盈亏平衡点。一般来说，对工程项目的生产能力而言，盈亏平衡点越低，项目盈利的可能性就越大，对不确定因素变化所带来的风险承受能力就越强。

盈亏平衡点一般采用公式计算，也可利用盈亏平衡图求取。

一、独立方案的盈亏平衡分析

1. 线性盈亏平衡分析

(1) 进行线性盈亏平衡分析有以下四个假定条件：

1) 产量等于销售量，即当年生产的产品当年销售出去。

2) 产量变化，单位可变成本不变，从而总成本费用是产量的线性函数。

3) 产量变化，产品售价不变，从而销售收入是销售量的线性函数。

4) 只生产单一产品，或者生产多种产品，但可以换算为单一产品计算，即不同产品负荷率的变化是一致的。

(2) 盈亏平衡点的计算。盈亏平衡点可以采用公式计算法求取，也可以采用图解法求取。

1) 公式计算法。盈亏平衡点的计算公式为

$$BEP(生产能力利用率)=\frac{年总固定成本}{(年销售收入-年总可变成本-年销售税金与附加^*)}\times 100\% \quad (5-1)$$

$$BEP(产量)=\frac{年总固定成本}{(单位产品价格-单位产品可变成本-单位产品销售税金与附加^*)} \quad (5-2)$$

* 如采用含税价格计算，应再减去增值税。

上述两者之间的换算关系为

$$BEP(产量)=BEP(生产能力利用率)\times 设计生产能力 \quad (5-3)$$

2) 图解法。盈亏平衡点可以采用图解法求得，如图5-1所示。

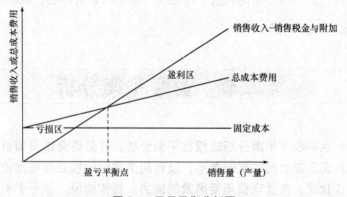

图5-1 盈亏平衡分析图

图5-1中销售收入线(如果销售收入和成本费用都是按含税价格计算的，销售收入中还应减去增值税)与总成本费用线的交点即为盈亏平衡点，这一点所对应的产量即为BEP(产量)，也可换算为BEP(生产能力利用率)。

2. 非线性盈亏平衡分析

线性盈亏平衡分析的基本假设具有一定的合理性，但在实际生产中，企业的总成本、销售收入与产量并不是呈现单一的线性关系。如当生产扩大到某一限度后，正常价格的原料、动力已不能保证所要求的产量，企业必须付出比较高的代价才能获得；而且正常的生产班次也已不能保证所要求的产量，企业必须加班生产，增加人工费用。此外，设备的超负荷运行也使磨损加大、寿命缩短和维修费用增加等。这种情况下的盈亏平衡分析就是非线性盈亏平衡分析。非线性盈亏平衡分析的基本原理与线性盈亏平衡分析相同，即通过确定盈亏平衡点来判断项目运营风险。非线性盈亏平衡点往往不止一个。进行非线性盈亏平衡分析的关键是确定盈亏平衡点。

【例 5-1】 设某企业的年销售收入 R 与年产量 Q 的关系为 $R=150Q-0.015Q^2$（元），固定成本总额 $F=90\,000$ 元，可变成本总额 $V_Q=50Q-0.005Q^2$（元）。试求盈亏平衡点以及最大利润时的销售量。

【解】 依据题意，总成本为

$$C = 90\,000 + 50Q - 0.005Q^2 \text{（元）}$$

根据盈亏平衡原理 $R=C$

因为 $\quad 150Q - 0.015Q^2 = 90\,000 + 50Q - 0.005Q^2$

所以 $\quad -0.01Q^2 + 100Q - 90\,000 = 0$

解得 $\quad BEP(Q_1) = 1\,000$（件）$\quad BEP(Q_2) = 9\,000$（件）

即该企业的年产量要控制在 $1\,000 \sim 9\,000$ 件/年之间方可盈利。

如果要获得最大利润，则对 $M = R - C = 0.01Q^2 + 100Q - 90\,000$ 求一阶导数并令其等于 0，即

$$\frac{dM}{dQ} = 100 - 0.02 Q_{\max} = 0$$

解得

$$Q_{\max} = 5\,000 \text{（件/年）}$$

二、互斥方案的盈亏平衡分析

在存在多个互斥方案，并需要对其进行比较选择时，如有某个共同的不确定性因素影响互斥方案的取舍时，可先求出两个方案的盈亏平衡点，再进行取舍。

【例 5-2】 某企业有 A 和 B 两个互斥方案，方案 A 的期初投资为 $1\,000$ 万元，年营业收入为 570 万元，年营业费用为 400 万元；方案 B 的期初投资为 $3\,000$ 万元，年营业收入为 $1\,600$ 万元，年营业费用为 $1\,090$ 万元。两方案的寿命期均具有较大的不确定性，基准收益率 $i_c = 10\%$，不考虑期末投资残值，试分析两方案的临界点。

【解】 设项目的寿命期为 n

$$NPV_A = -1\,000 + (570 - 400)(P/A, 10\%, n)$$
$$NPV_B = -3\,000 + (1\,600 - 1\,090)(P/A, IRR_B, n)$$

令 $-1\,000 + (570 - 400)(P/A, 10\%, n) = -3\,000 + (1\,600 - 1\,090)(P/A, IRR_B, n)$

$$-2\,000 + (510 - 170)(P/A, 10\%, n) = 0$$
$$(P/A, 10\%, n) = 5.882\,4$$

结合查表及插入法，得两方案寿命期的临界点 $n \approx 9.32$（年）

这就是以项目寿命期为共有变量时,方案A与方案B的盈亏平衡点。由于方案B年净化收益比较高,项目寿命期延长对方案B有利。

故可知:

如果根据市场预测项目寿命期小于9.32年,应采用方案A;如果项目寿命期在9.32年以上,应采用方案B;如果项目寿命期为9.32年时,两方案无差异,均可。盈亏平衡分析如图5-2所示。

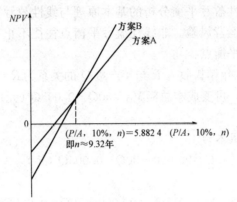

图 5-2　盈亏平衡分析图

第三节　敏感性分析

敏感性分析旨在研究和预测项目主要因素发生浮动时对经济评价指标的影响,分析最敏感的因素对评价指标的影响程度,确定经济评价指标出现临界值时各主要敏感因素变化的数量界限,为进一步测定项目评价决策的总体安全性、项目运行承受风险的能力等,提供定性分析的依据。

敏感性分析是盈亏平衡分析的深化,可用于财务评价,也可用于国民经济评价,考虑的因素有产量、销售价格、可变成本、固定成本、建设工期、外汇牌价、折旧率等。评价指标有内部收益率、利润、资本金、利润率、借款偿还期,也可分析盈亏平衡点对某些因素的敏感度。

敏感性分析的目的如下:

(1)确定不确定性因素在什么范围内变化方案的经济效果最好,在什么范围内变化效果最差,以便对不确定性因素实施控制。

(2)区分敏感性大的方案和敏感性小的方案,以便选出敏感性小的,即风险小的方案。

(3)找出敏感性强的因素,向决策者提出是否需要进一步搜集资料,进行研究,以提高经济分析的可靠性。

一、敏感性分析的内容和方法

1. 敏感性分析的内容和方法

敏感性分析的做法通常是改变一种或多种不确定因素的数值，计算其对项目效益指标的影响，通过计算敏感度系数和临界点，估计项目效益指标对它们的敏感程度，进而确定关键的敏感因素。通常将敏感性分析的结果汇总于敏感性分析表，也可通过绘制敏感性分析图显示各种因素的敏感程度并求得临界点。

敏感性分析包括单因素敏感性分析和多因素敏感性分析。单因素敏感性分析是指每次只改变一个因素的数值来进行分析，估算单个因素的变化对项目效益产生的影响；多因素分析则是同时改变两个或两个以上因素进行分析，估算多因素同时发生变化的影响。为了找出关键的敏感性因素，通常多进行单因素敏感性分析。

敏感性分析一般只考虑不确定因素的不利变化对项目效益的影响，为了作图的需要也可考虑不确定性因素的有利变化对项目效益的影响。

2. 敏感性分析的计算步骤

(1)选定需要分析的不确定性因素。

(2)确定进行敏感性分析的经济评价指标。衡量项目经济效果的指标越多，敏感性分析的工作量越大，一般不可能对每种指标都进行分析，而只对几个重要的指标进行分析，如财务净现值、财务内部收益率、投资回收期等。由于敏感性分析是在确定性经济评价的基础上进行的，故选作敏感性分析的指标应与经济评价所采用的指标相一致，其中最主要的指标是财务内部收益率。

(3)计算因不确定性因素变动引起的评价指标的变动值。一般就各选定的不确定性因素，设若干级变动幅度(通常用变化率表示)，然后计算与每级变动相应的经济评价指标值，与其建立一一对应的数量关系，并用敏感性分析图或敏感性分析表的形式表示。敏感性分析图如图 5-3 所示。图中每一条斜线的斜率反映内部收益率对该不确定性因素的敏感程度，斜率越大敏感度越高。一张图可以同时反映多个因素的敏感性分析结果。每条斜线与基准收益率的相交点所对应的是不确定性因素变化率，图中 C_1、C_2、C_3 等即为该因素的临界点。

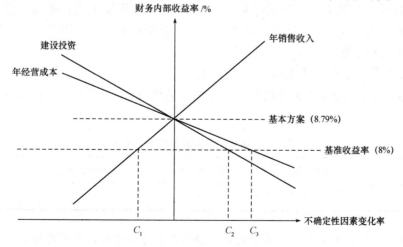

图 5-3 单因素敏感性分析图

(4)计算敏感度系数并对敏感因素排序。敏感度系数是项目效益指标变化的百分率与不确定性因素变化的百分率之比。敏感度系数越高,表示项目效益对该不确定性因素的敏感程度越高,提示应重视该不确定性因素对项目效益的影响。敏感度系数计算公式如下:

$$E=\Delta A/\Delta F \tag{5-4}$$

式中 E——评价指标 A 对于不确定性因素 F 的敏感度系数;

ΔA——不确定性因素 F 变化率为 ΔF 时,评价指标 A 的相应变化率(%);

ΔF——不确定性因素 F 的变化率(%)。

敏感度系数的计算结果可能受到不确定性因素变化百分率取值不同的影响,即随着不确定性因素变化百分率取值的不同,敏感度系数的数值会有所变化。但其数值大小并不是计算该项指标的目的,重要的是各不确定性因素敏感度系数的相对值,借此了解各不确定性因素的相对影响程度,以选出敏感度较大的不确定性因素。因此,虽然敏感度系数有以上缺陷,但在判断各不确定性因素对项目效益的相对影响程度上其仍然具有一定的作用。

(5)计算变动因素的临界点。临界点是指不确定性因素的极限变化,即该不确定性因素使项目内部收益率等于基准收益率或净现值变为零时的变化百分率,当该不确定性因素为费用科目时,即为其增加的百分率;当其为效益科目时为降低的百分率。临界点也可用该百分率对应的具体数值表示。当不确定性因素的变化超过了临界点所表示的不确定性因素的极限变化时,项目内部收益率指标将会转而低于基准收益率,表明项目将由可行变为不可行。

临界点的高低与设定的基准收益率有关,对于同一个投资项目,随着设定基准收益率的提高,临界点就会变低(临界点表示的不确定性因素的极限变化变小);而在一定的基准收益率下,临界点越低,说明该因素对项目效益指标影响越大,项目对该因素就越敏感。可以通过敏感性分析图求得临界点的近似值,但由于项目效益指标的变化与不确定性因素变化之间不是线性关系,有时误差较大,因此,最好采用专用函数求解临界点。

二、单因素敏感性分析

每次只考虑一个因素的变动,而假设其他因素保持不变时所进行的敏感性分析称为单因素敏感性分析。即假设某一不确定性因素变化时,其他因素不变,各因素之间是相互独立的。单因素敏感性分析具有简单、直观的优点,但却只考虑了各因素独立的变化,忽略了各因素之间的相互影响。

下面通过例题来说明单因素敏感性分析的具体操作步骤。

【例 5-3】 设某项目基本方案的基本数据估算值见表 5-1,试对该项目进行敏感性分析(基准收益率 $i_c=10\%$)。

表 5-1 基本方案的基本数据估算表   万元

因素	期初投资	年营业收入	年经营成本	使用寿命
估算值	2 000	600	350	20 年

【解】 (1)以年营业收入、年经营成本、期初投资为拟分析的不确定性因素。

(2)选择项目的净现值为经济效果评价指标。

(3) 计算年营业收入、年经营成本、期初投资变动时对经济效果评价指标净现值的影响。其计算结果见表 5-2。

表 5-2　因素变化对净现值的影响

净现值　　变化率 不确定因素	−20%	−10%	基本方案	+10%	+20%
期初投资	528.4	328.4	128.4	−71.6	−271.6
年营业收入	−893.23	−382.42	128.4	639.22	1 150.03
年经营成本	724.35	426.38	128.4	−169.58	−467.55

净现值的敏感性分析如图 5-4 所示。

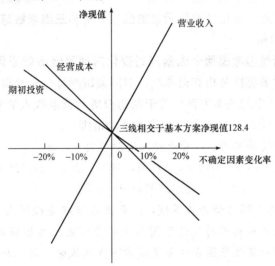

图 5-4　单因素敏感性分析图

(4) 计算敏感度系数并进行排序。期初投资平均敏感度、营业收入平均敏感度及经营成本平均敏感度的计算见表 5-3。

表 5-3　敏感度系数计算

序号	项　目	计　算
1	期初投资平均敏感度	$\dfrac{[528.4-(-271.6)]\div 128.4}{40\%}=15.58$
2	营业收入平均敏感度	$\dfrac{[1\,150.03-(-893.23)]\div 128.4}{40\%}=39.78$
3	经营成本平均敏感度	$\dfrac{[724.35-(-467.55)]\div 128.4}{40\%}=23.20$

表 5-3 表明,对敏感因素按敏感性由高到低的顺序排列为：营业收入—经营成本—期

初投资。

(5)计算变动因素的临界点。临界点是指项目允许不确定因素向不利方向变化的极限值。当其超过极限时,项目的效益指标将不可行。变动因素临界点的计算见表5-4。

表5-4 变动因素临界点的计算

序号	项目	计算式	计算结果
1	期初投资临界值	$-X+(600-350)(P/A,10\%,20)=0$	$X=2\,128.5$(万元)
2	营业收入临界值	$-2\,000+(X-350)(P/A,10\%,20)=0$	$X=584.91$(万元)
3	经营成本临界值	$-2\,000+(600-X)(P/A,10\%,20)=0$	$X=365.09$(万元)

三、多因素敏感性分析

多因素敏感性分析考虑了因素之间的相关性,弥补了单因素敏感性分析的局限性,更全面地揭示了事物的本质。常用的有**双因素敏感性分析**和**三因素敏感性分析**。

1. 双因素敏感性分析

双因素敏感性分析是指考虑两个因素同时变化对项目经济效果评价指标的影响,其他因素保持不变。单因素敏感性分析获得曲线,双因素敏感性分析获得曲面。

【**例 5-4**】 对例 5-3 中的基本方案作关于期初投资和营业收入的双因素敏感性分析,并指出当期初投资增加 10% 时,营业收入允许的变动范围。

【**解**】 设期初投资变动率为 x,营业收入变动率为 y,则

$$NPV=-2\,000(1+x)+600(1+y)(P/A,10\%,20)-350(P/A,10\%,20)\geqslant 0$$
$$y\geqslant 0.392x-0.025\,2$$

其中 $y=0.392x-0.025\,2$ 称为临界线,这条直线可在坐标图上表示出来,如图 5-5 所示。当期初投资和营业收入的同时变化范围在这条直线左上方区域时,则 $NPV>0$;当期初投资和营业收入的同时变化范围在这条直线右下方区域时,则 $NPV<0$。

当 x 增加 10% 时,代入 $y\geqslant 0.392x-0.025\,2$,求出 $y\geqslant 1.4\%$。

即表明当期初投资增加 10% 时,营业收入应该增加 1.4% 以上才能保证项目的 $NPV\geqslant 0$。

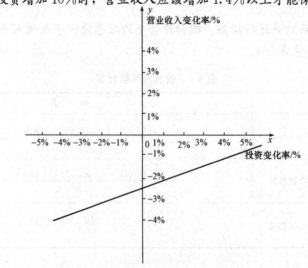

图 5-5 双因素敏感性分析图

2. 三因素敏感性分析

对于三因素敏感性分析，一般需列出三维表达式。但通常用降维的方法来简单地表示。

【例 5-5】 对例 5-3 中的基本方案作关于期初投资、营业收入、寿命的三因素敏感性分析。

【解】 设期初投资变化率为 x，设营业收入变动率 y，n 表示寿命期，则

令 $NPV(n) = -2\,000(1+x) + 600(1+y)(P/A, 10\%, 15) - 350(P/A, 10\%, 15) \geqslant 0$

依次取 $n=15, 16, 17, 18, 19, 20$，并按照[例 5-4]中对双因素变化时的敏感性分析，可得下列一组临界曲线族：

$NPV(15) = -2\,000(1+x) + 600(1+y)(P/A, 10\%, 15) - 350(P/A, 10\%, 15) \geqslant 0$
$$y \geqslant 0.438\,2x + 0.021\,6$$

$NPV(16) = -2\,000(1+x) + 600(1+y)(P/A, 10\%, 16) - 350(P/A, 10\%, 16) \geqslant 0$
$$y \geqslant 0.426\,1x + 0.009\,4$$

$NPV(17) = -2\,000(1+x) + 600(1+y)(P/A, 10\%, 17) - 350(P/A, 10\%, 17) \geqslant 0$
$$y \geqslant 0.415\,5x - 0.001\,1$$

$NPV(18) = -2\,000(1+x) + 600(1+y)(P/A, 10\%, 18) - 350(P/A, 10\%, 18) \geqslant 0$
$$y \geqslant 0.406\,4x - 0.010\,2$$

$NPV(19) = -2\,000(1+x) + 600(1+y)(P/A, 10\%, 19) - 350(P/A, 10\%, 19) \geqslant 0$
$$y \geqslant 0.398\,5x - 0.018\,2$$

$NPV(20) = -2\,000(1+x) + 600(1+y)(P/A, 10\%, 20) - 350(P/A, 10\%, 20) \geqslant 0$
$$y \geqslant 0.392x - 0.025\,2$$

根据上面的不等式，可给出一组损益平衡线（图 5-6）。只要 $n \geqslant 17$ 年，方案就具有一定的抗风险能力。但是，$n=17$ 时，投资及年收入发生估计误差的允许范围就很小了。从图 5-6 中可以看出，寿命期上升，将导致临界线向下方移动，使 $NPV>0$ 的区域 NPV 扩大；反之，寿命期下降，将导致临界线向上移动，使 $NPV>0$ 的区域 NPV 缩小。

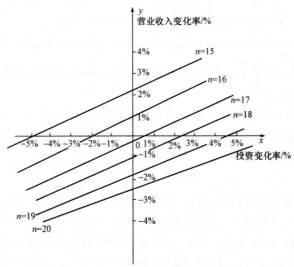

图 5-6 三因素敏感性分析图

四、三相预测值敏感性分析

当分析的不确定因素不超过三个且指标计算比较简单时,可以采用三项预测值敏感性分析方法。其基本思路是:对技术方案的各不确定因素分别估算悲观的预测值 P,最可能的预测值 M,乐观的预测值 O。根据这三种预测值对技术方案进行敏感性分析并作出评价。

【例 5-6】 某项投资活动,其主要技术参数见表 5-5,其中,年营业收入和年经营成本为不确定性因素,试进行净现值三种预测值敏感性分析($i_c = 10\%$)。

表 5-5 投资活动参数表

因素变化 \ 因素	初始投资/万元	年营业收入/万元	年经营成本/万元	寿命/年
最有利(O)	1 000	400	100	20
很可能(M)	1 000	300	150	20
最不利(P)	1 000	280	200	20

【解】 计算过程见表 5-6。

表 5-6 三相预测值敏感性分析   万元

成本变化 \ 收入变化 净现值	最有利(O)	很可能(M)	最不利(P)
最有利(O)	1 554.08	702.72	532.45
很可能(M)	1 128.40	277.04	106.77
最不利(P)	702.72	−148.64	−318.91

表 5-6 中,最大的 NPV 是 1 554.08 万元,即此时年营业收入、年经营成本均处于最有利状态,NPV 计算过程如下:

$$NPV = -1\,000 + (400 - 100)(P/A, 10\%, 20) = 1\,554.08(万元)$$

表 5-6 中,最小的 NPV 是 −318.91 万元,即此时年营业收入、年经营成本均处于最不利状态,NPV 计算过程如下:

$$NPV = -1\,000 + (280 - 200)(P/A, 10\%, 20) = -318.91(万元)$$

敏感性分析在一定程度上就各种不确定因素的变动对方案经济效果的影响作了定量描述。这有助于决策者了解方案的风险情况,有助于确定在决策过程中及各方案实施过程中需要重点研究与控制的因素。但是,敏感性分析没有考虑各种不确定因素在未来发生变化的概率,这可能会影响分析结论的准确性。实际上,各种不确定因素在未来发生某一幅度变动的概率一般是有所不同的。可能有这样的情况,通过敏感性分析找出的某一敏感因素未来发生不利变动的概率很小,因而实际上所带来的风险并不大,以至于可以忽略不计；而另一不太敏感的因素未来发生不利变动的概率却很大，实际上所带来的风险比那个敏感因素更大。这种问题是敏感性分析所无法解决的，必须借助于风险概率分析方法。

第四节 概率分析

一、概率分析及其步骤

项目的风险来自影响项目效果的各种因素和外界环境的不确定性。利用敏感性分析可以知道某因素变化对项目经济指标有多大的影响，但无法了解这些因素发生这样变化的可能性有多大，而概率分析可以做到这一点。故有条件时，应对项目进行概率分析。

概率分析又称风险分析，其是利用概率来研究和预测不确定因素对项目经济评价指标的影响的一种定量分析方法。一般做法是：先预测风险因素发生各种变化的概率，将风险因素作为自变量，预测其取值范围和概率分布；再将选定的经济评价指标作为因变量，测算评价指标的相应取值范围和概率分布，从而计算出评价指标的期望值和项目成功或失败的概率。利用这种分析，可以弄清楚各种不确定因素出现某种变化，建设项目获得某种利益或达到某种目的的可能性的大小，或者获得效益的把握程度。

概率分析一般按下列步骤进行：

(1)选定一个或几个评价指标。通常是将内部收益率、净现值等作为评价指标。

(2)选定需要进行概率分析的不确定因素。通常有产品价格、销售量、主要原材料价格、投资额以及外汇汇率等。针对项目的不同情况，通过敏感性分析，选择最为敏感的因素作为概率分析的不确定因素。

(3)预测不确定因素变化的取值范围及概率分布。单因素概率分析，设定一个因素变化，其他因素均不变化，即只有一个自变量；多因素概率分析，设定多因素同时变化，对多个自变量进行概率分析。

(4)根据测定的风险因素取值和概率分布，计算评价指标的相应取值和概率分布。

(5)计算评价指标的期望值和项目可接受的概率。

(6)分析计算结果，判断其可接受性，研究减轻和控制不利影响的措施。

二、概率分析的方法

概率分析的方法有很多，这些方法大多是以项目经济评价指标(主要是 NPV 的期望值的计算过程和计算结果)为基础的。这里仅介绍项目净现值的**期望值和决策树法**，计算项目净现值的期望值及净现值大于或等于零时的累计概率，以判断项目承担风险的能力，最后简单介绍蒙特卡洛法。

1. 期望值法

期望值是用来描述随机变量的一个主要参数。所谓随机变量就是这样一类变量：通常能够知道其所有可能的取值范围，也知道其取各种值的可能性，但却不能肯定其最后确切的取值。例如，有一个变量 X，我们知道它的取值范围是 0、1、2，也知道 X 取值，0、1、2 的可能性分别是 0.3、0.5 和 0.2，但是究竟 X 取什么值却不知道，那么 X 就称为随机变量。从随机变量的概念上来理解，可以说在投资项目经济评价中所遇到的大多数变量因素，如投资额、成本、销售量、产品价格、项目寿命期等，都是随机变量。通常可以预测其未来可能的取值范围，估计各种取值或值域发生的概率，但不可肯定地预知它们取什么值。由于投资方案的现金流量序列是由这些因素的取值所决定的，所以，方案的现金流量序列实际上也是随机变量。以此计算出来的经济评价指标也是随机变量，由此可见项目净现值也是一个随机变量。

从理论上讲，要完整地描述一个随机变量，需要知道它的概率分布的类型和主要参数，但在实际应用中，这样做不仅非常困难，而且也没有太大的必要。因为在许多情况下，我们只需要知道随机变量的某些主要特征就可以了，在这些随机变量的主要特征中，最重要也是最常用的就是期望值。期望值是在大量重复事件中随机变量取值的平均值，换而言之，是随机变量所有可能取值的加权平均值，权重为各种可能取值出现的概率。

一般来讲，期望值的计算公式可表达为

$$E(X) = \sum_{i=1}^{n} X_i P_i \tag{5-5}$$

式中　$E(X)$——随机变量 X 的期望值；

　　　X_i——随机变量 X 的各种取值；

　　　P_i——X 取值 X_i 时所对应的概率值。

净现值的期望值在概率分析中是一个非常重要的指标。在对项目进行概率分析时，一般都要计算项目净现值的期望值及净现值大于或等于零时的累计概率。累计概率越大，表明项目承担的风险越小。

【例 5-7】 某投资方案的寿命期为 10 年，基准折现率为 10%，方案的初始投资额和每年年末净收益的可能情况及其概率见表 5-7。试求该方案净现值的期望值。

表 5-7　方案的不确定性因素值及其概率

投资额/万元		年净收益/万元	
数值	概率	数值	概率
120	0.30	20	0.25
150	0.50	28	0.40
175	0.20	33	0.35

【解】 组合投资额和年净收益两个不确定性因素的可能情况，该方案共有 9 种不同的组合状态。例如，初始投资额为 120 万元、年净收益为 20 万元的概率是 0.30×0.25=0.075，此时方案的净现值为

$NPV = -120 + 20 \times (P/A, 10\%, 10) = 2.89$（万元）

同理计算各种状态的净现值及其对应的概率，详见表 5-8。

表 5-8　方案所有组合状态的概率及净现值

投资额/万元	120			150			175		
年净收益/万元	20	28	33	20	28	33	20	28	33
组合概率	0.075	0.12	0.105	0.125	0.2	0.175	0.05	0.08	0.07
NPV/万元	2.89	52.05	82.77	−27.11	22.05	52.77	−52.11	−2.95	27.77

于是，可求出净现值的期望值：

$E(NPV)$=2.89 万元×0.075+52.05 万元×0.12+82.77 万元×0.105+(−27.11)万元×0.125+22.05 万元×0.2+52.77 万元×0.175+(−52.11)万元×0.05+(−2.95)万元×0.08+27.77 万元×0.07=24.51 万元

净现值的期望值在概率分析中是一个非常重要的指标，在对项目进行概率分析时，一般除了计算项目净现值的期望值之外，还可以计算净现值大于等于零时的累计概率，累计概率越大，表明项目的风险越小。对此例，按净现值从小到大排序，同时计算累计概率，见表 5-9。

表 5-9　方案现值的排序及累计概率

序号	NPV/万元	概率	累计概率
1	−52.11	0.05	0.05
2	−27.11	0.125	0.175
3	−2.95	0.08	0.255
4	2.89	0.075	0.330
5	22.05	0.2	0.530
6	27.77	0.07	0.600
7	52.05	0.12	0.720
8	52.77	0.175	0.895
9	82.77	0.105	1.000

再依据线性内插的思路，计算 $NPV \geqslant 0$ 的累计概率：

$$1-\left(0.255+\frac{2.95}{2.95+2.89}\times 0.075\right)=1-0.293=0.707$$

$NPV \geqslant 0$ 的累计概率越大，表明项目的风险越小。

当然，方案决策时应根据具体情况的灵活选择指标并对之应用期望值法。

2. 决策树法

决策树是直观运用概率分析的一种图解方法，因其运用树状图形来做多方案的分析和择优而得名。决策树是将各种可供选择的方案以及影响各备选方案的有关因素(如自然状态、概率、损益值等)绘成一个树状图(图 5-7)，这个树状网络图从左向右展开，一般根据期望值法计算每一个方案的期望损益值进行决策。决策树法特别适用于多阶段分析。

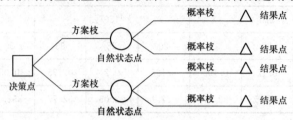

图 5-7 决策树结构图

决策树一般由三种点、两类枝组成，三种点即决策点、自然状态点、结果点；两类枝即方案枝和概率枝。决策点用"□"表示，是对多种可能方案择优的结果；从决策点引出若干条分枝，每条分枝代表一个备选方案，此即方案枝；在方案枝末端连接自然状态点，以"○"表示，代表备选方案的期望损益值；从自然状态点引出的各条分枝即为概率枝，每一分枝代表一种自然状态可能出现的概率；在每条概率枝的末端以结果点"△"结束，并标注各方案在相应自然状态下的损益值。

应用决策树进行决策一般步骤如下：

(1)绘制决策树。根据决策问题的具体条件，由左到右逐步展开绘制决策树，为便于随后的分析、择优，对"□"(决策点)和"○"(自然状态点)混在一起进行编号，编号的顺序是从左到右、从上到下。

(2)运用期望值法进行决策。逆着编号逐步计算各"○"(自然状态点)的损益期望值，遇到"□"(决策点)，则比较损益期望值的大小，"剪枝"删去被淘汰的方案。

(3)"□"(决策点)上只留有被选中的最佳方案一枝。

决策树法可分为单级决策和多级决策两种。把在整个决策期中只需要进行一次决策，就可以选出最佳方案的决策称为单级决策；当决策问题比较复杂时，就需要进行一系列的决策过程才能选出最佳方案，以达到决策目标，这种决策称为多级决策。多级决策是由若干个单级决策构成的，因而其与单级决策所不同的是多几个决策点，分为几段，每一段都是一个单级决策。

决策树能使决策问题形象直观，思路清晰，特别是在多级决策活动中，能起到层次分明、一目了然的作用，其对于集体思考与讨论以及计算有很大帮助。决策树应用较广泛，也是十分有效的辅助决策的工具。

【例 5-8】 现有两个建厂方案：建大厂、建小厂。建大厂需投资 300 万元，建小厂需投资 160 万元，大厂或小厂的经营期均为 10 年。经市场调查，可能的自然状态和年收益见表 5-10。决策建厂方案。

表 5-10 可能自然状态和年收益

自然状态	概率	年收益/万元	
		大厂	小厂
销路好	0.7	100	60
销路差	0.3	−40	−10

【解】 绘制的决策树如图 5-8 所示。

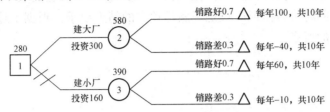

图 5-8 决策树(单位：万元)

用期望值准则决策：

$E_1 = [60 \times 0.7 + (-10) \times 0.3] \times 10 = 390(万元)$

$E_2 = [100 \times 0.7 + (-40) \times 0.3] \times 10 = 580(万元)$

$E_3 = \max\{390-160, 580-300\} = \max\{230, 280\} = 280(万元)$

所以，建大厂 10 年利润期望值为 280 万元。

3. 蒙特卡洛法

蒙特卡洛法是一种用随机模拟(仿真试验)不确定性问题的方法。 用蒙特卡洛法进行风险分析，计算工作量很大，因为要获得一个随机因素(不确定因素)的概率分布就要进行上百次甚至更多的反复模拟试验。试验次数越多，形成的概率分布就越接近于真实情况。实际工作中可以借助计算机进行模拟计算。

蒙特卡洛法实施的一般步骤如下：

(1) 确定风险随机变量。通常运用敏感性分析确定风险随机变量。

(2) 确定风险随机变量的概率分布。

(3) 通过随机数表或计算机为各随机变量抽取随机数。

(4) 根据风险随机变量的概率分布将抽得的随机数转化为各输入变量的抽样值。

1) 如果是离散型随机变量的模拟，则用随机数作为随机变量累计概率的随机值，结合累计概率图，画一条水平线与累计概率折线相交的交点对应的横坐标值即为输入变量的抽样值。

2) 如果是正态分布随机变量的模拟，则随机数(RN)作为随机变量累计概率的随机值，这样，每个随机数都可找到对应的一个随机正态偏差(RND)，对应的随机变量的抽样结果可通过下式求得：

$$抽样结果 = 均值 + 随机正态偏差 \times 标准差 \qquad (5-6)$$

3) 如果是具有最小值 a 和最大值 b 的连续均匀分布随机变量的模拟，随机数(RN)作为随机变量累计概率的随机值，其中，设 RN_M 表示最大随机数，对应的随机变量的抽样结果可通过下式求得：

$$抽样结果 = a + \frac{RN}{RN_M}(b-a) - \frac{a+b}{2} - \frac{b-a}{2} + \frac{RN}{RN_M}(b-a) \qquad (5-7)$$

(5) 将抽样值组成一组项目评价基础数据。

(6) 选取经济评价指标，如内部收益率、财务净现值等，根据得到的基础数据计算出一组随机状况下的评价指标值。

(7) 重复上述过程，进行多次反复模拟，得出多组评价指标值。

（8）整理模拟结果所得评价指标的期望值、方差、标准差和它的概率分布及累计概率，绘制累计概率图，同时检验模拟次数是否满足预定的精度要求。根据上述结果，分析计算项目可行或不可行的概率。

第五节 风 险

一、风险评价

风险评价是指根据风险识别和风险估计的结果，依据项目风险判断标准，找出影响项目成败的关键风险因素。对项目风险的大小进行评价应根据风险因素发生的可能性及其造成的损失来确定，一般采用评价指标的概率分布或累计概率、期望值、标准差作为判别标准，也可采用综合风险等级作为判别标准。

1. 以评价指标作为判别标准

一般财务（经济）内部收益率大于等于基准收益率（社会折现率）的累计概率值越大，风险越小；标准差越小，风险越小；财务（经济）内净现值大于等于零的累计概率值越大，风险越小；标准差越小，风险越小。

2. 以综合风险等级作判别标准

根据风险因素发生的可能性及其造成损失的程度，建立综合风险等级的矩阵，将综合风险分为风险很强的 K(Kill)级、风险强的 M(Modify)级、风险较强的 T(Trigger)级、风险适度的 R(Reviewandreconsider)级和风险弱的 I(Ignore)级。综合风险等级分类表见表 5-11。

表 5-11 综合风险等级分类表

综合风险等级		风险影响的程度			
		严重	较大	适度	低
风险的可能性	高	K	M	R	R
	较高	M	M	R	R
	适度	T	T	R	I
	低	T	T	R	I

注：1. 本表来源：国家发展改革委，原建设部. 建设项目经济评价方法与参数[M]. 3 版. 北京：中国计划出版社，2006.
2. 本表说明：落在表 5-11 左上角的风险会产生严重的后果；落在表 5-11 右下角的风险，可忽略不计。

二、风险决策

风险决策是着眼于风险条件下方案取舍的基本原则和多方案比较的方法。风险决策行为取决于决策者的风险态度,对于同一风险决策问题,风险态度不同的人决策的结果通常有较大的差异。典型的风险态度有风险厌恶、风险中性和风险偏爱三种表现形式。与风险态度相对应,风险决策人可有以下决策准则。

1. 优势原则

在两个可选方案中,如果无论什么条件下方案 A 总是优于方案 B,则称 A 为优势方案;B 为劣势方案,应予以排除。应用优势原则一般不能决定最佳方案,但可以减少可选方案的数量,缩小决策范围。

2. 期望值原则

如果选用的经济指标为收益指标,则应选择期望值大的方案;如果选用的是成本费用指标,则应选择期望值小的方案。

3. 最小方差原则

方差反映了实际发生的方案可能偏离其期望值的程度。在同等条件下,方差越小,意味着项目的风险越小,稳定性和可靠性越高,应优先选择。

根据期望值和最小方差选择的结果往往会出现矛盾。在这种情况下,方案的最终选择与决策者有关。风险承受能力较强的决策者倾向于作出乐观的选择(根据期望值),而风险承受能力较弱的决策者倾向于安全的方案(根据方差)。

4. 最大可能原则

若某一状态发生的概率显著大于其他状态,则可根据该状态下各方案的技术经济指标进行决策,而不考虑其他状态。只有当某一状态发生的概率大大高于其他状态,且各方案在不同状态下的损益值差别不是很大时方可应用最大可能原则。

5. 满意度原则

在工程实践中,由于决策人的理性有限性和时空的限制,既不能找到一切方案,也不能比较一切方案,并非人们不喜欢"最优",而是取得"最优"的代价太高。因此,最优准则只存在于纯粹的逻辑推理中。在实践中只要遵循满意度准则,就可以进行决策,即制定一个足够满意的目标值,将各种可选方案在不同状态下的损益值与此目标值相比较进而作出决策。

三、风险应对

风险应对是指根据风险评价的结果,研究规避、控制与防范风险的措施,为项目全过程风险管理提供依据。风险应对应具有针对性、可行性、经济性,并贯穿于项目评价的全过程。决策阶段风险应对的主要措施包括:强调多方案比选;对潜在风险因素提出必要研究与试验课题;对投资估算与财务(经济)分析,应留有充分的余地;对建设或生产经营期的潜在风险可建议采取回避、转移、分担和自担措施。结合综合风险因素等级的分析结果,应提出下列应对方案:K 级,风险很强,出现这类风险就要放弃项目;M 级,风险强,修正拟议中的方案,通过改变设计或采取补偿措施等;T 级,风险较强,设定某些指标的临界值,指标一旦达到临界值,就要变更设计或对负面影响采取补偿措施;R 级,风险适度(较小),适当采取措施后不影响项目;I 级,风险弱,可忽略。

风险应对的四种基本方法,即**风险规避、风险减轻、风险转移和风险保留**。

(一)风险规避

风险规避是指承包商设法远离、躲避可能发生风险的行为和环境,从而达到避免风险发生的可能,其具体做法有以下三种。

1. 拒绝承担风险

承包商拒绝承担风险的大致情况包括:对某些存在致命风险的工程拒绝投标;利用合同保护自己,不承担应该由业主承担的风险;不接受实力差、信誉不佳的分包商和材料、设备供应商,即使是业主或者有实权的其他任何人的推荐;不委托道德水平低下或其他综合素质不高的中介组织或个人。

2. 承担小风险回避大风险

在项目决策时需要注意,放弃明显导致亏损的项目。对于风险超过自己的承受能力、成功把握不大的项目,不参与投标,不参与合资。有时甚至在工程进行到一半时,预测到后期风险很大,必然有更大的亏损,不得不采取中断项目的措施。

3. 为了避免风险而损失一定的较小利益

利益可以计算,但风险损失是较难估计的,在特定情况下,采用此种做法。如在建材市场有些材料价格波动较大,承包商与供应商提前订立购销合同并付一定数量的定金,从而避免因涨价带来的风险;采购生产要素时应选择信誉好、实力强的分包商,虽然价格略高于市场平均价,但分包商违约的风险减小了。规避风险虽然是一种风险响应策略,但应该承认这是一种消极的防范手段。因为规避风险固然避免损失,但同时也失去了获利的机会。如果企业想生存、图发展,又想回避其预测的某种风险,最好的办法是采用除规避以外的其他策略。

(二)风险减轻

承包商的实力越强,市场占有率越高,抵御风险的能力也就越强,一旦出现风险,其造成的影响就相对小些。如承包商承担一个项目,出现风险会使他难以承受;若承包若干个工程,其中,一旦在某个项目上出现了风险损失,还可以有其他项目的成功加以弥补。这样,承包商的风险压力就会减轻。

在分包合同中,通常要求分包商接受建设单位合同文件中的各项合同条款,使分包商分担一部分风险。有的承包商直接把风险比较大的部分分包出去,将建设单位规定的误期损失赔偿费如数打入分包合同,将这项风险分散。

(三)风险转移

风险转移是指承包商在不能回避风险的情况下,将自身面临的风险转移给其他主体来承担。风险的转移并非转嫁损失,有些承包商无法控制的风险因素,其他主体都可以控制。风险转移一般指对分包商和保险机构。

1. 转移给分包商

工程风险中的很大一部分可以分散给若干分包商和生产要素供应商。例如,对待业主拖欠工程款的风险,可以在分包合同中规定在业主支付给总包后若干日内向分包方支付工程款。承包商在项目中投入的资源越少越好,以便一旦遇到风险,可以进退自如。可以租赁或指令分包商自带设备等措施来减少自身资金、设备沉淀。

2. 工程保险

购买保险是一种非常有效的转移风险的手段,将自身面临的风险很大一部分转移给保险公司来承担。

工程保险是指业主和承包商为了工程项目的顺利实施,向保险人(公司)支付保险费,保险人根据合同约定对在工程建设中可能产生的财产和人身伤害承担赔偿保险金责任。

3. 工程担保

工程担保是指担保人(一般为银行、担保公司、保险公司以及其他金融机构、商业团体或个人)应工程合同一方(申请人)的要求向另一方(债权人)作出的书面承诺。工程担保是工程风险转移的一项重要措施,它能有效地保障工程建设的顺利进行。许多国家政府都在法规中规定要求进行工程担保,在标准合同中也含有关于工程担保的条款。

(四)风险自留

风险自留是指承包商将风险留给自己承担,不予转移。这种手段有时是无意识的,即当初并不曾预测到,不曾有意识地采取种种有效措施,以致最后只好由自己承受;但有时也可以是主动的,即经营者有意识、有计划地将若干风险主动留给自己。

决定风险自留必须符合的条件(满足其中一项即可)包括:自留费用低于保险公司所收取的费用;企业的期望损失低于保险人的估计;企业有较多的风险单位,且企业有能力准确地预测其损失;企业的最大潜在损失或最大期望损失较小;短期内企业有承受最大潜在损失或最大期望损失的经济能力;风险管理目标可以承受年度损失的重大差异;费用和损失支付分布于很长的时间里,因而导致损失很大的机会成本;投资机会很好;内部服务或非保险人服务优良。

如果实际情况与以上条件相反,则应放弃风险自留的决策。

本章小结

不确定性分析通常是对投资方案进行以财务评价和国民经济评价为基础的分析,其旨在用一定的方法考察不确定性因素对方案实施效果的影响程度,分析项目运行风险,以完善投资方案的主要结论,提高投资决策的可靠性和科学性。

盈亏平衡分析也称收支平衡分析或损益平衡分析。盈亏平衡分析是研究建设项目投产后正常年份的产量、成本和利润三者之间的平衡关系,以利润为零时的收益与成本为基础,测算项目的生产负荷状况,度量项目承受风险的能力。

敏感性分析旨在研究和预测项目主要因素浮动时对经济评价指标的影响,分析最敏感的因素对评价指标的影响程度,确定经济评价指标出现临界值时主要敏感因素变化的数量界限,为进一步测定项目评价决策的总体安全性、项目运行承受风险的能力等,提供定性分析的依据。

概率分析又称风险分析,其是利用概率来研究和预测不确定因素对项目经济评价指标的影响的一种定量分析方法。

风险评价是指根据风险识别和风险估计的结果,依据项目风险判断标准,找出影响项目成败的关键风险因素。

思考与练习

一、填空题

1. 不确定性分析的因素分别是_____、_____、_____、_____。
2. 典型的风险态度有_____、_____和_____三种表现形式。
3. 风险应对的四种基本方法，即_____、_____、_____和_____。
4. 风险应对应具有_____、_____、_____，并贯穿于项目评价的全过程。
5. 风险转移一般指对_____和_____。

二、简答题

1. 敏感性分析的目的是什么？
2. 产生不确定性或风险的主要原因是什么？
3. 以评价指标作为判别标准是怎样进行判别的？
4. 承包商拒绝承担风险的大致情况包括哪几个？

第六章　工程项目财务评价

知识目标

1. 了解财务评价的概念与作用，熟悉财务评价的原则和程序，掌握财务评价的内容和财务分析方法；
2. 熟悉财务效益与费用的内容，掌握财务效益与费用估算方法；
3. 掌握财务评价相关报表和财务评价指标的计算。

能力目标

1. 能够掌握财务评价内容并进行财务分析；
2. 能够估算财务效益和费用，确定工程项目寿命周期，计算运营期借款利息，能够进行所得税前和所得税后分析；
3. 能够计算财务评价指标和编制财务评价报表。

第一节　财务评价概述

一、财务评价的概念与作用

财务评价又称财务分析，其是指在国家现行财税制度和市场价格体系下，分析预测项目的财务效益与费用，计算财务评价指标，考察拟建项目的盈利能力、偿债能力，据以判断项目的财务可行性。

财务评价既是经济评价的重要核心内容，又为国民经济评价提供了调整计算的基础。财务评价的作用体现在以下几个方面。

1. 确定项目盈利能力的依据

我国实行企业（项目）法人责任制后，企业法人要对建设项目的筹划、筹资、建设直至生产经营、归还贷款或债券本息以及资产的保值、增值实行全过程负责，承担投资风险。除需要国家安排资金和外部条件需要统筹安排的应按规定报批外，凡符合国家产业政策，由企业投资的经营性项目，其可行性研究报告和初步设计，均由企业法人自主决策。因决策失误或管理不善造成企业法人无力偿还债务的，银行有权依据合同取得抵押资产或由担保人负责偿还债务。因此，企业所有者和经营者对项目盈利水平如何，能否达到行业的基准收益率或企业目标收益率，项目清偿能力如何，是否低于行业基准回收期，能否按银行要求的期限偿还贷款等，将十分关心。另外，国家和地方各级决策部门、财务部门和贷款部门（如银行）对此也非常关心。为了使项目在财务上能站得住脚，故有必要进行项目财务分析。

2. 确定项目资金筹措，制定资金规划的依据

建设项目的投资规模、资金的可能来源、用款计划的安排和筹资方案的选择都是财务评价要解决的问题。为了保证项目所需资金按时提供（资金到位），投资者（国家、地方、企业和其他投资者）、项目经营者和贷款部门也都要知道拟建项目的投资金额，并据此安排资金计划和国家预算。

3. 衡量非经营性项目的财务生存能力

对于非经营性项目，如公益性项目和基础性项目，在经过有关部门批准的情况下，可以实行还本付息价格或微利价格。在这类项目决策中，为了权衡项目，在大多程度上要由国家或地方财政给予必要的支持，例如，进行政策性的补贴或实行减免税等经济优惠措施，同样需要进行财务计算和评价。由于基础性项目大部分属于政策性投融资范围，主要由政府通过经济实体进行投资，并吸引地方、企业参与投资，有的也可吸引外商直接投资，因而，这类项目的投融资既要注重社会效益，也要遵循市场规律，讲求经济效益。

4. 作为合营项目谈判签约的重要依据

合同条款是中外合资项目和合作项目，是双方合作的首要前提，而合同的正式签订又离不开经济效益分析，实际上合同条款的谈判过程就是财务评价的测算过程。

二、财务评价的任务与原则

1. 财务评价的任务

对拟建项目进行财务评价的任务主要有以下几点：

（1）考察和论证拟建项目的获利能力。通过对工程项目的财务评价来判别拟建项目是否值得开工兴建，考察该项目各个技术方案的盈利性，考察拟建项目建设投产后各年盈亏状况，论证拟建项目建成投产后财务上能否自负盈亏、以收支抵有余，能否具有自我发展和自我完善的能力等。

（2）考察和论证拟建项目对贷款的偿还能力。也就是对用贷款进行建设的项目必须从财务上分析其有无偿还贷款的能力，要测算贷款偿还期限。尤其是利用外资贷款的项目或技术引进的项目更要注意建成投产后的创汇能力、外汇效果、外汇贷款利率高低、偿还方式以及偿还能力等。

（3）判断项目的风险性。准确反映对项目经济效益有很大影响的各种因素。一些项目的实施和投入使用受很多因素影响，如产品的市场需求状况、主要投入物的价格及保证程度、产出物的价格和生产成本等。这些因素发生变化时，项目的经济效果也将发生变化。哪些因素对项目经济效果影响大，或可能带来风险，只有通过财务分析和评价以及不确定性分析才能得以确定。

（4）为协调企业利益和国家利益提供依据。当项目的财务效果无法满足相关标准，但国

民经济效果却很好，又是国家急需项目时，国家要用经济手段予以调节使项目在财务上可行。财务评价可以通过考察有关经济因素（如价格、税收、利率等）的变动对分析结果的影响，寻找经济调节方式和幅度，使企业利益和国家利益趋于一致。

2. 财务评价的原则

(1)坚持效益与费用计算口径一致的原则。

(2)坚持以动态分析为主、静态分析为辅的原则。

(3)坚持采用预测价格的原则。

(4)坚持以定量分析为主、定性分析为辅的原则。

三、财务评价的内容

由于工程项目财务评价是凭借一套基本报表和辅助报表编制的，采用一系列评价指标来具体进行的，故其内容主要由基本报表和评价指标两部分组成。

1. 财务评价的基本报表

在进行工程项目财务评价时，所采用的基本报表有**现金流量表、利润与利润分配表、资金来源与运用表、资产负债表及外汇平衡表。**

(1)**现金流量表**。现金流量表是反映项目计算期内各年的现金收支（现金流入和现金流出），用以计算各项动态和静态评价指标，进行项目财务盈利能力分析。按投资计算基础不同，现金流量表可分为以下几种：

1)现金流量表(全部投资)。现金流量表不分投资资金来源，以全部投资作为计算基础，用以计算全部投资所得税前及所得税后财务内部收益率、财务净现值及投资回收期等评价指标，以考察全部投资的盈利能力，为各个投资方案（无论其资金来源及利息是多少）进行比较建立共同基础。

2)项目资本金现金流量表(自有资金)。项目资本金现金流量表从投资者角度出发，以该投资者的出资额作为计算基础，把借款本金偿还和利息支付作为现金流出，用以计算自有资金财务内部收益率、财务净现值等评价指标来考察项目自有资金的盈利能力。

3)投资各方现金流量表。投资各方现金流量表用以计算投资各方内部收益率。

(2)**利润与利润分配表**。利润与利润分配表反映项目生产期内各年的利润总额、所得税及税后利润的分配情况，用以计算投资利润率、投资利税率和资本金利润率等指标。

(3)**资金来源与运用表**。资金来源与运用表反映项目计算期内各年的资金来源、资金运用、盈余资金和累计盈余资金等方面，并表明资金盈余或短缺情况，用于选择资金筹措方案，制订适宜的借款及偿还计划，为编制资产负债表提供依据。

(4)**资产负债表**。资产负债表综合反映项目计算期内各年末资产、负债和所有者权益的增减变化及对应关系，以考察项目资产、负债、所有者权益的结构是否合理，并计算资产负债率、流动比率及速动比率等，进行项目的清偿能力分析。

(5)**外汇平衡表**。外汇平衡表适用于有外汇收支的项目，用以反映项目的外汇来源与外汇运用，表明计算期内各年的外汇余缺程度，进行外汇平衡分析。

2. 财务评价的评价指标

财务评价可分为融资前评价和融资后评价。融资前评价只进行盈利能力分析，此时不用考虑具体债务融资条件，应从项目投资总获利能力的角度，考察项目方案设计的合理性。

融资前评价计算的相关指标可作为初步投资决策与融资方案研究的依据和基础。融资后评价考察项目在拟定融资条件下的盈利能力、偿债能力和财务生存能力，判断项目方案在融资条件下的可行性。融资后评价用于比选融资方案，帮助投资者作出融资决策。财务评价指标见表 6-1。

表 6-1 财务评价指标

财务评价内容		基本报表	静态指标	动态指标
融资前评价	盈利能力分析	项目投资现金流量表	静态投资回收期	财务内部收益率；财务净现值；动态投资回收期
融资后评价	盈利能力分析	项目资本现金流量表	资本金静态投资回收期	资本金财务内部收益率；资本金财务净现值；资本金动态投资回收期
		投资各方现金流量表		投资各方财务内部收益率
		利润与利润能分配表	资本金净利润率；总投资收益率	
	偿债能力分析	借款还本付息估算表	利息备付率；偿债备付率	
	财务生存能力分析	资产负债表	资产负债率；借款偿还期	
		财务计划现金流量表；利润与利润分配表	各年净现金流量；各年累计盈余资金	

四、财务评价的程序

项目财务评价是在产品市场研究、工程技术研究等工作的基础上进行的。其基本工作程序如图 6-1 所示。

第二节　工程项目财务效益与费用识别

财务效益与费用识别是财务评价的重要基础，其准确性与可靠程度直接影响财务评价结论，应引起高度重视。

一、财务效益与费用识别的原则

(1) 财务效益与费用总体上与会计准则和会计以及税收制度相适应。由于财务效益与费

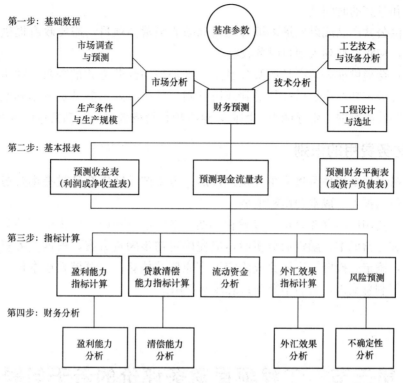

图 6-1 财务评价的程序

用的识别和估算是对未来情况的预测,经济评价中允许做有别于财会制度的处理,但要求在总体上与会计准则和会计以及税收制度相适应。

(2)财务效益与费用识别应遵守有无对比原则。所谓"有项目",是指实施项目后的将来状况,"无项目"是指不实施项目后的将来状况。在识别项目的效益和费用时,需注意只有"有无对比"的差额部分才是由于项目建设增加的效益和费用。采用有无对比法,意在识别增量效益,排除那些由于其他原因产生的效益;找出与增量效益相对应的增量费用,只有这样才能真正体现项目投资的净效益。

(3)财务效益与费用估算范围应体现效益和费用对应一致的原则。在合理确定的项目范围内,对等地估算财务主体的直接效益以及相应的直接费用,避免高估或低估项目的净收益。

(4)财务效益与费用估算应依据明确、价格合理、方法适宜、表述清晰。估算应根据项目性质、类别和行业特点,明确相关政策和其他依据,选取适宜的方法,编制相关表格,辅以必要的文字说明。

二、财务效益的识别

项目财务效益是指项目投产以后,由于销售产品或提供劳务等所获得的营业收入。

市场化运作的经营性项目,其目标是通过销售产品或提供服务实现盈利,其财务效益主要是指该项目所获得的营业收入。如果是国家鼓励发展的经营性项目,可以获得增值税的优惠,按照会计及税收制度,先征后返的增值税应记作补贴收入,作为财务效益核算,不考虑"征"和"返"的时间差。

对于提供公共产品或以保护环境等为目标的非经营性项目，需要政府提供补贴才能维持正常运转，应将补贴列入项目财务收益。

对于为社会提供准公共产品或服务且运营维护采用经营方式的项目，如市政公用、交通、电力项目等，其产出价格往往受到政府管制，营业收入不能满足成本补偿要求，需要政府提供补贴才具有财务生存能力。因此，这类项目财务效益应包括营业收入和补贴收入。

三、财务费用的识别

项目财务费用是指项目建设中及投产以后，为生产、销售产品或提供劳务等支付的费用。其主要包括投资、成本费用和税金。

估算财务费用应与财务分析的步骤相协调。融资前分析时，应先估算建设投资，再估算流动资金和经营成本；融资后分析时，应先确定初步融资方案，根据债务资金计划估算建设期利息，确定总投资。进而完成固定资产原值的估算；通过借款还本付息计算求取项目经营期各年利息支出，最后估算项目总成本费用。

第三节　工程项目财务评价的若干问题

一、工程项目寿命周期

项目寿命周期是指工程项目正常生产经营能够保持的期限，一般情况下用年表示。项目寿命周期是工程项目投资决策分析的基本参数，寿命周期长短对投资方案的经济效益影响很大。因此，需要认真分析并合理地加以确定。

(一)项目寿命周期的确定方法

1. 按产品的寿命周期确定

由于科学技术的迅猛发展，产品更新换代的速度越来越快。而对于一些特定性较强的工程项目，由于其厂房和设备的专用性，当产品已无销路时必须终止生产，同时又很难转产，不得不重建或改建项目。因此，对轻工和家电产品这类新陈代谢较快的项目，就适合按产品的寿命周期确定项目的寿命周期。

2. 按主要工艺设备的经济寿命确定

这种方法适用于通用性较强的制造企业，或者产品生产技术比较成熟，因而更新速度较慢的工程项目类型。

3. 综合分析确定

一般大型复杂的综合项目采用综合分析法确定其寿命周期。如钢铁联合企业规模大，涉及问题多，综合各种因素，我国规定其寿命周期为 20 年左右；机械制造业一般为 10 年左右。

(二)工程项目经济分析中的计算期

工程项目的计算期一般包括两个部分,即建设期和运营期。运营期即项目的寿命周期;运营期又可分为投产期和达产期两个阶段。建设期是经济主体为了获得未来的经济效益而筹措资金、垫付资金或取得其他资源的过程,在此期间只有投资,没有收入,因此,要求项目建设期越短越好。而运营期是投资的回收期和回报期,因而投资者希望其越长越好。

计算期较长且现金流量变化较平稳的项目多以年为时间单位。计算期较短且现金流量在较短的时间间隔内(如月、季、半年或其他非日历时间间隔)有较大变化的项目,如油田钻井开发项目、高科技产业项目等,可视项目的具体情况选择合适的时间单位。

由于工程项目要经历资金的筹集、资金的投入、生产经营和资金的回收等若干阶段才能达到预期的目标,因而工程项目的现金流量也兼有了投资活动、筹资活动和经营活动的特点,具有一定的综合性。

二、运营期借款利息的计算

运营期借款利息支出是指建设投资借款利息和流动资金借款利息之和。

建设投资借款的利息计算方式与建设投资借款的还本付息方式密切相关。建设投资借款的还本付息方式有以下几种:

(1)**等额利息法**。每期付息额相等,期中不还本金,最后一期归还本期利息和本金。

$$I_t = L_a \times i \quad (t=1, 2, \cdots, n) \tag{6-1}$$

$$CP_t = \begin{cases} 0 & (t=1, 2, \cdots, n-1) \\ L_a & (t=n) \end{cases} \tag{6-2}$$

式中 I_t——第 t 期付息额;

CP_t——第 t 期还本额;

n——贷款期限;

i——贷款利率;

L_a——贷款总额。

(2)**等额本金法**。每期偿还相等的本金和相应的利息。

(3)**等额摊还法**。每期偿还本利相等。

(4)**一次性偿付法**。最后一次偿还本利。

(5)**量入偿付法**。根据项目盈利的大小,任意偿还本利,到期末全部还清本息。在以上建设投资借款的还本付息方式中,最常用的是量入偿付法。对于量入偿付法,建设投资借款在生产期发生的利息计算公式为

$$每年支付利息 = 年初本金累计额 \times 年利率 \tag{6-3}$$

为简化计算,还款当年按年末偿还,全年计息。

流动资金利息计算公式为

$$流动资金利息 = 流动资金借款累计金额 \times 年利率 \tag{6-4}$$

三、所得税前与所得税后的分析

在融资前针对建设项目投资总获利能力进行的财务评价中,通常有两种基本的分析形式:一种是所得税前分析;另一种是所得税后分析。所得税前和所得税后分析的现金流入

完全相同,但现金流出略有不同。所得税前分析不将所得税作为现金流出;所得税后分析视所得税为现金流出。

项目投资息税前财务内部收益率($FIRR$)和项目投资息税前财务净现值($FNPV$)是投资盈利能力的完整体现,用以考察由项目方案设计本身所决定的财务盈利能力。它不受融资方案和所得税政策变化的影响,仅仅体现项目方案本身的合理性。所得税税前指标特别适用于建设方案设计中的方案比选,是初步投资决策的主要指标,用于考察项目是否基本可行,并值得去为之融资。

一般为了体现与融资方案无关的要求,项目投资现金流量表中的基础数据都需要剔除利息的影响。因此,项目投资现金流量表中的"所得税"应根据利润与利润分配表中的息税前利润($EBIT$)乘以所得税税率计算,称为"调整所得税"。

所得税后分析是所得税前分析的延伸,主要用于在融资条件下判断项目投资对企业价值的贡献,因而,在项目融资前后财务评价中,特别是融资后财务评价中,是企业投资决策依据的主要指标。

对于经营性项目则需进行所得税后分析,因为所得税对于该类项目是一项重要的现金流出,应该反映在项目的现金流量表中。特别是当各个方案的折旧方法具有显著差别或其减免税优惠条件不同时,更需进行税后分析。

是进行所得税前分析还是所得税后分析,有时主要取决于财务基准收益率是所得税前确定的,还是所得税后确定的。

四、通货膨胀与项目财务分析

通货膨胀对项目财务评价的影响,主要有以下几个方面。

(一)财务分析基本数据

(1)建设投资。建设投资是以基期的价格水平为依据来估算的。在几年的建设中,由于存在通货膨胀,实际的投资额高于基期的建设投资。为了使投资不留缺口,通常的做法是:在通货膨胀率不高的情况下,结合投资构成中的基本预备费一并考虑;在通货膨胀较高的情况下,除基本预备费外,再加一项专门应付通货膨胀的涨价预备费。

(2)产出物价格。通货膨胀会使产品市场价格(时价)持续升高,从而直接影响营业收入的大小。

(3)投入物价格。通货膨胀对原材料、辅助材料、燃料动力等价格都产生影响,从而直接影响产品的成本估算。

(二)借款利率

设 f 表示通货膨胀率,由于 f 的介入,利率可分为浮动利率 i_m 和实际利率 i_r。浮动利率是指不剔除通货膨胀等因素影响的利率,也即银行执行的利率;实际利率是指人们预期价格不变时所要求的利率,也即扣除通货膨胀影响后的利率。f、i_m、i_r 之间的关系可以推导如下:

由
$$i_m = (1+i_r)(1+f) - 1 \tag{6-5}$$

得
$$i_r = \frac{1+i_m}{1+f} - 1 \tag{6-6}$$

$$i_r = i_m - f - i_r f \tag{6-7}$$

当 $i_r f$ 很小时，可以忽略利息购买力的贬值，f、i_m、i_r 之间的关系式可简化为

$$i_r = i_m - f \tag{6-8}$$

(三) 项目财务盈利能力分析

1. 所得税前分析

当项目净现金流量在计算期内各年受相同通货膨胀率影响时，有通货膨胀和无通货膨胀两种情况下的所得税税前内部收益率的实际值是相同的。由于通货膨胀影响，税前内部收益率的实际值（IRR_r）将低于其浮动值（IRR_m）。两者的换算公式为

$$IRR_r = \frac{1 + IRR_m}{1 + f} - 1 \tag{6-9}$$

$$IRR_r = IRR_m - f - IRR_r f \tag{6-10}$$

$$IRR_r = IRR_m - f \tag{6-11}$$

显然，以上公式与实际利率和浮动利率的换算公式完全相同。

2. 所得税后分析

在有通货膨胀和无通货膨胀两种情况下，所得税税后内部收益率的实际值是不相同的。这是因为虽然未来的收益将因通货膨胀而增加，但是各年的折旧费却是一个固定值，并不因通货膨胀而增加。因此，应纳税所得额和所得税额将因通货膨胀而增加，从而使各年税后净现金流减少，进而使税后内部收益率降低。通货膨胀率越高，税后内部收益率的实际值越低。有通货膨胀和无通货膨胀的内部收益率的关系可通过某实例体现出来，其对照情况见表 6-2。

表 6-2 税前税后内部收益率对照表

情况	税前内部收益率/%		税后内部收益率/%	
	名义值	实际值	名义值	实际值
1. 无通货膨胀（$f=0$）	11.99	11.99	8.24	8.24
2. 有通货膨胀				
① $f=6\%$	18.71	11.99	12.78	6.4
② $f=12\%$	25.43	11.99	17.61	5.01

(四) 考虑通货膨胀的财务评价方法

1. 盈利能力分析

(1) 不变价格法。不变价格法采用基期不变价格，投入物和产出物都不考虑通货膨胀率。其优点是在经济稳定通货膨胀率较小时，可以获得较可靠的评价数据且简单易行；缺点是在通货膨胀率较高的情况下，按不变价格计算的各项收支金额不能满足项目建设期用款计划。

(2) 建设期时价法。建设期时价法是工程项目盈利能力分析时常用的方法。它只考虑建设期的通货膨胀因素，以基期数据为基础，投入物和产出物考虑通货膨胀因素到建设期末，但不考虑生产期各种通货膨胀因素。其优点是建设期通货膨胀率较易预测；缺点是通货膨

胀因素考虑得不够全面。

(3)计算期时价法。计算期时价法是在考虑建设期通货膨胀的基础上，再进一步考虑运营期的通货膨胀因素，以基期数据为基础，投入物和产出物都考虑通货膨胀因素到生产期末。其优点是克服了前两种方法的不足；缺点是整个计算期的通货膨胀率不易预测。

2. 偿债能力分析

进行偿债能力分析时，预测计算期内可能存在较为严重的通货膨胀时，应在整个计算期采用包括通货膨胀影响的变动价格计算偿债能力指标，以反映通货膨胀因素对偿债能力的影响。

第四节 财务评价报表与指标

工程项目财务评价的基本报表是根据国内外目前使用的一些不同的报表格式，结合我国实际情况和现行的有关规定设计的。表中的数据没有规定统一的估算方法，但这些数据的估算及其精度对评价结论的影响都是很重要的，评价过程中应特别注意。

一、财务效益估算相关报表

财务效益估算报表主要指营业收入、税金及附加和增值税估算表(表 6-3)。

表 6-3 营业收入、营业税金及附加和增值税估算表　　　　　　　　万元

序号	项目	合计	计算期					
			1	2	3	4	…	n
1	营业收入							
1.1	产品 A 营业收入							
	单价							
	数量							
	销项税额							
	产品 B 营业收入							
	单价							
	数量							
	销项税额							
	…							
2	税金与附加							

续表

序号	项目	合计	计算期					
			1	2	3	4	…	n
2.1	资源税							
2.2	消费税							
2.3	城市维护建设税							
2.4	教育费附加							
3	增值税							
	销项税额							
	进项税额							

二、财务费用估算相关报表

项目财务费用估算的相关报表主要指全部投资现金流量表、自有资金现金流量表、损益表、资金来源与运用表、资产负债表及财务外汇平衡表。

1. 全部投资现金流量表

全部投资现金流量表(表 6-4)不分投资资金来源,以全部投资作为计算基础,用以计算全部投资所得税前及所得税后财务内部收益率、财务净现值及投资回收期等评价指标,考察项目全部投资的盈利能力,为各个投资方案(无论其资金来源及利息多少)进行比较建立共同基础。

表 6-4　全部投资现金流量表

序号	项目	合计	建设期		投产期		达到设计能力生产期			
			1	2	3	4	5	6	…	n
	生产负荷/%									
1	现金流入									
1.1	产品销售收入									
1.2	回收固定资产									
1.3	回收流动资金									
1.4	其他收入									
2	现金流出									
2.1	固定资产投资									
2.2	流动资金									
2.3	经营成本									

续表

序号	项目	合计	建设期		投产期		达到设计能力生产期			
			1	2	3	4	5	6	...	n
2.4	销售税金及附加									
2.5	所得税									
3	净现金流量									
4	累计净现金流量									
5	所得税前净现金流量									
6	所得税前累计净现金流量									

计算指标：所得税前　　　　　　　　　　所得税后
　　　　　财务内部收益率($FIRR$)=　　　财务内部收益率($FIRR$)=
　　　　　财务净现值($FNPV$)=　　　　　财务净现值($FNPV$)=
　　　　　投资回收期(P_t)=　　　　　　投资回收期(P_t)=

2. 自有资金现金流量表

自有资金现金流量表(表6-5)从投资者角度出发，以投资者的出资额作为计算基础，把借款本金偿还和利息支出作为现金流出，用以计算自有资金财务内部收益率、财务净现值及投资回收期等评价指标，考察项目自有资金的盈利能力。

表6-5　自有资金现金流量表

序号	项目	合计	建设期		投产期		达到设计能力生产期			
			1	2	3	4	5	6	...	n
	生产负荷/%									
1	现金流入									
1.1	产品销售收入									
1.2	回收固定资产									
1.3	回收流动资金									
1.4	其他收入									
2	现金流出									
2.1	自有资金									
2.2	借款本金偿还									
2.3	借款利息支出									
2.4	经营成本									

续表

序号	项 目	合 计	建设期		投产期		达到设计能力生产期			
			1	2	3	4	5	6	…	n
2.5	销售税金及附加									
2.6	所得税									
3	净现金流量(1−2)									
计算指标：财务内部收益率($FIRR$)＝ 　　　　财务净现值($FNPV$)＝										

3. 损益表

损益表(表6-6)反映项目计算期内各年的利润总额、所得税及税后利润的分配情况，用以计算投资利润率、投资利税率和资本金利润率等指标。

表6-6 损益表

序号	项 目	投产期		达到设计能力生产期			
		3	4	5	6	…	n
	生产负荷/％						
1	产品销售(营业)收入						
2	销售税金及附加						
3	产品总成本及费用 其中：折旧费 　　　摊销费						
4	利润总额(1−2−3)						
5	弥补前年度亏损						
6	应纳税所得额(4−5)						
7	所得税						
8	税后利润(4−7)						
9	盈余公积金						
10	公益金						
11	应付利润 本年应付利润 未分配利润转分配						
12	未分配利润						
13	累计未分配利润						

4. 资金来源与运用表

资金来源与运用表(表 6-7)反映项目计算期内各年的资金盈余或短缺情况,用于选方案、制订适宜的借款及偿还计划,并为编制资产负债表提供依据。

表 6-7 资金来源与运用表

序号	项目	合计	建设期		投产期		达到设计能力生产期			
			1	2	3	4	5	6	…	n
	生产负荷/%									
1	资金来源									
1.1	利润总额									
1.2	折旧费									
1.3	摊销费									
1.4	长期借款									
1.5	流动资金借款									
1.6	短期借款									
1.7	资本金									
1.8	其他									
1.9	回收固定资产余值									
1.10	回收流动资金									
2	资金运用									
2.1	固定资产投资									
2.2	流动资金									
2.3	建设期贷款利息									
2.4	所得税									
2.5	应付利润									
2.6	长期借款本金偿还									
2.7	流动资金借款本金偿还									
2.8	其他短期借款本金偿还									
3	盈余资金									
4	累计未分配利润									

5. 资产负债表

资产负债表(表 6-8)综合反映项目计算期内各年末资产、负债和所有者权益的增减变化及对应关系,以考察项目资产、负债、所有者权益的结构是否合理,用以计算资产负债率、流动比率及速动比率,进行清偿能力分析。资产负债表的编制依据是"资产=负债+所有者权益"。

表 6-8 资产负债表

序号	项目	建设期		投产期		达到设计能力生产期			
		1	2	3	4	5	6	…	n
1	资产								
1.1	流动资产								
1.1.1	应收账款								
1.1.2	存货								
1.1.3	现金								
1.1.4	累计盈余资金								
1.1.5	其他流动资产								
1.2	在建工程								
1.3	固定资产								
1.3.1	原值								
1.3.2	累计折旧								
1.3.3	净值								
1.4	无形及其他递延资产净值								
2	负债及所有者权益								
2.1	流动负债总额								
2.1.1	应付账款								
2.1.2	其他短期债款								
2.1.3	其他流动负债								
2.2	中长期借款								
2.2.1	中期借款(流动资金)								
2.2.2	长期借款								
	负债小计								
2.3	所有者权益								
2.3.1	资本金								
2.3.2	资本公积金								
2.3.3	累计盈余公积金								
2.3.4	累计未分配利润								
	清偿能力分析： 资产负债率/% 流动比率/% 速动比率/%								

6. 财务外汇平衡表

财务外汇平衡表(表 6-9)适用于有外汇收支的项目，用以反映项目计算期内各年外汇余缺程度，进行外汇平衡分析。

表 6-9 财务外汇平衡表

序号	项目	合计	建设期		投产期		达到设计能力生产期			
			1	2	3	4	5	6	...	n
	生产负荷/%									
1	外汇来源									
1.1	产品销售外汇收入									
1.2	外汇借款									
1.3	其他外汇收入									
2	外汇应用									
2.1	固定资产投资中外汇支出									
2.2	进口原材料									
2.3	进口零部件									
2.4	技术转让费									
2.5	偿付外汇借款本息									
2.6	其他外汇支出									
2.7	外汇余缺									

注：1. 其他外汇收入包括自筹外汇等；
2. 技术转让费是指生产期支付的技术转让费。

三、财务评价指标

工程项目经济效果可采用不同的指标来表达，任何一种评价指标都是从一定的角度、某一个侧面反映项目的经济效果的，总会带有一定的局限性。因此，需建立一整套指标体系来全面、真实、客观地反映项目的经济效果。

工程项目财务评价指标体系根据不同的标准，可作不同的分类。根据计算项目财务评价指标考虑资金的时间价值，可将常用的财务评价指标分为静态评价指标和动态评价指标两类(图 6-2)。静态评价指标主要用于技术经济数据不完备和不精确的方案初选阶段，或对寿命期比较短的方案进行评价；动态评价指标则用于方案最后决策前的详细可行性研究阶段，或对寿命期较长的方案进行评价。

项目财务评价按评价内容的不同，还可分为盈利能力分析指标、清偿能力分析指标和不确定性分析指标(图 6-3)。

项目财务评价根据评价指标的性质，可分为时间性评价指标、价值性评价指标、比率性评价指标(图 6-4)。

根据上述有关财务效益分析内容及财务基本报表和财务评价分析指标体系，不难看出它们之间存在着一定的对应关系，见表 6-10。

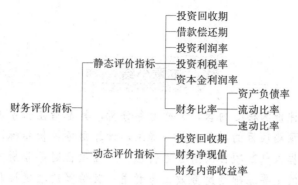

图 6-2 财务评价指标体系(一)

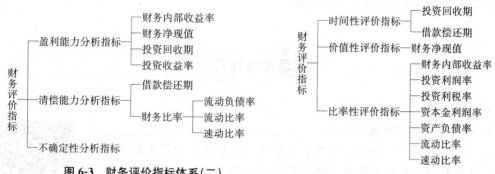

图 6-3 财务评价指标体系(二) 　　　　图 6-4 财务评价指标体系(三)

表 6-10 财务效益分析指标与基本报表的关系

分析内容	基本报表	静态指标	动态指标
盈利能力分析	现金流量表(全部投资)	全部投资回收期	财务内部收益率 财务净现值 动态投资回收期
	现金流量表(自有资金)		财务内部收益率 财务净现值
	利润表	投资利润率 投资利税率 资本金利润率	
清偿能力分析	借款还本付息计算表 资金来源与运用表 资产负债表	借款偿还期 资产负债率 流动比率 速动比率	
外汇平衡	财务外汇平衡表		
其 他		价值指标或实物指标	

本章小结

　　财务评价是经济评价的核心内容,又称财务分析,其是指在国家现行财税制度和市场价格体系下,分析、预测项目的财务效益与费用,计算财务评价指标,考察拟建项目的盈利能力、偿债能力,据以判断项目的财务可行性。工程项目财务分析分为融资前分析和融资后分析。财务分析的重要基础是财务效益与费用,其估算的准确性与可靠程度直接影响财务分析结论,估算步骤应该与财务分析的步骤相匹配。本章中,还应重点掌握财务评价的若干其他问题及财务指标的计算方法。

思考与练习

一、填空题

1. 项目寿命周期的确定方法有_____、_____、_____。
2. 进行偿债能力分析时,预测计算期内可能存在较为严重的通货膨胀时,应在整个计算期采用包括通货膨胀影响的_____计算偿债能力指标,以反映_____对偿债能力的影响。

二、简答题

1. 财务评价的作用体现在哪几个方面?
2. 财务评价的任务是什么?
3. 财务评价的原则是什么?
4. 财务效益与费用识别应遵循哪些原则?
5. 怎样对财务费用进行识别?

参考答案

第七章 工程项目国民经济评价

知识目标

1. 了解国民经济评价的概念、作用及其与财务评价的关系，熟悉国民经济评价基本原理，掌握国民经济评价的内容与步骤；
2. 了解国民经济费用与效益的识别原则，掌握国民经济费用与效益的识别方法；
3. 掌握国民经济评价参数；
4. 掌握国民经济评价报表的编制方法和指标计算。

能力目标

1. 能进行国民经济费用与效益的识别；
2. 能识别国民经济费用与效益，进行国民经济评价。

第一节 国民经济评价概述

一、国民经济评价的概念与作用

国民经济评价是指从国民经济整体利益出发，遵循费用与效益统一划分的原则，用影子价格、影子工资、影子汇率和社会折现率计算分析项目给国民经济带来的净增量效益，以此来评价项目的经济合理性和宏观可行性，实现资源的最优利用和合理配置。国民经济评价是工程项目经济评价的重要组成部分。

相对于人们的需要，任何一个国家的资源都是有限的，而一种资源用于某一方面，其他方面就不得不减少这种资源的使用量，这就使国家必须按照一定的准则对资源的配置作出合理的选择。例如，公路建设项目，就该项目自身而言，如果是公益性的基础设施建设，不是收费公路，则在财务上项目没有收费，无法进行财务上的评价；但从国民经济的整体来看，公路的建设将大大增加旅客、货物的运输量，节约旅客、货物的在途时间，缓解其他道路的拥挤状况，给周边地区的土地带来增值等，这些都是国民经济效益。再例如小型冶炼厂，虽然在财务上有生存能力，也能为某一小区域的经济带来效益，但是，它造成的严重环境污染和资源浪费，都是国民经济付出的代价。因此许多项目的实施，不仅仅要考虑项目本身的效益和费用情况，也要考虑到该项目对整个国民经济产生的影响，即由国民经济评价为该类项目是否可行提供决策依据。

国民经济评价是针对项目所进行的宏观效益分析，其主要目的是实现国家资源的优化配置和有效利用，以保证国民经济能够可持续地稳定发展。国民经济评价的作用主要体现在以下三个方面。

1. 可以从宏观上优化配置国家的有限资源

对于一个国家而言，资金、土地、劳动等用于发展的资源总是有限的，资源的稀缺与社会需求的增长之间存在着较大的矛盾。只有通过优化资源配置，使资源得到最佳利用，才能有效地促进国民经济的发展。只有通过国民经济评价，才能从宏观上引导国家对有限的资源进行合理配置，鼓励和促进那些对国民经济有正面影响的项目的发展，而相应抑制和淘汰那些对国民经济有负面影响的项目。

2. 可以真实反映工程项目对国民经济的净贡献

在包括我国在内的很多国家里，由于产业结构不合理、市场体系不健全以及过度保护民族工业等原因，导致国内的价格体系产生比较严重的扭曲和失真，不少商品的价格既不能反映其价值，也不能反映供求关系。在此情况下，按现行价格计算工程项目的投入与产出，无法正确反映项目对国民经济的影响。只有通过国民经济评价，运用能反映商品真实价值的影子价格来计算项目的费用与效益，才能真实反映工程项目对国民经济的净贡献，从而判断项目的建设对国民经济总目标的实现是否有利。

3. 可以使投资决策科学化

通过国民经济评价，合理运用经济净现值、经济内部收益率等指标以及影子汇率、影子价格、社会折现率等参数，可以有效地引导投资方向，控制投资规模，提高计划质量。对于国家决策部门和经济计划部门，必须高度重视国民经济评价的结论，将工程项目的国民经济评价作为重要的决策手段，使投资决策科学化。

二、国民经济评价的基本原理

项目的国民经济评价使用基本的经济评价理论，采用费用效益分析方法，即费用与效益比较的理论方法，寻求以最小的投入（费用）获取最大的产出（效益）。国民经济评价采取"有无对比"方法识别项目的费用和效益；采取影子价格理论方法估算各项费用和效益；采用现金流量分析方法，使用报表分析，采用内部收益率、净现值等经济盈利性指标进行定量的经济效益分析。

国民经济评价的主要工作包括：识别国民经济的费用与效益、测算和选取影子价格、编制国民经济评价报表、计算国民经济评价指标并进行方案比选。

"有无对比"方法是经济评价的基本方法，在项目的国民经济评价中，采取将"有"项目与"无"项目两种不同条件下国民经济的不同情况对比，识别项目的费用和效益。"对比"方法是经济学中一般的方法，项目的不同方案之间的对比是两种方案费用和效益识别的基本方法。在实践中，也采取将两种方案分别与"无"方案对比，再将结果比较，识别和计算两个方案的差别费用效益。

影子价格理论最初来自求解数学规划，在求解一个"目标"最大化数学规划的过程中，发现每种"资源"对于"目标"都有着边际贡献。即这种"资源"每增加一个单位,"目标"机会就会增加一定的单位,不同的"资源"有着不同的边际贡献。这种"资源"对于目标的边际贡献,被定义为"资源"的影子价格。在国民经济评价中采用了这种影子价格的基本思想,采取不同于财务价格的一种理论上的影子价格衡量项目耗用资源及产出贡献的真实价值。从理论上来说,如果有办法将国民经济归纳为一个数学规划,各种资源及产品的影子价格可以由求解规划统一确定,但实践中目前还不具备这样做的能力。实践中采取替代用途、替代方案分析来估算项目的各种投入和产出的影子价格。对于项目的投入物,影子价格是其所有其他用途中价值最高的价格。对于项目的产出物,影子价格采用其替代供给产品的最低成本或用户支付意愿中的较低者。

国民经济评价需要遵循费用和效益的计算范围对应一致的基本原则。在国民经济评价中,需要计算项目的外部费用和外部效益。外部费用和外部效益计算中,计算范围的确定需要仔细分析。容易出现的一种偏差是效益的扩大化。一种谨慎的解决办法是,在衡量一项效益是否应当计入本项目的外部效益时,分析一下带来这种效益是否还需要本项目以外其他的投入(费用)。

在国民经济评价中,方案优化遵循基本的经济分析法则。国民经济评价目标是资源的最优配置,资源使用获得最大的经济效益。实践中,通常采取总量效益最大化或单位效率最大化两种方法。从资源的最有效利用考虑,总量效益最大化是基本原则。在使用单位效率最大化方法时,需要分析是否会与总量效益最大化的原则相冲突。

三、国民经济评价的内容与步骤

(一)国民经济评价的范围和内容

需要进行国民经济评价的项目及其内容主要有以下几个方面。

1. 基础设施项目和公益性项目

财务评价通过市场价格度量项目的收支情况,考察项目的盈利能力和偿债能力。在市场经济条件下,企业财务评价可以反映出项目给企业带来的直接效益。但由于外部经济性的存在,企业财务评价不可能将项目产生的效益全部反映出来。尤其是铁路、公路、市政工程、水利电力等项目,其外部效益非常显著,必须采用国民经济评价将外部效益内部化。

2. 市场价格不能真实反映价值的项目

由于某些资源的市场不存在或不完善,这些资源的价格为零或很低,因而往往被过度使用。另外,由于国内统一市场尚未形成,或国内市场未与国际市场接轨,失真的价格会使项目的收支状况变得过于乐观或过于悲观,因而有必要通过影子价格对失真的价格进行修正。

3. 资源开发项目

自然资源、生态环境的保护和经济的可持续发展,意味着为了长远整体利益,有时必须牺牲眼前的局部利益。那些涉及自然资源保护、生态环境保护的项目,必须通过国民经济评价客观选择社会对资源使用的时机,如国家控制的战略性资源开发项目、动用社会资源和自然资源较大的中外合资项目等。

(二)国民经济评价的步骤

国民经济评价可以在财务评价的基础上进行,也可以直接进行。

1. 直接进行国民经济评价的程序

(1)识别和计算项目的直接效益、间接效益、直接费用、间接费用，以影子价格计算项目效益和费用。

(2)编制国民经济评价基本报表。

(3)依据基本报表进行国民经济评价指标计算。

(4)依据国民经济评价的基准参数和计算指标进行国民经济评价。

2. 在财务评价的基础上进行国民经济评价的程序

(1)经济价值调整。剔除在财务评价中已计算为效益或费用的转移支付，增加财务评价中未反映的外部效果，用影子价格计算项目的效益和费用。

(2)编制国民经济评价基本报表。

(3)依据基本报表进行国民经济评价指标计算。

(4)依据国民经济的基准参数和计算指标进行国民经济评价。

以上两种方法，区别在于效益和费用的计算程序不同。国民经济评价各步骤之间的关系可用图 7-1 表示。

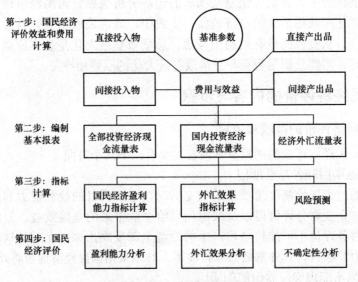

图 7-1　国民经济评价的程序

四、国民经济评价与财务评价的关系

工程项目财务评价和国民经济评价的结论是项目决策的主要依据。财务评价注重的是项目的盈利能力和财务生存能力，而国民经济评价注重的则是国家经济资源的合理配置以及项目对整个国民经济的影响。财务评价是国民经济评价的基础，国民经济评价则是财务评价的深化。两者相辅相成，互为参考和补充，既有联系又有区别。

1. 财务评价和国民经济评价的共同点

财务评价和国民经济评价的共同点见表 7-1。

2. 财务评价与国民经济评价的区别

财务评价与国民经济评价的区别见表 7-2。

表 7-1　财务评价和国民经济评价的共同点

序号	项　目	内　容
1	评价目的相同	都以寻求经济效益最好的项目为目的,都要寻求以最小的投入获得最大的产出
2	评价基础相同	都要在完成项目的市场预测、方案构思、投资估算和资金筹措的基础上进行,评价的结论也都取决于项目本身的客观条件
3	评价分析方法以及评价指标类似	都采用现金流量法通过基本报表来计算净现值、内部收益率等经济指标,经济指标的含义也基本相同。两者也都是从项目的成本与收益着手,来评价项目的经济合理性以及项目建设的可行性

表 7-2　财务评价与国民经济评价的区别

序号	项　目	内　容
1	评价的角度不同	财务评价是站在企业的立场,从项目的微观角度按照现行的财税制度去分析项目的盈利能力和贷款偿还能力,以判断项目的财务可行性;而国民经济评价则是站在国家立场,从国民经济综合平衡的宏观角度去分析项目对国民经济发展、国家资源配置等方面的影响,以分析项目的国民经济合理性
2	费用与效益的划分不同	财务评价根据项目的实际收支来计算项目的效益与费用,凡是项目的收入均计为效益,凡是项目的支出均计为费用,如工资、税金、利息都作为项目的费用,财政补贴则作为项目的效益;而国民经济评价,则根据项目实际耗费的有用资源以及项目向社会贡献的有用产品或服务来计算项目的效益与费用。在财务评价中作为费用或效益的税金、国内借款利息、财政补贴等,在国民经济评价中被视为国民经济内部转移支付,不作为项目的费用或效益。而在财务评价中不计为费用或效益的环境污染、降低劳动强度等,在国民经济评价中则需计为费用或效益
3	使用的价格体系不同	在分析项目的费用与效益时,财务评价使用的是以现行市场价格体系为基础的预测价格;而考虑到国内市场价格体系的失真,国民经济评价使用的是对现行市场价格进行调整后所得到的影子价格体系。影子价格能够更确切地反映资源的真实经济价值
4	采用的评价参数不同	财务评价采用的汇率是官方汇率,折现率采用因行业而异的行业基准收益率;而国民经济评价采用的汇率是影子汇率,折现率是国家统一测定的社会折现率
5	评价的组成内容不同	一般而言,财务评价主要包括盈利能力分析、清偿能力分析和外汇平衡分析三方面的内容;而国民经济评价只包括盈利能力分析和外汇效果分析两方面的内容

3. 国民经济评价结论与财务评价结论的关系

很多情况下,工程项目财务评价和国民经济评价的结论是一致的,但由于财务评价和国民经济评价有所区别,也有不少时候两种评价的结论是不同的。可能出现的四种情况及相应的决策原则如下所述:

(1)财务评价和国民经济评价均可行的项目,应予以通过。

(2)财务评价和国民经济评价均不可行的项目,应予以否定。

(3)财务评价不可行、国民经济评价可行的项目应予以通过，但国家和主管部门应采取相应的优惠政策，如减免税、财政补贴等，使项目在财务上具有生存能力。

(4)财务评价可行、国民经济评价不可行的项目，应予以否定或者重新考虑方案，进行"再设计"。

第二节 费用与效益分析

项目的国民经济效益是指项目对国民经济所做的贡献，可分为直接效益和间接效益；项目的国民经济费用是指国民经济为项目付出的代价，可分为直接费用和间接费用。

费用效益法是发达国家广泛采用的对项目进行国民经济评价的方法，也是联合国向发展中国家推荐的评价方法。所谓费用效益分析，是指从国家和社会的宏观利益出发，通过对项目的经济费用和经济效益进行系统、全面的识别和分析，求得项目的经济净收益，并以此来评价项目的国民经济可行性。

费用与效益分析的核心是通过比较各种备选方案的全部预期效益和全部预计费用的现值来评价这些备选方案，并以此作为决策的参考依据。项目的效益是对项目的正贡献，而费用则是对项目的反贡献，或者是项目的损失。必须指出的是，项目的效益和费用是两个相对的概念，都是针对特定的目标而言。例如，由于某生产化工原料的大型项目投产，使得该化工原料的价格下降，从而导致同行业利润的下降，对该行业来说，这是费用；但使用这种原料的生产商的成本则会下降，对这些生产企业来说，则是效益。因此，无论是什么样的项目，在分析、评价的过程中，都有一个费用与效益识别的问题。在项目的国民经济评价中，费用与效益识别通常是比较困难的。正确地识别费用与效益，是保证国民经济评价正确的前提。

一、识别费用与效益的原则

1. 基本原则

国民经济分析的目标是实现社会资源的最优配置，从而使国民收入最大化。凡是增加国民收入的，就是国民经济效益；凡是减少国民收入的，就是国民经济费用。

2. 边界原则

财务分析从项目自身的利益出发，其系统分析的边界是项目。凡是流入项目的资金，就是财务效益，如销售收入；凡是流出项目的资金，就是财务费用，如投资支出、经营成本和税金。国民经济分析则从国民经济的整体利益出发，其系统分析的边界是整个国家。国民经济分析不仅要识别项目自身的内部效果，而且需要识别项目对国民经济其他部门和单位产生的外部效果。

3. 资源变动原则

在计算财务收益和费用时，依据的是货币的变动。凡是流入项目的货币是直接效益；凡是流出项目的货币是直接费用。经济资源的稀缺性意味着一个项目的资源投入会减少这些资源在国民经济其他方面的可用量,从而减少了其他方面的国民收入。从这种意义上说,该项目对资源的使用产生了国民经济费用。凡是减少社会资源的项目投入都产生国民经济费用;凡是增加社会资源的项目产出都产生国民经济收益。

二、直接效益与直接费用

1. 直接效益

直接效益是指由项目产出物直接产生,并在项目范围内计算的经济效益。直接效益的内容包括以下几项:

(1)增加项目产出物(或服务)的数量以增加国内市场的供应量,其效益就是所满足的国内需求。

(2)项目产出物(或服务)替代相同或类似企业的产出物(或服务),使被替代企业减产从而减少国家有用资源的耗用(或损失),其效益就是被替代企业释放出来的资源。

(3)项目产出物(或服务)增加了出口量,其效益就是增加的外汇收入。

(4)项目产出物(或服务)减少了进口量,即替代了进口货物,其效益为所节约的外汇支出。

2. 直接费用

直接费用是指项目使用投入物所产生的,并在项目范围内计算的经济费用。直接费用的内容包括以下几项:

(1)国内其他部门为本部项目提供投入物,而扩大了该部门的生产规模,其费用为该部门增加生产所耗用的资源。

(2)项目投入物本来用于其他项目,由于改用于拟建项目而减少了对其他项目(或最终消费)投入物的供应,其费用为其他项目(或最终消费)因此而放弃的消费。

(3)项目的投入物来自国外,即增加进口,其费用为增加的外汇支出。

(4)项目的投入物本来首先用于出口,为满足项目需求而减少了出口,其费用为减少出口所减少的外汇收入。

注意:交通运输项目的国民经济效益有其特殊表现形式,具体计算查阅《建设项目经济评价方法与参数》一书中的"交通运输项目国民经济效益计算方法"。

在国民经济评价中,工程项目的直接效益和费用的识别与度量通常在财务评价的基础上进行。一般来说,需要对财务费用和效益进行调整。如果某些投入物和产出物的市场价格与影子价格存在偏差,则必须对其按影子价格重新进行估计;在财务评价中被排除的某些费用和效益可能需要补充进来,而另一些在财务评价中已经考虑的费用和效益则可能根据其对经济的整体影响重新进行归类或调整。

三、间接效益与间接费用

间接效益与间接费用是指项目对国民经济作出的贡献或国民经济为项目付出的代价,在直接效益与直接费用中未得到反映的那部分效益和费用。

通常,把与项目相关的间接效益(外部效益)和间接费用(外部费用),统称为外部效果。对外部效果的计算应考虑环境及生态影响效果、技术扩散效果和产业关联效果。对显著的外部效果能定量的,要做定量分析;计入项目的效益和费用,不能定量,应作定性描述。

在计算中，为防止间接效益的扩大化，项目外部效果一般只计算一次相关效果，不应连续扩展。一般情况下，可以考虑以下内容。

1. 环境及生态影响效果

环境及生态影响效果主要是指工业项目排放"三废"造成的环境污染和生态平衡被破坏，**是一种间接费用**。从项目本身讲，环境的污染和生态平衡被破坏所造成的损失并不计入成本；而从全社会的角度讲，这种破坏是全社会福利的损失，是实施该项目的成本。因此，作国民经济评价时，必须把这些在作项目财务评价时不会考虑到的成本计算在内。

2. 技术扩散效果

技术扩散效果通常包括技术培训和技术推广等，这是一种比较明显的技术外部效果，**是一种间接效益**。投资兴建一个技术先进的项目，会培养和造就大量的工程技术人员、管理人员或技术性较强的操作工人。由于人员的流动和技术外流，最终会给整个社会经济的发展带来好处。由于这种效果通常是隐蔽、滞后的，因而对其难以识别和计量，实际中大多只作定性的描述。

3. 产业关联效果

产业关联效果包括对上游企业和下游企业的关联效果。对上游企业的关联效果是指一个项目的建设会刺激为该项目提供原材料或半成品的经济部门的发展；对下游企业的关联效果主要是指生产初级产品的项目对以其产出物为原料的经济部门产生效果。

项目范围内主要为本项目服务的商业、教育、文化、卫生、住宅等生活福利设施的投资，应计为项目的费用。在这些生活设施所产生的效益可视为已经体现在项目的产出效益中，一般不必单独核算。

四、转移支出

从国民经济角度看，项目的某些财务收益和支出，并不真正反映经济整体有用资源的投入和产出的变化，没有造成资源的实际增加或减少，只是表现为资源的使用权从社会的一个实体转到另一个实体手中，是国民经济内部的"转移支出"，不能计为项目的国民经济效益或费用。

1. 国家和地方政府的税收，仅是从项目转移到政府

税收是政府调节分配和供求的手段。对于企业财务评价，纳税确实是一项费用支出；但是对于国民经济评价，它仅仅表示项目对国民经济的贡献有一部分转到政府手中，由政府再分配。项目对国民经济的贡献大小并不随税金的多少而变化，因而它属于国民经济内部的转移支付。

土地税、城乡维护建设税和资源税等是政府为了补偿社会耗费而代为征收的费用，这些税种包含了很多政策因素，并不代表社会为项目付出的代价。因此，原则上这些税种也视为项目与政府间的转移支付，不计为国民经济评价中的费用或效益。

2. 国家或地方政府给予项目的补贴，仅是从政府转移到项目

政府对项目的补贴，仅仅表示国民经济为项目所付出的代价中，有一部分来自政府财务支出；但是，整个国民经济为项目所付代价并不以这些代价自何处为计算依据，更不会由于有无补偿或补贴多少而改变。因此，补贴也不是国民经济评价中的费用或效益。

3. 国内银行借款利息，仅是从项目转移到金融机构

国内贷款利息在企业财务评价中的资本金财务现金流量中是一项费用。对于国民经济评价，它表示项目对国民经济的贡献有一部分转移到了政府或国内贷款机构。项目对国民经济所做贡献的多少，与其所支付的国内贷款利息多少无关。因此，它也不是国民经济评价中的费用或效益。

4. 国外贷款与还本付息

在国民经济评价中，根据分析角度的不同，对国外贷款和还本付息有以下两种不同的处理原则：

(1)是在全部投资效益费用流量表中的处理。在全部投资效益费用流量表中，将国外贷款看作国内投资，以项目的全部投资作为计算基础，对拟建项目使用的全部资源的使用效果进行评价。由于随着国外贷款的发放，国外相应实际资源的支配权力也同时转移到了国内。这些国外贷款资源与国内资源一样，也存在着合理配置的问题。因此，在全部投资效益费用流量表中，国外贷款还本付息与国内贷款还本付息一样，既不作为效益，也不作为费用。

(2)是在国内投资效益费用流量表中的处理。为了考察国内投资对国民经济的实际贡献，应以国内投资作为计算的基础。因此，在国内投资效益费用流量表中，把国外贷款还本付息视为费用。

如果以项目的财务评价为基础进行国民经济评价时，应从财务效益和费用中剔除其中的转移支付部分。

五、费用与效益的估算

经济费用效益分析应采用反映资源真实经济价值的计算价格，来估算项目费用和效益，用以纠正投入物与产出物因市场失灵和政策干预失当所造成的财务现金流量计算的偏差。

项目投资所引发的经济费用或效益的计算应在利益相关者分析的基础上，研究在特定的社会经济背景条件下相关利益主体获得的收益及付出的代价，计算项目相关的费用和效益。计算时，应遵循支付意愿、受偿意愿、机会成本和实价计算原则。

(1)对于具有市场价格的投入物或产出物，其费用或效益的计算应该遵循下列原则：

1)该货物或服务处于竞争性市场环境中，市场价格能够反映支付意愿或机会成本，应采用市场价格作为计算项目投入物或产出物经济价值的依据。

2)如果项目的投入物或产出物的规模很大，项目的实施将足以影响其市场价格，导致"有项目"和"无项目"两种情况下市场价格不一致，理论上应考虑拟建项目对该物品均衡市场价格的影响。在项目评价实践中，可以取两者的平均值作为测算该物品经济价值的依据。

3)对于外贸货物，其投入物或产出物价格应基于国际市场价格进行推算，其价格取值应反映国际市场竞争的实际情况。

(2)对于不具有市场价格或市场价格难以真实反映其经济价值的产出物，应采用下列方法对项目的产品或服务的经济价值进行测算：

1)按照消费者支付意愿的原则，通过其他相关市场价格信号，按照"揭示偏好"的方法，寻找揭示这些影响的隐含价值，对其效果进行间接估算。

2)采用意愿调查评估的方法，按照"表达偏好"的原则进行间接估算。

第三节 国民经济评价参数

国民经济评价参数是指在工程项目经济评价中为计算费用和效益,衡量技术经济指标而使用的一些参数,其主要包括影子价格、影子汇率、影子工资和社会折现率等。

一、影子价格

影子价格是指依据一定原则确定,能反映投入物和产出物真实经济价值,反映市场供求状况,反映资源稀缺程度,使资源得到合理配置的价格。影子价格是一种虚拟价格,是为了实现一定的社会经济发展目标而人为确定、更为合理的价格。进行国民经济评价时,项目的主要投入物和产出物价格,原则上都应采用影子价格。为了简化计算,在不影响评价结论的前提下,可只对其价格在效益或费用中所占比重较大或国内价格明显不合格的产出物或投入物使用影子价格。

(一)市场机制定价货物的影子价格

随着我国市场经济的发展和贸易范围的扩大,大部分货物由市场定价,受供求影响,其价格可以近似反映其真实价值,进行国民经济评价时,可将这些货物的市场价格加减国内运杂费等作为影子价格。只是在确定其影子价格前,应先将货物区分为外贸货物和非外贸货物。

1. 外贸货物影子价格

所谓外贸货物,是指其使用或产生将对国家进出口产生直接或间接影响的货物,主要包括产出物直接出口、间接出口或替代进口的货物;投入物中直接进口、间接进口或减少出口(原可用于出口)的货物。

外贸货物影子价格的确定,实际将要发生的口岸价格为基础,按照项目各项产出和投入对国民经济的影响,根据口岸、项目所在地、投入物的国内产地、项目产出物的主要市场所在地以及交通运输条件的差异,对流通领域的费用支出进行调整而分别制定。具体的确定方法可分为以下两种情况:

(1)产出物。直接出口的产出物的影子价格等于离岸价格(出口货物的离境交货价格)减去国内运输费用和贸易费用,即

$$SP = FOB \times SER - (T_1 + T_{R1}) \tag{7-1}$$

式中 SP——影子价格;

FOB——以外汇计价的离岸价格;

SER——影子汇率;

T_1——拟建项目所在地到口岸的运输费用;

T_{R1}——拟建项目所在地到口岸的贸易费用。

间接出口的产出物的影子价格等于离岸价格减去原供应厂到口岸的运输费用和贸易费用,加上原供应厂到用户的运输费用和贸易费用,再减去拟建项目到用户的运输费用和贸

易费用，即

$$SP = FOB \times SER - (T_2 + T_{R2}) + (T_3 + T_{R3}) - (T_4 + T_{R4}) \tag{7-2}$$

式中　T_2，T_{R2}——分别为原供应厂到口岸的运输费用和贸易费用；

T_3，T_{R3}——分别为原供应厂到用户的运输费用和贸易费用；

T_4，T_{R4}——分别为拟建项目到用户的运输费用和贸易费用。

当原供应厂和用户难以确定时，可按直接出口计算。

替代进口的产出物的影子价格等于到岸价格（进口货物到达本国口岸的价格，包括货物的国外购买费用、运输到本国口岸的费用和保险费用），减去拟建项目到用户的运输费用及贸易费用，再加上口岸到原用户的运输费用和贸易费用，即

$$SP = CIF \times SER - (T_4 + T_{R4}) + (T_5 + T_{R5}) \tag{7-3}$$

式中　CIF——以外汇计价的原进口货物的到岸价格；

T_5——口岸到原用户的运输费用；

T_{R5}——口岸到原用户的贸易费用。

当具体用户难以确定时，可只按到岸价格计算。

（2）投入物。直接进口的投入物的影子价格等于到岸价格加国内运输费用和贸易费用，即

$$SP = CIF \times SER + (T_1 + T_{R1}) \tag{7-4}$$

式中符号的意义同前。

间接进口的投入物的影子价格等于到岸价格加上口岸到原用户的运输费用和贸易费用，减去供应厂到原用户的运输费用和贸易费用，加上供应厂到拟建项目的运输费用和贸易费用，即

$$SP = CIF \times SER + (T_5 + T_{R5}) - (T_3 + T_{R3}) + (T_6 + T_{R6}) \tag{7-5}$$

式中　T_6——供应厂到拟建项目的运输费用；

T_{R6}——供应厂到拟建项目的贸易费用。

当原供应厂和用户难以确定时，可直接按进口计算。

减少出口的投入物的影子价格等于离岸价格减去原供应厂到口岸的运输费用和贸易费用，再加上供应厂到拟建项目的运输费用和贸易费用，即

$$SP = FOB \times SER - (T_2 + T_{R2}) + (T_6 + T_{R6}) \tag{7-6}$$

式中符号的意义同前。

当原供应厂难以确定时，可只按离岸价格计算。

2. 非外贸货物影子价格

非外贸货物是指生产和使用对国家进出口不产生影响的货物，除了包括所谓的天然非外贸货物，如国内建筑、国内运输、商业及其他基础设施的产品和服务以外，还包括由于地理位置所限而使国内运费过高不能进行外贸的货物以及受国内外贸易政策和其他条件限制而不能进行外贸的货物等所谓的非天然非外贸货物。

非外贸货物影子价格的确定原则和方法，可分为以下两种情况：

（1）产出物。

1）增加供应数量，满足国内消费的项目产出物。若国内市场供求均衡，应采用市场价格定价；若国内市场供不应求，应参照国内市场价格并考虑价格变化的趋势定价，但不应

高于质量相同的同类产品的进口价格;对于无法判断供求情况的,则取以上价格中的较低者。

2)不增加国内市场供应数量,只是替代其他生产企业的产出物,使其减产或停产的项目产出物。若质量与被替代产品相同,应按被替代产品的可变成本分解定价;若产品质量有所提高的,应按被替代产品的可变成本加上因产品质量提高而带来的国民经济效益(可近似地按国际市场价格与被替代产品价格之差来确定)定价,也可按国内市场价格定价。

3)占国内市场份额较大,项目建成后会导致市场价格下跌的项目产出物。可按照项目建成前的市场价格和建成后的市场价格的平均值定价。

(2)投入物。

1)能通过原有企业挖潜(无须增加投资)而增加供应的,按分解成本(通常仅分解可变成本)定价。

2)需要通过增加投资扩大生产规模以满足拟建项目需求的,按分解成本(包括固定成本分解和可变成本分解)定价。当难以获得分解成本所需资料时,可参照国内市场价格定价。

3)项目计算期内无法通过扩大生产规模来增加供应量的(减少原用户供应量),取国内市场价格、国家统一价格加补贴、协议价格中较高者定价。

(二)国家调控价格货物的影子价格

目前,在我国价格管理体制条件下,有些货物(或服务)不完全由市场机制形成价格,还受国家宏观调控的制约,其主要包括指导价、最高限价、最低限价等。调控价格不能完全反映货物的真实价值。在进行国民经济评价时,其影子价格应采用特殊方法确定,即投入物按机会成本分解定价,产出物按消费者支付意愿定价。

1. 电价

电力作为项目投入物时的影子价格,一般按完全成本分解定价,电力过剩时按可变成本分解定价;作为项目产出物的影子价格,可按电力对当地经济的边际贡献定价。

2. 铁路运价

铁路作为项目投入物时的影子价格,一般按完全成本分解定价,对运力有富余的路段,按可变成本分解定价;铁路项目的国民经济效益按"有无法"计算运输费用节约等效益。

3. 水价

水作为项目投入物时的影子价格,按后备水源的边际成本分解定价,或按恢复水功能的成本计算;作为项目产出物的影子价格,按消费者支付意愿(一般消费者承受能力加政府补贴)计算。

(三)特殊投入物影子价格

项目的特殊投入物是指项目在建设、生产运营中使用的劳动力、土地和自然资源等物品。特殊投入物影子价格的构成与确定,见表7-3。

表 7-3 特殊投入物影子价格的构成与确定

序号	项目	构成	确定方法
1	劳动力影子价格	劳动力作为一种资源被项目使用时，国民经济评价采用"影子工资"计算其费用。影子工资是国民经济为项目使用劳动力所付出的真实代价，由劳动力机会成本和劳动力就业或转移而引起的新增资源耗费两部分构成。 (1)劳动力机会成本是指项目的劳动力如果不用于拟建项目使用而用于其他生产经营活动所能创造的最大效益。它与劳动力的技术熟练程度、过剩或稀缺程度有关，技术熟练程度和稀缺程度越高，其机会成本越高；反之，越低。 (2)劳动力就业或转移而引起的新增资源耗费是指因项目使用劳动力而引起的培训费用、劳动力搬迁费用、城市管理费用、城市交通等基础设施投资费用等	在国民经济评价中，影子工资作为经济费用计入经营费用。为了计算方便，其计算公式为 影子工资＝(财务工资＋职工福利基金)×影子工资换算系数 影子工资换算系数是影子工资与财务评价中劳动力的工资和福利费之比值。影子工资换算系数是工程项目国民经济评价的通用参数，由国家相关部门根据我国劳动力的状况、结构及就业水平等测定和发布。根据目前我国劳动力市场状况，一般建设项目的影子工资换算系数为1。若依据充分，某些特殊项目可依据当地劳动力的充裕程度以及所用劳动力的技术熟练程度，适当地提高或降低影子工资换算系数。对于压力很大的地区，如果是占用大量非熟练劳动力的项目，影子工资换算系数取值可小于1；如果是占用大量专业技术人员的项目，影子工资换算系数取值可大于1
2	土地影子价格	土地是一种不可再生资源，除荒漠戈壁和严寒极地暂时无法为人类利用外，其余的土地，尤其是城市建设用地总是表现出稀缺性。土地影子价格反映土地用于拟建项目而使社会为此放弃的国民经济效益，以及国民经济为此增加的资源消耗。 土地影子价格包括两部分： (1)土地的机会成本。按照土地因项目占用而放弃的"最好可替代用途"的净收益测算，原则上根据具体项目情况，由项目评价人员自行测算。在难以测算的情况下，可参考有关土地分类、土地净收益和经济区域划分的规定执行。 (2)因土地占用而新增加的社会资源消耗，如拆迁费、劳动力安置费、养老保险费等	(1)农用土地的影子价格是指项目占用农用土地使国家为此损失的收益，由土地的机会成本和占用土地而引起的新增资源消耗两部分构成。土地机会成本按项目占用土地而使国家为此损失的该土地最佳替代用途的净效益计算。土地影子价格中新增资源消耗，一般包括拆迁费用和劳动力安置费用。 土地影子价格可以直接从机会成本和新增资源消耗两方面求得，也可在财务评价土地费用的基础上调整计算得出。项目实际征地费用包括三部分：一是机会成本性质的费用，如土地补偿费、青苗补偿费等，应按机会成本的计算方法调整计算；二是新增资源消耗，如拆迁费用、剩余劳动力安置费用、养老保险费用等，应按影子价格调整计算；三是转移支付，如粮食开发基金、耕地占用税等，应予以剔除。 (2)城镇土地影子价格计算。通常按市场价格计算，主要包括土地出让金、征地费、拆迁安置补偿费等
3	自然资源影子价格	各种有限的自然资源也是一种特殊的投入物。一个项目使用了矿产资源、水资源、森林资源等，是对国家资源的占用和消耗	矿产等不可再生自然资源的影子价格按资源的机会成本计算，可再生自然资源的影子价格按资源再生费用计算

二、影子汇率

外汇短缺的问题是一般发展中国家普遍存在的问题,因此,政府多在不同程度上实行外汇管制和外贸管制,外汇不允许自由兑换。在此情形下,官方汇率往往不能真实地反映外汇的价值。因此,在工程项目的国民经济评价中,为了消除用官方汇率度量外汇价值所导致的误差,有必要采用一种更合理的汇率,也就是影子汇率,来使外贸品和非外贸品之间建立一种合理的价格转换关系,使两者具有统一的度量标准。

影子汇率,即外汇的影子价格,其是指项目在国民经济评价中,将外汇换算为本国货币的系数。它不同于官方汇率或国家外汇牌价,能够正确反映外汇对于国家的真实价值。影子汇率实际上也就是外汇的机会成本,即项目投入或产出所导致的外汇减少或增加,给国民经济带来的损失或收益。

影子汇率是一个重要的国家经济参数,它体现了从国民经济角度对外汇价值的估量,在工程项目的国民经济评价中,除用于外汇与本国货币之间的换算外,还是经济换汇和经济节汇成本的判据。国家可以利用影子汇率作为经济杠杆,来影响项目方案的选择和项目的取舍。例如,某项目的投入物可以使用进口设备,也可以使用国产设备,当影子汇率较高时,就有利于后一种方案;再例如,对于主要产出物为外贸货物的工程项目,当影子汇率较高时,将有利于项目获得批准实施。

影子汇率的发布形式有直接发布和间接给出两种,其计算公式为

$$影子汇率 = 外汇牌价(官方汇率) \times 影子汇率换算系数 \tag{7-7}$$

影子汇率换算系数是国家相关部门根据国家现阶段的外汇供求情况、进出口结构、换汇成本等综合因素统一测算和发布的,目前影子汇率换算系数取1.08。

三、影子工资

在大多数国家中,由于社会、经济或传统的原因,劳动者的货币工资常常偏离竞争性劳动市场所决定的工资水平,不能真实地反映单位劳动的边际产品价值,从而产生了劳动市场供求失衡问题。在此情形下,对工程项目进行国民经济评价,就不能简单地把项目中的货币工资支付直接视为该项目的劳动成本,而要通过"影子工资"对此劳动成本进行必要的调整。

影子工资,即劳动力的影子价格,其是指由于工程项目使用劳动力而使国民经济所付出的真实代价,其是由劳动力的机会成本和劳动力转移而引起的新增资源耗费两部分组成的。

劳动力机会成本是指劳动力如果不就业于该项目而从事其他生产经营活动所创造的最大效益,也就是因劳动力为该项目工作而使别处被迫放弃的原有净收益。它与劳动力的技术熟练程度和供求状况有关,技术越熟练,社会需求程度越高,其机会成本越高;反之,越低。劳动力的机会成本是影子工资的主要组成部分。

新增资源耗费是指项目使用劳动力后,由于劳动者就业或迁移而增加的交通运输费用、城市管理费用、培训费用等,这些资源的耗用并未提高劳动者的收入水平。

在国民经济评价中,影子工资作为费用计入经营成本。影子工资的计算可采用转换系数法,即将财务评价时所用的工资与福利费之和(合称名义工资)乘以影子工资换算系数求

得,其计算公式为

$$影子工资=(财务工资+福利费)\times 影子工资转换系数 \qquad (7-8)$$

影子工资转换系数作为国民经济评价参数,其是由国家相关部门根据国家劳动力的状况、结构以及就业水平等综合因素统一测定和发布的。一般工程项目的影子工资换算系数为1,即影子工资的数值等于财务评价中的名义工资。在建设期内使用大量民工的项目,如水利、公路项目,其民工的影子工资换算系数为0.5。在项目评价中,评价人员可根据项目所在地区劳动力的充裕程度以及所用劳动力的技术熟练程度,适当提高或降低影子工资转换系数。例如,对于就业压力很大的地区、占用大量非熟练劳动力的工程项目,影子工资转换系数可小于1;对于占用大量短缺的专业技术人员的工程项目,影子工资转换系数可大于1;对于中外合资合营的工程项目,由于其中方工作人员的技术熟练程度一般较高,国家和社会为此付出的代价较大,因此,中方工作人员的影子工资转换系数通常都大于1。

四、社会折现率

在国民经济评价中所追求的目标是国民经济收益的最大化,而所有的工程项目都将是这一目标的承担者。在采用了影子价格、影子汇率、影子工资等合理参数后,在国民经济中所有的工程项目均将在同等的经济条件下使用各种社会资源为社会创造效益,这就需要规定适用于各行业所有工程项目都应达到的最低收益水平,也就是社会折现率。

社会折现率,也称影子利息,其是从国民经济角度考察工程项目投资所应达到的**最低收益水平**,实际上也是资金的机会成本和影子价格。社会折现率是项目经济可行性研究和方案比选的主要判据。在项目经济评价中,其主要作为计算经济净现值的折现率,同时也是用来衡量经济内部收益率的基准值。社会折现率作为资金的影子价格,代表着资金占用在一定时间内应达到的最低增值率,体现了社会对资金时间价值的期望和对资金盈利能力的估算。

社会折现率作为国民经济评价中的一项重要参数,是国家评价和调控投资活动的重要经济杠杆之一。国家可以选用适当的社会折现率来进行项目的国民经济评价,从而促进资源的优化配置,引导投资方向,调控投资规模。例如,国家在需要经济软着陆时,可以适当调高社会折现率,使得本来可获得通过的某些投资项目难以达到这一折现率标准,从而达到间接调控投资规模的目的。

社会折现率需要根据国家社会经济发展目标、发展战略、发展优先顺序、发展水平、宏观调控意图、社会成员的费用效益时间偏好、社会投资收益水平、资金供应状况、资金机会成本等因素进行综合分析,由国家相关部门统一测定和发布。1987年国家计委发布的《建设项目经济评价方法与参数》(第一版)中规定,社会折现率为10%。1993年,由建设部和国家计委联合批准发布的《建设项目经济评价方法与参数》(第二版)中规定,社会折现率为12%。经过专题研究和测算,在即将发布的《建设项目经济评价方法与参数》(第三版)中规定,社会折现率为8%,但对远期收益率较大的项目,允许采用较低的折现率,但不应低于6%。

五、贸易费用率

在工程项目的国民经济评价中,贸易费用是指花费在货物流通过程各环节中以影子价格计算的综合费用(长途运输费用除外)，也就是项目投入物或产出物在流通过程中所支付的除长途运输费用外的短途运输费、装卸费、检验费、保险费等费用。贸易费用率则是反映这部分费用相对于货物影子价格的一个综合比率，是国民经济评价中的一个经济参数，是由国家相关部门根据物资流通效率、生产资料价格总水平以及汇率等综合因素统一测定和发布的。

目前，贸易费用率取值一般为6%，对于少数价格高、体积与重量较小的货物，可适当降低贸易费用率。

在工程项目的国民经济评价中，可使用下列公式来计算货物的贸易费用。

$$进口货物的贸易费用 = 到岸价格 \times 影子汇率 \times 贸易费用率 \tag{7-9}$$

$$出口货物的贸易费用 = (离岸价格 \times 影子汇率 - 国内长途运费) \times 贸易费用率 \div (1 + 贸易费用率) \tag{7-10}$$

$$非外贸货物的贸易费用 = 出厂影子价格 \times 贸易费用率 \tag{7-11}$$

对于不经过流通部门而由生产厂家直供的货物，则不计算贸易费用。

第四节 国民经济评价报表与指标

一、国民经济评价报表

(一)国民经济评价报表内容

按照《投资项目可行性研究指南》，国民经济评价报表包括"**项目国民经济效益费用流量表**"和"**国内投资国民经济效益费用流量表**"。

1. 项目国民经济效益费用流量表

项目国民经济效益费用流量表用以综合反映项目计算期内各年按全部投资口径计算的国民经济各项效益与费用流量及净效益流量，并可用来计算项目经济内部收益率、经济净现值指标。

2. 国内投资国民经济效益费用流量表

国内投资国民经济效益费用流量表用以综合反映项目建设期内各年按国内投资口径计算的国民经济各项效益与费用流量及净效益流量。国内投资国民经济效益费用流量表的各项效益流量与项目国民经济效益费用流量表相同，不同之处在于"费用流量"。由于要计算分析国内投资的经济效益，项目建设过程中从国外的借款用于建设投资或流动资金投资，一借一用收支相抵，在净效益流量中互相冲掉，不再计算这一部分的投资，而在偿还国外借款本息时，再在费用流量中列出。

(二)国民经济评价报表编制

编制国民经济评价报表是项目国民经济评价的一项基础工作，项目的国民经济评价报表用以显示项目的国民经济效益和费用，并计算国民经济评价指标。

国民经济效益费用流量表可在财务评价基础上进行调整编制，也可以直接编制。

1. 在财务评价基础上进行调整编制国民经济效益费用流量表

以财务评价为基础编制国民经济效益费用流量表，需根据项目的具体情况，合理调整项目的费用与效益的范围和数值，以确定可以量化的外部效果，分析确定哪些是项目的重要外部效益和外部费用，需采取什么方法估算，并保持效益费用计算口径一致。调整内容如下：

(1) 调整固定资产投资，用影子价格、影子汇率、影子工资等逐项调整构成固定资产投资的各项费用，具体内容包括以下几项：

1) 剔除转移支付，将财务现金流量表中列支的流转税金及附加、国内借款利息、国家或地方政府给予的补贴作为转移支付剔除。

2) 调整引进设备价值，其包括影子汇率将外币价值折算为人民币价值和运输费用的调整。

3) 调整国内设备价值，其包括采用影子价格计算设备本身的价值和运输费。

4) 调整建筑费用，原则上应按分解成本方法计算建筑工程影子造价。为了简化计算，也可只作材料费用价格调整。一般的项目也可将建筑工程的财务价格直接乘以建筑工程的影子价格换算系数，得出影子造价。对于建筑工程占比例较大或不符合《建设项目经济评价方法与参数》中该系数使用范围情况的，最好由评价人员自行调整。

5) 调整安装费用，一般情况下可主要调整安装材料的价格（主要指钢材），计算采用影子价格后所引起的变化。如果使用引进材料还要考虑采用影子汇率所引起的数值调整。

6) 调整土地费用，如果项目占用农田、林地、山坡地、荒滩等，可将项目占用该土地导致国民经济的净收益损失加上土地征购补偿费中属于实际新增资源耗费的费用作为项目占用土地的费用。如果占用土地有明显的其他替代用途，原则上应按该替代用途所能产生的净收益计算。

7) 其他费用调整，其他费用中的外币须按影子汇率折算为人民币。其他费用中的有些项目，如供电补贴费，应从投资额中剔除。

8) 将反映建设期内价格上涨的涨价预备费从投资额中剔除。

(2) 调整流动资金。构成流动资金总额的存货部分既是项目本身的费用，又是国民经济为项目付出的代价，在国民经济评价中仍然作为费用。而流动资金的应收、应付货款及现金（银行存款和库存现金）占用，只是财务会计账目上的资产或负债占用，并没有实际耗用经济资源（其中库存现金虽确属资金占用，但因数额很小，可忽略不计），在国民经济评价时应从流动资金中剔除。

如果财务评价流动资金是采用扩大指标法估算的，国民经济评价仍应按扩大指标法，以调整后的销售收入、经营费用等乘以相应的流动资金指标系数进行估算；如果财务评价流动资金是采用分项详细估算法进行估算的，则应用影子价格重新分项详细估算。

根据固定资产投资和流动资金调整结果，编制国民经济评价辅助报表中的投资调整计算表格式，见表7-4。

表 7-4 国民经济评价投资调整计算表

单位：_____

序号	项目	财务评价			国民经济评价			国民经济评价比财务评价增减（±）
		合计	其中		合计	其中		
			外币	折合人民币		外币	折合人民币	
				人民币			人民币	
1	固定资产投资							
1.1	建筑工程							
1.2	设备							
1.2.1	进口设备							
1.2.2	国内设备							
1.3	安装工程							
1.3.1	进口材料							
1.3.2	国内部分材料及费用							
1.4	其他费用							
	其中：							
	(1)土地费用							
	(2)涨价预备费							
2	流动资金							
3	合计							

（3）调整经营成本。用影子价格调整各项经营费用，其具体调整内容如下：

1）确定主要原材料、燃料及外购动力的货物类型（属于外贸货物还是非外贸货物），然后根据其属性确定影子价格，并重新计算该项成本。对自产水、电、气等，原则上按其成本构成重新调整计算后，确定影子价格。

2）根据调整后的固定资产投资计算出调整后的固定资产原值与递延资产原值，除国内借款的建设期利息不计入固定资产原值外，其他各项的计算方法与财务评价相同。

3）确定影子工资换算系数，对劳动工资及福利按影子工资进行调整。

最后将调整后的项目与未调整的项目相加即得调整后的经营费用，并编制国民经济评价辅助报表中的经营费用调整计算表，格式见表 7-5，国民经济评价销售收入调整计算表见表 7-6。

表 7-5 国民经济评价经营费用调整计算表

单位：_____

序号	项目	单位	年耗量	财务评价		国民经济评价	
				单价	年经营成本	单价（或调整系数）	年经营费用
1	外购材料						

续表

序号	项　目	单位	年耗量	财务评价		国民经济评价	
				单价	年经营成本	单价（或调整系数）	年经营费用
2	外购燃料和动力						
2.1	煤						
2.2	水						
2.3	电						
2.4	气						
2.5	重油						
3	工资及福利费						
4	修理费						
5	其他费用						
6	合计						

表7-6　国民经济评价销售收入调整计算表

单位：＿＿＿＿＿＿

序号	产品名称	年销售量				财务评价				国民经济评价						合计
		单价	内销	替代进口	外销	合计	内销		外销		内销		替代进口		外销		
							单价	销售收入	单价	销售收入	单价	销售收入	单价	销售收入	单价	销售收入	
1	投产第一年生产负荷/% 产品A 产品B																
2	投产第二年生产负荷/% 产品A 产品B																
3	正常生产年份生产负荷(100%) 产品A 产品B																

4）调整外汇价值。对于涉及进出口或外汇收支的项目，应对各项销售收入和费用支出中的外汇部分，用影子汇率进行调整计算外汇价值。从国外借入的资金和向国外支付的投资收益和贷款的还本付息，也应用影子汇率进行调整，并编制经济外汇流量表，用于计算外汇效果分析指标。

根据辅助报表编制国民经济评价的基本报表——国内投资国民经济效益费用流量表（表 7-7）和全部投资国民经济效益费用流量表（表 7-8）。

表 7-7 国民经济效益费用流量表（国内投资）　　　　　　　　万元

序号	项目＼年份	建设期		投产期		达到设计能力生产期			合计
		1	2	3	4	5	6	… n	
1	效益流量								
1.1	销售（营业）收入								
1.2	回收固定资产余值								
1.3	回收流动资金								
1.4	项目间接效益								
2	费用流量								
2.1	固定资产投资中国内资金								
2.2	流动资金中国内资金								
2.3	经营费用								
2.4	流至国外的资金								
2.4.1	偿还国外借款本金								
2.4.2	支付国外借款利息								
2.4.3	其他费用								
2.5	项目间接费用								
3	净效益流量（1－2）								

计算指标：经济内部收益率　％；
　　　　　经济净现值 $i_s=$　％。

表 7-8 国民经济效益费用流量表（全部投资）　　　　　　　　万元

序号	项目＼年份	建设期		投产期		达到设计能力生产期			合计
		1	2	3	4	5	6	… n	
1	效益流量								
1.1	销售（营业）收入								
1.2	回收固定资产余值								
1.3	回收流动资金								
1.4	项目间接效益								
2	费用流量								
2.1	固定资产投资								
2.2	流动资金								

续表

序号	项目 \ 年份	建设期		投产期		达到设计能力生产期				合计
		1	2	3	4	5	6	...	n	
2.3	经营费用									
2.4	项目间接费用									
3	净效益流量(1−2)									

计算指标：经济内部收益率　　%；
　　　　　经济净现值 $i_s=$　　%。

2. 直接编制国民经济效益费用流量表

有些行业的项目(如交通运输项目)可能需要直接进行国民经济评价，判断项目的经济合理性。这种情况下，可按以下步骤直接编制国民经济效益费用流量表：

(1)识别和计算项目的国民经济直接效益。为国民经济提供产出物的项目，按产出物的种类、数量及相应的影子价格计算项目的直接效益；为国民经济提供服务的项目，根据提供服务的数量及用户的受益程度计算项目的直接效益。

(2)投资估算。用货物的影子价格、土地的影子价格、影子工资、社会折现率等，参照财务评价的投资估算方法和程序，直接进行投资估算，包括固定资产投资估算和流动资金估算。

(3)计算经营费用。根据生产消耗数据，用货物影子价格、影子工资、影子汇率等计算项目的经营费用。

(4)识别、计算或分析项目的间接效益和间接费用。对能定量的项目外部效果进行定量计算，对难以定量的作定性描述。

根据上述数据编制国民经济评价基本报表，具体格式与表 7-7、表 7-8 相同。

二、国民经济评价指标计算

项目国民经济评价只进行国民经济盈利能力的分析，国民经济盈利能力的评价指标是**经济内部收益率和经济净现值**。

1. 经济内部收益率

经济内部收益率($EIRR$) 是项目国民经济评价的主要指标，项目的国民经济评价必须计算这一指标，并用这一指标表示项目经济盈利能力的大小。

经济内部收益率是项目在计算期内各年经济净效益流量的现值累计等于零时的折现率。经济内部收益率用这样一个隐函数表达式来定义：

$$\sum_{t=1}^{n}(B-C)_t(1+EIRR)^{-t}=0 \qquad (7-12)$$

式中　$EIRR$——经济内部收益率；
　　　B——效益流量；
　　　C——费用流量；
　　　$(B-C)_t$——第 t 年的净效益流量；
　　　n——项目的计算期，以年计。

经济内部收益率可由定义式用数值解法求解，手算可用试差法，利用计算机可使用现成的软件程序或函数由各年的净效益流量求解。

经济内部收益率是从国民经济评价角度反映项目经济效益的相对指标，它显示出项目占用的资金所能获得的动态收益率。项目的经济内部收益率等于或大于社会折现率时，表明项目对国民经济的净贡献达到或者超过了预定要求。

2. 经济净现值

经济净现值($ENPV$)是指用社会折现率将项目计算期内各年净效益流量折算到项目建设期初的现值之和。

经济净现值的表达式为

$$ENPV = \sum_{t=1}^{n}(B-C)_t(1+i_s)^{-t} = 0 \tag{7-13}$$

式中 i_s——社会折现率。

其余符号意义同前。

经济净现值是反映项目对国民经济净贡献的绝对指标。项目的经济净现值等于或大于零表示国家为拟建项目付出代价后，可以得到符合社会折现率所要求的社会盈余，或者还可以得到超额的社会盈余，并且以现值表示这种超额社会盈余的量值。经济净现值越大，表明项目所带来的以绝对数值表示的经济效益越大。

项目经济盈利能力分析有两种口径，即全部投资与国内投资。前者是不考虑项目的资金筹集，分析项目给国民经济带来的经济效益，相应的指标原称为全部投资经济内部收益率和全部投资经济净现值，《投资项目可行性研究指南》已将其改称为项目经济内部收益率和项目经济净现值。国内投资盈利能力评价要考虑项目投资资金的筹集方式，考虑从国外借款获得资金以及以其他方式从国外获得资金对项目盈利能力造成的影响，这种口径的盈利能力分析是针对国内投资的，所以，相应的指标称为国内投资经济内部收益率和国内投资经济净现值。如果项目没有国外投资或借款，全部投资指标与国内投资指标一致；如果项目有国外资金流入和流出，应当以国内投资的评价指标为主。

本章小结

国民经济评价是从国民经济整体利益出发，遵循费用与效益统一划分的原则，用影子价格、影子工资、影子汇率和社会折现率，计算分析项目给国民经济带来的净增量效益，以此来评价项目的经济合理性和宏观可行性，实现资源的最优利用和合理配置。项目的国民经济效益分为直接效益和间接效益；项目的国民经济费用分为直接费用和间接费用。费用效益分析应从国家和社会的宏观利益出发，通过对项目的经济费用和经济效益进行系统、全面的识别和分析，求得项目的经济净收益，并以此来评价项目的国民经济可行性。国民经济评价参数包括影子价格、影子汇率、影子工资、社会折现率及贸易费用率，这里应重点掌握影子价格的确定。

思考与练习

一、填空题

1. 国民经济评价的主要工作包括：_____、_____、_____及_____。
2. _____是保证国民经济评价正确的前提。
3. 识别费用与效益的原则包括_____、_____及_____。
4. 影子价格指的是_____。
5. 影子汇率的发布形式有_____和_____两种。
6. 影子工资的计算公式为_____。
7. 按照《投资项目可行性研究指南》，国民经济评价报表包括_____和_____。

二、选择题

1. 下列说法不正确的是（　　）。
   A. 国民经济评价是项目决策的重要依据
   B. 国民经济评价可以对项目进行优化
   C. 当前应强调从国民经济的角度评价和考察项目，支持一切对国民经济有贡献的项目
   D. 正确运用国民经济评价方法，可以有效地将企业利益、地区利益与全社会和国家整体利益有机地结合和平衡

2. 下列说法不正确的是（　　）。
   A. 各种税金、补贴和国内银行利息这些国内不同社会成员之间的相互支付，称为"转移支付"
   B. 国民经济效益和费用不应包括"转移支付"
   C. 工资也是社会内不同成员之间的相互支付，也是"转移支付"
   D. 工资不能衡量劳动力费用

3. 下列属于转移支付的有（　　）。
   A. 拆迁费　　　　　　　　B. 青苗补偿费
   C. 耕地占用税　　　　　　D. 土地补偿费

4. 项目的国民经济评价结果主要通过编制的（　　）来表述。
   A. 国民经济评价报表
   B. 根据报表计算的某些评价指标
   C. 国民经济评价表和根据报表计算的某些评价指标
   D. 以上都不正确

5. 项目国民经济评价只进行（　　）分析。
   A. 国民经济盈利能力　　　B. 偿债能力
   C. 不确定性　　　　　　　D. 以上都不对

6. 国民经济盈利能力的评价指标是( )。
   A. 经济内部收益率 B. 经济净现值
   C. 经济内部收益率和经济净现值 D. 投资回收期
7. ( )是项目国民经济评价的主要指标。
   A. 经济净现值 B. 经济内部收益率
   C. 财务内部收益率 D. 财务净现值
8. 经济净现值越大，表明项目所带来的以绝对数值表示的经济效益( )。
   A. 越小 B. 越大
   C. 没有关系 D. 以上都不对

三、简答题
1. 什么是国民经济评价？它与财务评价有什么区别？
2. 在国民经济评价中，如何进行项目的效益与费用识别？
3. 什么是影子价格？如何确定各种投入物和产出物的影子价格？
4. 国民经济评价的参数有哪些？
5. 国民经济评价的基本步骤是什么？
6. 国民经济评价报表包括哪些？如何编制国民经济评价报表？

第八章　工程项目的资金筹措与融资分析

知识目标

1. 了解资金筹措的概念与分类，知道资金筹措的基本原则；
2. 熟悉工程项目的资金来源构成和项目资金制度；
3. 具体了解资金筹措渠道与资金筹措方式并且明确它们之间的关系；
4. 熟悉资金成本与资金结构；
5. 了解并明确工程项目投资盈利性分析的程序；
6. 熟悉工程项目清偿能力分析的方法。

能力目标

1. 能够明确筹资渠道与筹资方式之间的关系；
2. 能够根据所学对工程项目投资进行盈利性分析；
3. 能够正确对工程项目清偿能力进行分析。

第一节　资金筹措概述

一、资金筹措的概念和分类

1. 资金筹措的基本概念

资金筹措又称融资，其是以一定的渠道为某种特定活动筹集所需资金的各种活动的总称。在工程项目的经济分析中，资金筹措主要讨论为项目投资而进行的资金筹措行为或资金来源方式。

2. 资金筹措的分类

资金筹措可以概括地分为两大类，即内部资金筹措与外部资金筹措。内部资金筹措是指动用企业积累的财力，把企业的公积金（留存收益）作为筹措资金的来源；外部资金筹措是指向企业外的经济主体（包括企业现有股东和企业职员及雇员）筹措资金。

另外，关于资金筹措还可以根据其他视角进行分类，如按照融资的期限长短、融资性质、融资主体和风险承担程度等进行分类。

（1）按照融资的期限可分为**长期融资**和**短期融资**。

1）**长期融资**。长期融资是指企业为购置和建设固定资产、无形资产或进行长期投资等资金需求而进行的资金筹集行为，一般资金使用期限在一年以上。长期融资通常采用吸收直接投资、发行股票、发行长期债券或进行长期借款等方式进行融资。

2）**短期融资**。短期融资是指企业因季节性或临时性资金需求而进行的资金筹集行为，资金使用期限在一年以内。短期融资一般通过商业信用、短期借款和商业票据等方式进行融资。

（2）按照融资的性质可分为**权益融资**和**负债融资**。

1）**权益融资**。权益融资是指以所有者身份投入非负债性资金的方式进行的融资。权益融资形成企业的"所有者权益"和项目的"资本金"。权益融资在中国项目资金筹措中具有强制性。其特点如下：

①权益融资筹措的资金具有永久性特点，无到期日，无须归还。项目资本金是保证项目法人对资本的最低需求，是维持项目法人长期稳定发展的基本前提。

②没有固定的按期还本付息压力。股利的支付与否和支付多少，视项目投产运营后的实际经营效果而定，因此，项目法人的财务负担相对较小，融资风险较小。

③权益融资是负债融资的基础。权益融资是项目法人最基本的资金来源。它体现项目法人的实力，是其他融资方式的基础，尤其可为债权人提供保障，增强公司的举债能力。

2）**负债融资**。负债融资是指通过借款、商业信用、租赁和发行债券等负债方式筹集各种债务资金的融资形式。负债融资是工程项目资金筹措的重要形式。其特点如下：

①债务有规定的偿还期限，企业必须按规定的期限履行偿还债务的义务。

②债权人对于企业仅仅是债权债务关系，无权参与企业的经营管理。

③资金成本一般比权益融资低，且不会分散对项目未来权益的控制权。

④无论项目运营好坏，项目法人均需要固定支付债务利息，从而形成固定的财务负担。

（3）按照项目融资的主体可分为**既有法人融资**和**新设法人融资**。

1）**既有法人融资**。既有法人融资是指建设项目所需的资金，其来源于既有法人内部融资、新增资本金和新增债务资金。新增债务资金依靠既有法人整体的盈利能力来偿还，并以既有法人整体的资产和信用承担债务担保责任。

2）**新设法人融资**。新设法人融资特指由项目发起人（企业或政府）发起组建新的具有独立法人资格的项目公司，由新组建的项目公司承担融资责任和风险，依靠项目自身的盈利能力来偿还债务，以项目投资形成的资产、未来收益作为融资担保的基础。建设项目所需要的资金来源，可包括项目公司股东投资的资本金和项目公司承担的债务资金。

（4）按照风险承担的程度可分为**冒险型、适中型、保守型筹资**。

1）**冒险型筹资**。在冒险型筹资类型中，一部分长期资产由短期资金融通。

2）**适中型筹资**。在适中型筹资类型中，固定资产及长期流动资产所需的资金均由长期资金安排，短期资金只投入短期流动资产。

3）**保守型筹资**。在保守型筹资类型中，长期资产和短期流动资产的一部分采用长期资金来融通。

二、资金筹措的基本原则

1. 合理性原则

无论通过何种渠道、采取何种方法筹集资金，都应首先确定资金的需要量，即筹资要有一个"度"的问题。资金不足会影响项目的生产经营和发展，资金过剩则损失其投资其他项目带来的机会收益，同时，也会影响资金的使用效果，增加筹资成本。在实际工作中，必须采取科学的方法预测与确定未来资金的需要量，以便选择合适的渠道与方式，筹集所需资金。这样，可以防止筹资不足或筹资过剩，提高资金的使用效果。

2. 效益性原则

项目筹集资金可以采用的渠道和方式多种多样，不同渠道和方式筹资的难易程度、资金成本和风险各不一样。但任何渠道和方式的筹资都要付出一定的代价，包括资金占用费（利息等）和资金筹集费（发行费等）。因此在筹资中，通常选择较经济方便的渠道和方式，以降低综合的资本成本。例如，采取举债经营的方式，所谓举债经营，是指项目通过借债开展生产经营活动。举债经营可以给项目带来一定的好处，因为借款利息可在所得税前列入成本费用，对项目净利润影响较小，能够提高自有资金的使用效果。但负债的多少必须与自有资金和偿债能力的要求相适应。例如，负债过多，会产生较大的财务风险，甚至会由于丧失偿债能力而面临破产。因此，项目法人既要利用举债经营的积极作用，又要避免可能产生的债务风险。

3. 及时性原则

筹集资金也有时间上的安排，这取决于投资的时间和资金的需求计划。对于工程项目而言，工程进度要求、建设标准、工程变更等因素都会影响资金的需求时间。合理安排筹资与投资以及资金的供应，使其在时间上互相衔接，避免取得资金过早而造成投放前的闲置或取得资金滞后而耽误投资的有利时机。

4. 合法性原则

项目的资金筹划活动，影响着社会资本及资源的流向和流量，涉及相关主体的经济权益。为此，必须遵守国家有关法律法规，依法履行约定的责任，维护有关各方的合法权益，避免非法筹资行为给企业本身及相关主体造成损失。对于不同类型的工程建设项目，关于其筹资方式国家一般会有明确的规定，合法筹集工程项目建设资金是保证项目成功建设的大前提。

三、工程项目的资金来源构成和项目资本金制度

1. 工程项目的资金来源构成

在资金筹措阶段，工程项目所需资金的来源构成主要可分为两大类：一是项目的资本金筹措；二是项目债务资本筹措。具体分类如图8-1所示。

2. 项目资本金制度

工程项目建设是固定资产投资的重要形式。为规范我国的固定资产投资，《国务院关于固定资产投资项目试行资本金制度的通知》（1996年）中明确规定，各种经营性固定资产投资项目必须实行资本金制度。所谓投资项目资本金，是指在投资项目总投资中，由投资者认缴的出资额，对投资项目来说属于非债务性资金，项目法人不承担这部分资金的任何利息

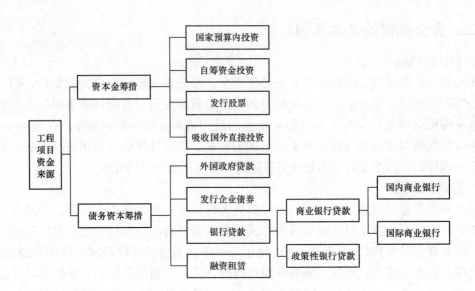

图 8-1　工程项目资金的来源构成

和债务，投资者可按其出资的比例依法享有所有者权益，也可转让其出资，但不得以任何方式抽回。《国务院关于固定资产投资项目试行资本金制度的通知》(1996 年)中还规定，主要用财政预算内资金投资建设的公益性项目可以不实行资本金制度；而各种经营性固定资产投资项目，包括国有单位的基本建设、技术改造、房地产项目和集体投资项目，都必须首先落实资本金才能进行建设。

固定资产投资项目资本金制度既是宏观调控手段，也是风险约束机制。为应对国际金融危机，扩大国内需求，有保有压，促进结构调整，有效防范金融风险，保持国民经济平稳较快增长，国务院在 2009 年对固定资产投资项目资本金比例进行了适当调整。在《国务院关于调整固定资产投资项目资本金比例的通知》(2009 年)中规定，新的固定资产投资项目资本金比例情况见表 8-1。

表 8-1　各行业固定资产投资项目的最低资本金比例

序号	行业	最低资本金比例/％
1	钢铁、电解铝项目	40
2	水泥项目	35
3	煤炭、电石、铁合金、烧碱、焦炭、黄磷、玉米深加工、机场、港口、沿海及内河航运项目	30
4	铁路、公路、城市轨道交通、化肥（钾肥除外）项目	25
5	保障性住房和普通商品性住房 其他房地产开发项目	30
6	其他项目	20

另外,《国务院关于调整固定资产投资项目资本金比例的通知》(2009 年)还明确规定,经国务院批准,对个别情况特殊的国家重大建设项目,可以适当降低最低资本金比例要求。属于国家支持的中小企业自主创新、高新技术投资项目,最低资本金比例可以适当降低。外商投资项目按现行有关法规执行。《国务院关于调整固定资产项目资本金比例的通知》(2009 年)还明确规定,金融机构在提供信贷支持和服务时,要坚持独立审贷,切实防范金融风险。要根据借款主体和项目实际情况,参照国家规定的资本金比例要求,对资本金的真实性、投资收益和贷款风险进行全面审查和评估,自主决定是否发放贷款以及具体的贷款数量和比例。

一般实行资本金制度的投资项目,在可行性研究报告中要就资本金筹措情况作出详细说明,包括出资方、出资方式、资本金来源及数额、资本金认缴进度等有关内容。上报可行性研究报告时需附有各出资方承诺出资的文件,以实物、工业产权、非专利技术、土地使用权作价出资的,还需附有资产评估证明等有关材料。

第二节 筹资渠道与筹资方式

工程项目大多建设周期比较长,这决定了项目的筹资具有阶段性的特点,所以,在资金筹集的过程中要综合考虑项目的资金筹资总额和各阶段资金需要合理筹资,降低筹资成本。在市场经济条件下,如何广开资金来源渠道,并且使筹措的资金、币种及投入时序与项目建设进度和投资使用计划相匹配,确保项目建设和运营顺利进行,是工程项目决策时必须专门考虑的问题。

一、项目筹资渠道

工程项目的筹资渠道是指项目投资人筹集资本来源的方向与通道,体现着资本的源泉和流量。筹资渠道主要由社会资本的提供者及数量分布所决定。目前,中国社会资本的提供者较多,数量分布广泛,为企业和工程项目建设的筹集提供了广泛的资金来源。认识各种筹资渠道的种类及其特点和适用性,有利于投资者充分开拓和利用筹资渠道,实现各种筹资渠道的合理组合,有效地筹集资本。工程项目筹资渠道一般可分为如下几种。

1. 政府财政资本

工程项目筹资可以利用政府财政资本,政府财政资本通常来源于国家预算内投资。所谓国家预算内投资,是指以国家预算资金为来源并列入国家计划的固定资产投资。我国的投资体制主要包括国家预算、地方财政、主管部门和国家专业投资拨给或委托银行贷给建设单位的基本建设拨款及中央基本建设基金、拨给企业单位的更新改造拨款、中央财政安排的专项拨款中用于基本建设的资金等。国家预算内投资的资金一般来源于国家税收,也有一部分来自国债。

国家预算内投资主要集中在能源、交通、原材料以及国防、科研、文教卫生、行政事业等基础设施行业的建设项目,对于整体投资结构的调整起着主导性作用。国家预算内投资也是宏观调控的重要手段。例如，为应对2008年的国际金融危机，中央政府制定了4万亿元的庞大投资计划主要用于上述领域的工程项目建设。

2. 银行信贷资本

银行信贷资本是各类工程项目筹资的主要来源，尤其是民营企业进行的工程项目投资。银行一般分为商业性银行和政策性银行。在我国，商业性银行主要有中国工商银行、中国农业银行、中国银行、中国建设银行和交通银行等；政策性银行有国家开发银行、中国农业发展银行和中国进出口银行等。商业银行贷款的特点是筹资手续简单、速度较快，贷款主要取得银行同意即可，不必经过国家金融管理机构审批。政策性银行贷款的特点是贷款周期长、利率低，但对申请贷款的企业和项目有比较严格的要求。

3. 非银行金融机构资本

非银行金融机构在中国工程项目建设领域的融资作用日益提高，非银行金融机构主要有信托投资公司、财务公司和保险公司等。

(1) 信托投资公司。信托贷款是信托投资公司运用吸收的信托存款、自有资金和筹集的其他资金对审定的贷款对象和工程项目发放的贷款，信托贷款主要有技术改造信托贷款、补偿贸易信托贷款、联营投资信托贷款和专项信托贷款等。与银行贷款相比，信托贷款具有如下特点：

1) 银行贷款由于现行信贷制度的限制，无法对一些企业特殊但合理的资金需求予以满足，信托贷款恰好可以满足企业特殊的资金需求。

2) 银行贷款按贷款的对象、期限、用途不同，有不同的利率，但不能浮动；信托贷款的利率则相对比较灵活，可在一定范围内浮动。

(2) 财务公司。财务公司又称金融公司，其是为企业技术改造、新产品开发及产品销售提供金融服务，以中长期金融业务为主的非银行机构。各国的财务公司名称不同，业务内容也有差异，但多数是商业银行的附属机构，主要吸收存款。我国的财务公司不是商业银行的附属机构，而是隶属于大型集团的非银行金融机构。财务公司贷款以中长期贷款为主，也有短期贷款。短期贷款一般为1年、6个月、3个月及3个月以下不定期限的临时贷款；中长期贷款一般为1~3年、3~5年以及5年以下的贷款。

(3) 保险公司。虽然我国目前无论是法律法规的规定，还是现实的操作，保险公司还不能对工程项目提供贷款，但从西方经济发达国家的实践来看，保险公司的资金不但可以进入证券市场，用于购买各种股票和债券，而且可向工程项目提供贷款，特别是向有稳定市场和收益的基础设施项目提供贷款。随着我国保险公司业务领域的不断扩大，保险公司为工程项目提供贷款指日可待。

4. 其他法人资本

在我国，法人可分为企业法人、事业法人和团体法人等，他们在日常的资本运营周转中，有时闲置大量的资金，为了让其发挥一定的效益，需要相互融通，这也是一种筹资渠道。

5. 企业内部资本

企业内部资本即自有资金，其是指投资者投入企业的资本金及经营中形成的积累，如盈余公积金、资本公积金和未分配利润等，企业内部自有资金是企业最为稳妥也最有保障的筹资来源。

6. 国外资本

国外资本主要是指国外贷款，资金来源渠道主要有**国外政府贷款**、**国外银行贷款**、**出口信贷**和**国际金融机构贷款**等。

(1)**国外政府贷款**。国外政府贷款是指一国政府利用财政资金向另一国政府提供的援助性贷款。国外政府贷款具有期限长(如德国政府贷款的期限最长达50年，其中宽限期为10年)、指定用途(如日本政府贷款主要用于教育、能源、交通、邮电、工矿、农业、渔业等方面的建设项目及基础设施建设)等特点。

国外政府贷款的期限一般较长，利率也比较低。但是在利用国外政府贷款的同时也应当注意到，投资国的政府贷款也是其实现对外政治经济目标的重要工具，政府贷款有时还要附加一些非贷款利息之外的其他条件。

(2)**国外银行贷款**。国外银行贷款也称商业信贷，其是指从国际金融市场上的国外银行借入的资金。国外政府贷款和国际金融机构贷款的条件优惠，但不易争取，且数量有限；因此，吸收国外银行贷款已成为各国利用国外间接投资的主要形式。目前，我国接受的国外贷款以银行贷款为主。国际银行贷款可以划分为短期贷款(1年以内)、中期贷款(一般1~5年)和长期贷款(5年以上)。银行贷款的偿还方法主要有到期一次偿还、分期等额偿还、分次等本偿还和提前偿还4种方式。

(3)**出口信贷**。出口信贷又称长期贸易信贷，其是指商品出口国的官方金融机构或商业银行以优惠利率向本国出口商、进口方银行或进口商提供的一种贴补性贷款，是争夺国际市场的一种筹资手段。出口信贷主要有卖方信贷和买方信贷。卖方信贷是指在大型设备出口时，为便于出口商以延期付款的方式出口设备，由出商本国的银行向出口商提供的信贷。买方信贷是由出口方银行直接向进口商或进口方银行所提供的信贷。

(4)**国际金融机构贷款**。国际金融机构包括世界性开发金融机构、区域性国际开发金融机构以及国际货币基金组织等覆盖全球的机构。其中，世界性开发金融机构一般是指世界银行集团五个成员机构中的三个金融机构，包括国际复兴开发银行(International Bank for Reconstruction and Development，IBRD)、国际开发协会(International Development Association，IDA)和国际金融公司(International Finance Corporation，IFC)。区域性国际开发金融机构是指亚洲开发银行、欧洲开发银行、泛美开发银行等。在这些国际金融机构中，可以为我国提供项目贷款的包括世界银行集团的三个国际金融机构和亚洲开发银行。虽然国际金融机构筹资的数量有限，程序也较复杂，但这些机构所提供的项目贷款一般利率较低、期限较长。所以，项目如果符合国际金融机构的贷款条件，应尽量争取从这些机构筹资。需要指出的是，除上述资本外，我国香港、澳门、台湾地区的资本正在成为我国工程建设领域项目投资的重要力量。

二、项目筹资方式

工程项目的筹资方式是指项目主体筹集资本所采用的具体形式和工具，体现着资本的属性和期限。这里，资本属性是指资本的股权或债权性质。筹资方式取决于项目主体的组织形式和金融工具的开发利用程度。目前，我国企业资本的组织形式多种多样，金融工具得到比较广泛的开发和利用，为项目主体的筹资提供了良好的条件。一般而言，常见筹资方式有如下几种。

1. 投入资本筹资

投入资本筹资是指企业以协议形式筹集政府、法人、自然人等直接投入的资本，形成企业投入资本的一种筹资方式。投入资本不以股票为媒介，适用于非股份制企业，是非股份制企业取得股权资本的基本方式。

2. 发行股票筹资

发行股票筹资是股份公司按照公司章程依法发行股票直接筹资，形成公司股本的一种筹资方式。股票筹资要以股票为媒介，仅适用于股份有限公司，是股份公司取得股权资本的基本方式。

3. 发行债券筹资

发行债券筹资是企业按照债券发行协议通过发售债券直接筹资，形成企业债权资本的一种方式。债券的划分标准与种类见表8-2。

表8-2 债券的划分标准与种类

划分标准	种类
按发行方式分类	记名债券、不记名债券
按还本期限分类	短期债券、长期债券、中期债券
按发行条件分类	抵押债券、信用债券
按偿还方式分类	到期次还本付息、分期付息到期还本、贴现发行
按发行主体分类	国债、地方政府债券、公司债券
按是否转换分类	可转换债券、不可转换债券

4. 银行借款筹资

银行借款筹资是各类企业按照借款合同从银行等金融机构借入各种款项的筹资方式，其被广泛用于企业中。这种筹资方式比较灵活，为筹资主体获得短期或长期资本。

5. 商业信用筹资

商业信用是指企业通过赊购商品、预收货款等商品交易行为筹集短期债权资本的一种筹资方式。商业信用是企业经常使用的一种主要的流动负债筹资方式。

6. 融资租赁

融资租赁又称金融租赁或资本租赁，《中华人民共和国合同法》（以下简称《合同法》）、中国银行业监督管理委员会、商务部都给出过相应的定义。通常对于工程项目而言，融资租赁是指不带维修条件的设备、设施租赁业务。融资租赁与分期付款购入设备、设施相类似，实质上是承租者通过设备、设施租赁，公司筹集设备、设施投资的一种方式。

在融资租赁方式下，租赁物是由出租人完全按照承租人的要求选定的，所以，出租人对租赁物的性能、物理性质、老化风险以及维修保养不负任何责任。在大多数情况下，出租人在租期内分期回收全部成本、利息和利润，租赁期满后，出租人通过收取名义货价的形式，将租赁物件的所有权转移给承租人。融资租赁一般有自营租赁、回租租赁和转租赁三种方式。

三、筹资渠道与筹资方式的关系

筹资渠道和筹资方式有着密切的联系。不仅同一筹资渠道的资本可以采取不同的筹资方式取得,而且同一种筹资方式也可以适用于不同的筹资渠道。因此,在筹集资金时,应事先合理搭配筹资渠道和筹资方式,筹资渠道和筹资方式的对应关系见表8-3。

表 8-3　筹资渠道与筹资方式的配合表

筹资渠道	投入资本筹资	发行股票筹资	发行债券筹资	银行贷款筹资	商业信用筹资	融资租赁
政府财政资本	√	√	√			
银行信贷资本		√		√		
非银行金融机构资本	√	√		√		√
其他法人资本	√	√			√	√
企业内部资本	√	√				
国外和我国港、澳、台资本	√	√	√	√		√

第三节　项目融资

项目融资是指以项目的资产、收益作抵押来融资。项目融资本质上是资金提供方对项目的发起人无追索权或有限追索权(无担保或有限担保)的融资贷款。它的一个重要特点是,贷款方在决定是否发放贷款时,通常不把项目发起方现在的信用能力作为重要因素来考虑。如果项目本身有潜力,即使项目发起方现在的资产少,收益情况不理想,项目融资也完全可以成功;相反,如果项目本身发展前景不好,即使项目发起方现在的规模再大,资产再多,项目融资也不一定成功。

例如,某自来水公司现拥有甲、乙两个自来水厂。为了增建丙厂,决定从金融市场上筹集资金,并有如下三个方案可供选择:

方案1:贷款用于建设丙厂,而归还贷款的款项来源于甲、乙、丙三个水厂的收益。如果丙厂建设失败,该公司就把原来的甲、乙两个水厂的收益作为偿债的担保。

方案2:用借来的钱建丙厂,还款的资金仅限于丙厂建成后的水费和其他收入。如果新项目失败,贷方只能从清理丙厂的资产中收回一部分,除此之外,不能要求自来水公司从别的资金来源包括甲、乙两个厂的收入,归还贷款。

方案3:在签订贷款协议时,只要求自来水公司将特定的一部分资产作为贷款担保。

上述三个方案中,方案2和方案3属于项目融资。

一、项目融资的基本特点

(1)至少有项目发起方、项目公司、贷款方三方参与。

(2)项目发起方以股东的身份组建项目公司,该项目公司为独立法人,从法律上与股东分离。

(3)银行以项目本身的经济强度作为决定是否贷款的依据,进一步说,贷款银行主要依靠项目本身的资产和未来的现金流量作为贷款偿还保证,而原则上对项目公司之外的资产没有追索权或仅有有限追索权。只要银行认为项目有希望,贷款比例可达到60%~75%,甚至100%。如果项目公司将来无力偿还贷款,则贷款银行只能获得项目本身的收入与资产,对项目发起方的资产基本上无权"染指"。

二、项目融资的适用范围及局限性

1. 项目融资的适用范围

(1)资源开发类项目,如石油、天然气、煤炭、铀等开发项目。

(2)基础设施。

(3)制造业,如飞机、大型轮船制造等。

2. 项目融资的局限性

(1)程序复杂,参加者众多,合作谈判成本高。

(2)政府的控制较严格。

(3)会增加项目最终用户的负担。

(4)项目风险会增加融资成本。

三、项目融资的主要模式

1. 以"设施使用协议"为基础的项目融资模式

在国际上有些项目融资是围绕着一个服务性设施或工业设施的使用协议作为主体安排的,这种"设施使用协议"(Tolling Agreement)是指在某种服务性设施或工业设施的提供者和这种设施的使用者之间达成的一种具有"无论提货与否均需付款"性质的协议。项目公司以"设施使用协议"为基础安排项目融资,其主要适用于一些带有服务性质的项目,如石油、天然气管道、发电设施、某种专门产品的运输系统以及港口、铁路设施等。利用"设施使用协议"安排项目融资,其成败的关键是项目设施的使用者能否提供一个强有力的具有"无论提货与否均需付款"性质的承诺。承诺要求项目设施的使用者在融资期间无条件地定期向设施的提供者支付一定数量的预先确定下来的项目设施使用费,而无论使用者是否真正利用了项目设施所提供的服务。这种无条件承诺的合法权益将被转让给提供资金方,再加上项目投资者的完全担保,就构成项目信用保证的主要部分。

20世纪80年代以来,这种融资模式也被引进了工业项目中。在生产型工业项目中,"设施使用协议"被称为"委托加工协议"。项目产品的购买者提供或组织生产所需要的原材料,通过项目的生产设施将其加工成最终产品,然后由购买者在支付加工费后取走产品。以"设施使用协议"为基础安排的项目融资具有以下特点:

(1)投资结构的选择比较灵活,既可以根据项目的性质、项目投资和设施使用者的类型等采用公司型合资结构，也可以采用非公司型合资结构、合伙制结构或者信托基金结构。

（2）具有"无论提货与否均需付款"性质的设施使用协议是项目融资不可缺少的组成部分。这种项目"设施使用协议"在使用费的确定上至少需要考虑项目投资在三个方面的回收，即生产经营成本、融资成本和投资者收益。

2. 以"产品支付"为基础的项目融资模式

"产品支付"（Production Payment）是在石油、天然气和矿产品项目中常被使用的无追索权或有限追索权的融资方式，其起源于20世纪50年代美国的石油、天然气项目开发的融资安排，是项目融资的早期形式。项目公司以收益作为项目融资的主要偿债资金来源，即贷款得到偿还之前，贷款银行拥有项目的部分或全部产品。在绝大多数情况下，产品支付只是产权的转移，而非产品本身的转移。通常贷款银行要求项目公司重新购回它们的产品或充当它们的代理人来销售这些产品。

以"产品支付"为基础的项目融资模式适用于资源储藏量已经探明并且项目的现金流量能够比较准确地计算出来的项目。此模式所能安排的资金数量取决于所购买的那一部分产品的预期未来收益按照一定贴现率计算出来的净现值。

以"产品支付"为基础的项目融资模式，在具体操作上有以下基本特征：

（1）这种融资模式是建立在由贷款银行购买某一特定资源产品的全部或部分营业收入权益的基础上的，它是通过让贷款银行直接拥有项目产品的所有权来融资，而不是通过抵押或权益转让的方式来实现融资的信用保证。

（2）融资期限一般应小于项目预期的经济寿命期。即如果一个资源性项目具有20年的开采期，那么产品支付融资的贷款期限应远远少于20年，以保证项目在还本付息之外还能实现一定的收益。

（3）贷款银行一般只为项目建设投资提供融资，而不承担项目生产费用的融资。并且，贷款银行还要求项目发起人提供项目最低产量、最低产品质量等的担保。

（4）一般要成立一个"融资中介机构"，专门负责从项目公司中购买一定比例的产品，在市场上直接销售或委托项目公司作为代理人销售，并负责归集产品的销售收入和偿还贷款。

3. BOT项目融资模式

BOT（Build-Operate-Transfer的缩写），即建设—经营—移交。它是指政府将一个工程项目的特许经营权授予承包商（一般为国际财团）。承包商在特许期内负责项目设计、融资、建设和运营，并回收成本、偿还债务、赚取利润，特许经营期结束后将项目所有权移交给政府的一种项目融资模式。实质上，BOT融资模式是政府与承包商合作经营项目的一种特殊运作模式。从20世纪80年代产生以来，BOT融资模式越来越受到各国政府的重视，成为各国基础设施建设及资源开发等大型项目融资中较受欢迎的一种融资模式。

BOT融资模式在我国也称为"特许经营权融资方式"，主要以外资为融资对象，其含义是指国家或者地方政府部门通过特许经营权协议，授予签约方的外商投资企业（包括中外合资、中外合作、外商独资）承担公共性基础设施项目的融资、建造、经营和维护的权利；在协议规定的特许期限内，项目公司拥有投资建造设施的所有权，允许向设施使用者收取适当的费用，由此回收项目投资、经营和维护成本并获得合理的回报；特许期满后，项目公司将设施无偿地移交给签约方的政府部门。

4. TOT 项目融资模式

TOT(Transfer-Operate-Transfer 的缩写),即移交—经营—移交。它是 **BOT** 项目融资方式的新发展,指用私人资本或资金购买某项目资产(一般是公益性资产)的产权和经营权,购买者在一个约定的时间内通过经营收回全部投资和得到合理的回报后,再将项目产权和经营权无偿移交给原产权所有人的项目融资模式。这种模式已逐渐应用到我国的项目融资领域中。

TOT 项目融资模式存在以下几点 BOT 项目融资模式所不具备的优势:

(1)可以积极盘活国有资产,推进国有企业转机建制。

(2)可以为拟建项目引进资金,为建成项目引进新的、更有效的管理模式。

(3)该模式只涉及经营权让渡,不存在产权、股权问题,可以避免许多争议。

(4)投资者可以尽快从高速发展的中国经济中获得利益。

另外,由于 TOT 项目融资模式的风险比 BOT 项目融资模式的风险小得多,金融机构、基金组织、私人资本等都有机会参与投资,这也增加了项目的资金来源。

5. ABS 项目融资模式

ABS(Asset-Backed-Securitization 的缩写),即资产支持型资产证券化,简称资产证券化。资产证券化是指将缺乏流动性,但能够产生可预见的、稳定的现金流量的资产归集起来,通过一定的结构安排,对资产中风险与收益要素进行分离与重组,进而转换为在金融市场上可以出售和流通的证券的过程。

ABS 项目融资模式起源于 20 世纪 80 年代,由于具有创新的融资结构和高效的载体,满足了各类资产和项目发起人的需要,从而成为当今国际资本市场中发展最快、最具活力的金融产品。具体而言,ABS 融资有以下两种方式:

(1)通过项目收益资产证券化来为项目融资,以项目所拥有的资产为基础,以项目资产可以带来的预期收益为保证,通过在资本市场发行债券来募集资金的一种证券化融资方式。具体来讲,就是项目发起人将项目资产出售给特设机构(简称 SPV),SPV 凭借项目未来可预见的稳定的现金流,并通过寻求担保等信用增级(Credit Enhancement)手段,将不可流动的项目收益资产转变为流动性较高、具有投资价值的高等级债券,通过在国际资本市场上发行,一次性地为项目建设融得资金,并依靠项目未来收益还本付息。

(2)通过与项目有关的信贷资产证券化来为项目融资,即项目的贷款银行将项目贷款资产作为基础资产,或是与其他具有共同特征的、流动性较差但能产生可预见的稳定现金流的贷款资产组合成资产池(Asset Pool),通过信用增级等手段使其转变为具有投资价值的高等级证券,通过在国际市场上发行债券来进行融资,降低银行的不良贷款比率,从而提高银行为项目提供贷款的积极性,间接地为项目融资服务。

ABS 项目融资模式适用于房地产、水、电、道路、桥梁、铁路等收入安全、持续、稳定的项目。一些出于某些原因不宜采用 BOT 项目融资模式且关系国计民生的重大项目也可以考虑采用 ABS 项目融资模式进行融资。

第四节 资金成本与资金结构

一、资金成本及其计算

资金是一种资源，筹集和使用任何资金都要付出代价。资金成本就是投资者在工程项目实施中，为筹集和使用资金而付出的代价。**资金成本也称资本成本，是筹资管理的主要依据，也是投资决策的重要标准**。它由两部分组成，即**资金筹集成本**和**资金使用成本**。

资金筹集成本是指投资者在资金筹措过程中支付的各项费用。其主要包括向银行借款的手续费，发行股票、债券而支付的各项代理发行费用，如印刷费、手续费、公证费、担保费和广告费等。资金筹集成本一般属于一次性费用，筹资次数越多，资金筹集成本也就越大。

资金使用成本又称资金占用费，其主要包括支付给股东的各种股利、向债权人支付的贷款利息以及支付给其他债权人的各种利息费用等。资金使用成本一般与所筹资金的多少以及所筹资金使用时间的长短有关，其具有经常性、定期支付的特点，是资金成本的主要内容。

资金成本是企业理财的一个重要概念，国际上将其列为一项"财务标准"。资金成本对于企业筹资管理、投资管理，乃至整个经营管理都有重要的意义。资金成本的作用体现在以下几个方面：

(1)资金成本是比较筹资方式的依据。

1)个别资金成本是比较各种筹资方式优劣的尺度。企业筹集资金有多种方式可供选择，如借款、发行债券、发行股票等，不同的筹资方式其资金成本是不同的。资金成本的高低成为比较筹资方式的一个重要依据。

2)综合资金成本是企业进行资本结构决策的基本依据。企业的长期资金筹集有多种筹资组合方案可供选择，综合资金成本的高低是比较各种组合优劣、作出资金结构决策的基本依据。

(2)资金成本是评价各种工程项目是否可行的一个重要尺度。国际上通常将资金成本视为工程项目的"最低收益率"和是否接受工程项目的"取舍率"。在评价投资方案是否可行的标准上，一般要以项目本身的投资收益率与其资金成本进行比较。如果项目的预期投资收益率小于其资金成本，则项目不可行。

(3)资金成本还是衡量企业经营业绩的基准。如果企业的投资利润率高于资金成本率，则认为企业经营良好；反之，如果企业的投资利润率低于资金成本率，则说明企业经营不佳。

1. 资金成本计算的一般形式

资金成本可用绝对数表示，也可用相对数表示。为便于分析比较，资金成本一般用相对数表示，称之为资金成本率。其一般计算公式为

$$K=\frac{D}{P-F} \qquad (8\text{-}1)$$

或

$$K=\frac{D}{P(1-f)} \qquad (8\text{-}2)$$

式中　K——资金成本；

　　　D——用资费用；

　　　P——企业借款总额；

　　　F——筹资费用；

　　　f——筹资费用率，即筹资费用与筹资额之比。

2. 各种资金来源的资金成本计算

(1)银行借款的资金成本计算。

1)不考虑资金筹集成本时的资金成本：

$$K_d=(1-T)R \qquad (8\text{-}3)$$

式中　K_d——银行借款的资金成本；

　　　T——所得税税率；

　　　R——银行借款利率。

2)对项目贷款实行担保时的资金成本：

$$K_d=(1-T)(R+V_d) \qquad (8\text{-}4)$$

$$V_d=\frac{V}{Pn}\times 100\% \qquad (8\text{-}5)$$

式中　V_d——担保费率；

　　　V——担保费总额；

　　　P——企业借款总额；

　　　n——担保年限。

3)考虑资金筹集成本时的资金成本：

$$K_d=\frac{(1-T)(R+V_d)}{1-f} \qquad (8\text{-}6)$$

式中符号意义同前。

【例 8-1】　某企业为某建设项目申请银行长期贷款 1 000 万元，年利率为 10%，每年付息一次，到期一次还本。贷款管理费及手续费费率为 0.5%，企业所得税税率为 25%。试计算该项目长期借款的资金成本。

【解】　根据考虑资金筹集成本时的资金成本公式，该项目长期借款的资金成本为

$$K_d=\frac{(1-T)R}{1-f}=\frac{(1-25\%)\times 10\%}{1-0.5\%}=7.89\%$$

(2)债券资金成本。债券资金成本中的利息也在所得税前列支，但发行债券的筹资费用一般较高，应予以考虑。债券的筹资费用即债券发行费用，其包括申请发行债券的手续费、债券注册费、印刷费、上市费以及推销费用等。其中有些费用按一定的标准（定额或定率）支付，有的并无规定的标准。

债券的发行价格有等价、溢价、折价三种。债券利息按面额（即本金）和票面利率确定，

但债券的筹资额应按具体发行价格计算，以便正确计算债券资金成本。债券资金成本的计算公式为

$$K_b = \frac{I_b(1-T)}{B(1-f_b)} \tag{8-7}$$

或

$$K_b = \frac{R_b(1-T)}{(1-f_b)} \tag{8-8}$$

式中　K_b——债券资金成本；
　　　B——债券筹资额；
　　　f_b——债券筹资费率；
　　　I_b——债券年利息；
　　　R_b——债券利率。

若债券溢价或折价发行，为了更精确地计算债券资金成本，应以其实际发行价格作为债券筹资额。

【例 8-2】　假定某公司发行面值为 1 000 万元的 10 年期债券，票面利率为 8%；筹资费率为 5%，发行价格为 1 100 万元，公司所得税税率为 25%。试计算该公司债券的资金成本。如果公司以 700 万元发行面额为 1 000 万元的债券，资金成本又为多少？

【解】　根据债券资金成本的计算公式，以 1 100 万元价格发行时的资金成本为

$$K_b = \frac{I_b(1-T)}{B(1-f_b)} = \frac{1\,000 \times 8\% \times (1-25\%)}{1\,000 \times (1-5\%)} = 6.3\%$$

以 700 万元价格发行时的资金成本为

$$K_b = \frac{I_b(1-T)}{B(1-f_b)} = \frac{1\,000 \times 8\% \times (1-25\%)}{700 \times (1-5\%)} = 9.02\%$$

(3) 优先股资金成本。与负债利息的支付不同，优先股的股利不能在税前扣除，因而在计算优先股成本时无须经过税赋的调整。优先股成本的计算公式为

$$K_p = \frac{D_p}{P_p(1-f_P)} \tag{8-9}$$

或

$$K_p = \frac{P_p i}{P_p(1-f_p)} = \frac{i}{1-f_p} \tag{8-10}$$

式中　K_p——优先股资金成本；
　　　D_p——优先股每年股息；
　　　P_p——优先股票面值；
　　　f_p——优先股筹资费率；
　　　i——股息率。

【例 8-3】　某公司为某项目发行优先股股票，票面额按正常市价计算为 400 万元，筹资费费率为 4%，股息年利率为 14%，试求其资金成本。

【解】　根据优先股成本计算公式得

$$K_p = \frac{i}{1-f_p} = \frac{14\%}{1-4\%} = 14.58\%$$

(4) 普通股资金成本。普通股资金成本属于权益融资成本。权益资金的资金占用费是向股东分派的股利，而股利是以所得税后净利润支付的，不能抵减所得税。计算普通股资金

成本，常用的方法有"评价法"和"资本资产定价模型法"。

1)评价法。

$$K_c = \frac{D_c}{P_c(1-f_c)} + G \tag{8-11}$$

式中 K_c——普通股资金成本；

D_c——预期年股利额；

P_c——普通股筹资额；

f_c——普通股筹资费费率；

G——普通股股利年增长率。

【例 8-4】某公司发行的普通股正常市价为 800 万元，筹资费费率为 4%，第一年的股利增长率为 10%，以后每年增长 5%，试求其资金成本。

【解】根据普通股资金成本计算公式得：

$$K_c = \frac{D_c}{P_c(1-f_c)} + G = \frac{800 \times 10\%}{800 \times (1-4\%)} + 5\% = 15.4\%$$

2)资本资产定价模型法。

$$K_c = R_f + \beta(R_m - R_f) \tag{8-12}$$

式中 R_f——无风险报酬率；

R_m——平均风险股票必要报酬率；

β——股票的风险校正系数。

【例 8-5】某证券市场无风险报酬率为 10%，平均风险股票必要报酬率为 15%，某一股份公司普通股 β 值为 1.15，试计算该普通股的资金成本。

【解】根据资本资产定价模型法计算公式得：

$$K_c = R_f + \beta(R_m - R_f) = 10\% + 1.15 \times (15\% - 10\%) = 15.75\%$$

(5)融资租赁资金成本。企业租入某项资产，获得其使用权，要定期支付租金，并且租金列入企业成本，可以减少应付所得税。其资金成本为

$$K_L = \frac{E}{P_L} \times (1-T) \tag{8-13}$$

式中 K_L——融资租赁资金成本；

E——年租金额；

P_L——租赁资产价值。

(6)留存盈余资金成本。留存盈余是指企业未以股利等形式发放给投资者而保留在企业的那部分盈利，即经营所得净收益的积余，包括盈余公积和未分配利润。

留存盈余是所得税后形成的，其所有权属于股东，实质上相当于股东对公司的追加投资。股东将留存盈余用于公司，是想从中获取投资报酬，所以留存盈余也有资金成本，即股东失去的向外投资的机会成本。它与普通股成本的计算基本相同，只是不考虑筹资费用。如按评价法，其计算公式为

$$K_r = \frac{D_c}{P_c} + G \tag{8-14}$$

式中 K_r——留存盈余资金成本。

(7)加权平均资金成本(综合资金成本)。项目从不同来源取得资金，其成本各不相同。

由于种种条件的制约,项目不可能只从某种资金成本较低的来源筹集资金,而是对各种筹资方式进行有机组合。为了进行筹资和投资决策,就需要计算全部资金来源的平均(综合)资金成本率。它通常是用加权平均来计算的,其计算公式如下:

$$K_w = \sum_{j=1}^{n} K_j W_j \tag{8-15}$$

式中　K_w——加权平均资金成本;

　　　K_j——第 j 种个别资金成本;

　　　W_j——第 j 种个别资金成本占全部资金的比重(权数)。

二、资金结构

资金结构是指融资方案中各种资金的构成及其比例关系。 资金结构一般是由企业采用各种筹资方式而形成的,而各种筹资方式的不同组合类型决定企业的资金结构及其变化。资金结构包括资本金和债务资金结构比例、资本金内部结构比例和债务资金内部结构比例。

通常情况下,企业都采用债务筹资和权益筹资的组合,由此形成"搭配资金结构"或"杠杆资金结构",其搭配比率或杠杆比例(债务资金比率)表示资金结构中债务资金和权益资本的比例关系。因此,资金结构问题总的来说是债务资金比率问题,即债务资金在资金结构中占多大的比例。

资金结构是项目融资决策的核心问题。企业应综合考虑有关影响因素,运用适当的方法确定最佳资金结构,并在以后筹资中继续保持。企业资金结构不合理的,应通过筹资活动主动调整,使其趋于合理,直至达到最佳。

项目资本金比例越高,企业的财务风险和债权人的债权风险就越小,可能获得较低利率的债务资金。由于债务资金利息(债务成本)在企业所得税前列支,所以在资金结构决策中,合理地利用债务筹资,安排债务资金的比率,可以起到合理减税的效果。在项目全投资收益率大于债务利率时,由于财务杠杆作用,债务资金比例越高,权益资本收益率越高。

假设:　$R_\text{权}$——普通股股利率;

　　　　R——项目全投资收益率;

　　　　$R_\text{债}$——债务资金利率;

　　　　K——项目总投资;

　　　　$K_\text{权}$——权益资本;

　　　　$K_\text{债}$——债务资金。

则

$$R_\text{权} = (KR - K_\text{债} R_\text{债})/K_\text{权}$$
$$= R + K_\text{债}/K_\text{权}(R - R_\text{债}) \tag{8-16}$$

当 $R > R_\text{债}$ 时,$K_\text{债}/K_\text{权}$ 越大,$R_\text{权} \gg R$;

当 $R < R_\text{债}$ 时,$K_\text{债}/K_\text{权}$ 越大,$R_\text{权} \ll R$。

运用债务筹资,虽然可以发挥财务杠杆的作用,但同时也会增加企业的财务风险和债权人的债权风险。

一般认为,在符合国家资本金比例规定、符合金融机构信贷规定及债权人资产负债比例要求的情况下,资金结构应既能满足权益投资者期望收益的要求,又能较好地防范财务风险。

第五节 工程项目投资盈利性分析

盈利性分析是从企业(投资者)和项目主持者角度出发,计算项目直接发生的效益和费用,编制有关报表,计算评价指标,考察项目的盈利能力,明确项目对项目各利益主体的价值贡献。

盈利性分析的目的是分析投资项目对投资者的吸引力;分析比较投资和融资方案;分析投资回报对各利益主体的分配;分析影响盈利水平的因素。

盈利性分析只适用于盈利性的经营项目,通过市场机制来配置投资资源。非盈利性的公共项目或公益项目可以通过补贴后的财务条件来吸引民间参与,但整个项目的盈利性指标不作为项目评价与比选的依据。

根据盈利性分析与资金筹措的关系,盈利性分析可分为融资前分析和融资后分析。

融资前分析在未知资金来源的情况下,暂不考虑借款,以融资前的利润和所得税,编制全部投资现金流量表,计算所得税后的评价指标。

融资后分析以初步融资方案为基础,以融资后的利润扣所得税,编制全部投资及权益投资现金流量表,判断项目在融资条件下的合理性。

一、全部投资盈利性分析

全部投资盈利性分析不考虑资金来源,从全部投资总获利能力的角度,通过编制全部投资现金流量表,考察项目方案设计的合理性。全部投资盈利性分析包括融资前分析和融资后分析两个层面。

1. 全部投资现金流量表

全部投资现金流量表见表 8-4。

表 8-4 全部投资现金流量表　　　　　　　　　　　万元

序号	项目	合计	计算期					
			1	2	3	4	…	n
1	现金流入							
1.1	营业收入							
1.2	回收固定资产余值							
1.3	回收流动资金							

续表

序号	项 目	合 计	计 算 期					
			1	2	3	4	…	n
1.4	其他现金流入							
2	现金流出							
2.1	建设投资(不含建设期利息)							
2.2	流动资金							
2.3	经营成本							
2.4	销售税金及附加							
2.5	设备更新投资							
3	所得税前净现金流量(1−2)						计算指标: 全部投资内部收益率; 全部投资净现值; 投资回收期	
4	累计所得税前净现金流量								
5	所得税(融资前,后)								
6	所得税后净现金流量(3−5)								
7	累计所得税后净现金流量								

注: 1. 表8-4中,建设投资(固定投资)包括固定资产、无形资产和其他资产投资,不包括建设期借款利息;
 2. 按惯例,表8-4中的年份指的是该年年末。当年的现金流入减去当年的现金流出就得到当年的净现金流量。显然,计算期开始的几年,净现金流量是负的,它们代表投资资金的支出;计算期后面若干年的净现金流量一般是正的,它们表示投资的收益,主要是指税后利润、折旧费、摊销费和利息支出等;在计算期的最后一年(即第 n 年)还有资产回收的现金流入。

现金流入为营业收入,当然还包括计算期末可以回收的固定资产余值和回收的流动资金。

在现金流出中包括全部的建设投资(既包括投资者的权益投资,也包括用于投资的借贷资金和融资租赁的资产投入)、流动资金以及经营期的现金流出(包括经营成本、税金及附加)、所得税。

融资前的全部投资现金流量表是全部投资和全部投资收益现金流量的汇总,其中全部投资不考虑资金来源。总成本费用中利息支出为零,该表中的"所得税"应根据息税前利润($EBIT$)乘以所得税率计算,所得税额要大一些,以便与 $WACC$ 进行比较分析。融资后的全部投资现金流量表,它把用于投资的债权人的贷款也看作现金流出,把利息和借款的偿还看作是投资的回收,其所得税根据抵扣利息后的利润总额计算。

融资前盈利性分析,可作为投资决策的依据和融资方案研究的基础。

2. 项目全部投资盈利性判断

项目的全部投资包括权益资金部分和债务资金(包括借款、债务发行收入和融资租赁)的投资。对应的投资收益是税后利润、折旧与摊销以及利息。其中,利息可以看作债务资金的盈利。在研究全部投资的盈利能力时,可以按表8-4所列的净现金流量计算投资回收期、净现值和内部收益率。

全部投资的盈利能力指标基本上不受融资方案的影响，可以反映项目方案本身的盈利水平。表 8-4 中，除所得税一项外，其他各项的现金流量都不受融资方案的影响，都取决于项目本身。因此，它提供给投资者和债权人（可以认为是间接投资者）以最基本的信息——是否值得投资（或贷款）。全部投资现金流量合适的贴现率为与项目资产承受的风险相应的税前利率。

在项目运行的正常年份，现金流入主要是销售（营业）收入 R，现金流出是经营成本 C。非现金流的折旧和摊销 D 不作为现金流出。在考察全部投资获利能力时，投资借款的利息也不作为经营成本，因为利息可以看作债权投资者的获利。这样，初始投资为 P，永续净现金流为 $(R-C-T)$，则项目全部投资的内部收益率为

$$i' = \frac{R-C-T}{P} \tag{8-17}$$

式中，T 为由项目引起的所得税。如果由项目引起的有效所得税率为 τ，那么：

$$T = \tau(R-C-D-I) \tag{8-18}$$

代入式(8-17)后有：

$$i' = \frac{R-C-\tau(R-C-D-I)}{P} \tag{8-19}$$

式中，I 为借款的利息，按税法，利息是可以抵扣所得税的。现在我们来看融资的两种极端情况。

第一种是全部由投资者股权（权益）融资，股东要求的投资回报为 i_e。则项目达到盈利性目标的评价判据是：

$$i' = \frac{R-C-\tau(R-C-D)}{P} \geqslant i_e \tag{8-20}$$

第二种极端情况是，项目的投资全部由债务融资，债权人要求的利率为 i_d，代入前式，项目能清偿债务的盈利水平判据为

$$\frac{R-C-\tau(R-C-D')+\tau(i_d \cdot P)}{P} \geqslant i_d \tag{8-21}$$

式 8-21 移项后有：

$$i' = \frac{R-C-\tau(R-C-D')}{P} \geqslant (1-\tau)i_d \tag{8-22}$$

对照融资的两种极端情况下内部收益率公式，不等式左边 i' 的计算公式相同，按融资前现金流量计算；不等式右边则不同，债务资金成本可以因抵扣所得税而降低 $(1-\tau)$ 的比率。例如，股权融资和债务融资要求的回报都是 10%，所得税税率为 25%，那么前者要求项目的内部收益率不低于 10%；而后者可只要求不低于 $(1-25\%) \times 10\% = 7.5\%$。可以看出这里的内部收益率的计算都是按融资前的现金流量，即不考虑资金的来源结构，不考虑利息支付及利息对所得税抵扣的影响，同时假定融资方案对折旧没有影响，即 $D \approx D'$。

一般的项目资金来源都由权益融资和债务融资两部分组成，因此，平均资金来源的加权成本为

$$WACC = \lambda(1-\tau)i_d + (1-\lambda) \cdot i_e \tag{8-23}$$

式中 λ——债务融资占全部资金来源的比例；

i_d——债务融资成本(主要是债权人要求的利率);

i_e——权益融资成本(股东要求的回报率)。

这样就得到了融资前全部投资盈利性判据:

$$IRR \geqslant WACC \tag{8-24}$$

以上的推导过程表明,目前投资财务常用的判别基准——WACC 对应的项目收益率一定是融资前和税后的。融资方案隐含在不等式右边的 λ 中,因此,在逻辑上不严密,但误差不大,足以判定项目是否有吸引力。

内部收益率的计算不考虑资金筹措的影响,而判别的基准又通过资金的成本调整,考虑了对税收的抵扣。这样就大大简化了项目早期方案筛选工作。而融资后的全部投资现金流量,现金流出中的所得税已考虑债务利息的抵扣,则 $WACC = \lambda \cdot i_d + (1-\lambda) \cdot i_e$。融资方案隐含在不等式的两边,已体现具体的融资方案和资金成本,用以考察能否进一步调整。融资后全部投资盈利性与融资前计算的净现值结果相同,所以,在盈利性分析时也可不计算融资后全部投资现金流量表及其指标,融资后主要计算权益投资(自有资金)的盈利性。

项目对投资者的吸引能力主要取决于税后的现金流,即把所得税视为流出。这对新设法人项目来说较为简单,项目法人就是企业法人,所得税就可按项目生成的利润为基础计算;对于既有法人项目,项目与既有法人的企业并不重合,而所得税的纳税主体是企业并非项目,这就可能要计算项目对整个企业要缴纳所得税的影响。在通常情况下,我们均可把项目看成一个虚拟的企业,按项目计算利润和所得税,也就是说,把项目的利润和应纳所得税看成是企业的增量。按这个假设,项目盈利性分析可不必区分新设法人和既有法人的差别。

二、权益投资盈利性分析

权益投资盈利性分析是融资后分析,其目的是考察项目权益资金投资者的获利能力,分析判断项目方案在融资条件下的合理性。进行权益投资盈利性分析应从投资者整体的角度,分析其现金流量,通过编制项目权益投资现金流量表计算内部收益率、净现值等指标,分析投资者可获得收益水平。在市场经济条件下,对项目整体获利能力有所判断的基础上,权益投资盈利能力指标是比较和取舍融资方案的重要依据。权益投资盈利性分析根据需要可再细分各投资方的盈利水平的分析。

1. 权益投资现金流量表

全部投资现金流量表反映的是全部投资者在该项目上资金投入和收入的情况。投资中包括了投资者的出资部分,也包括负债资金。权益投资现金流量表(表 8-5)与表 8-4 不同的是,现金流出的投资中只包括权益投资,同时增加了借款的本金偿还和利息的支付。从表 8-4 中把借款的投资(假定全部投资减去权益投资就是借款数)去掉,同时也去掉债权人的收益(利息收入和本金收回),就得到表 8-5。

表 8-5 权益资金投资现金流量表　　　　　　　　　　万元

序号	项　目	合　计	计　算　期					
			1	2	3	4	…	n
1	现金流入							

续表

序号	项 目	合 计	计算期					
			1	2	3	4	…	n
1.1	营业收入							
1.2	回收固定资产余值							
1.3	回收流动资金							
1.4	其他现金收入							
2	现金流出							
2.1	权益资金							
2.2	借款本金偿还							
2.3	借款利息支付							
2.4	经营成本							
2.5	税金及附加							
2.6	所得税(融资后)				计算指标: 权益投资内部收益率			
2.7	设备更新投资中权益资金							
3	净现金流量(1—2)							

权益投资是指项目投资者的出资额,并假定债务资金投资(包括融资租赁的固定资产投资)与权益投资之和等于建设投资(含建设期利息的支付)。借款本金偿还中包括融资租赁的租赁费。权益投资中包括用于建设投资、流动资金和建设期利息的权益资金。

2. 权益投资盈利性判据

在研究权益投资的盈利能力时,可以按前面介绍的表 8-5 所列的净现金流量计算投资回收期、净现值和内部收益率。

计算权益投资盈利性时的基准收益率应体现项目发起人(代表项目所有权益投资者)对投资获利的最低期望值(最低可接受收益率)。这样权益投资盈利性判据为

$$IRR \geqslant MARR \tag{8-25}$$

当项目资本金财务内部收益率大于或等于该最低可接受收益率时,说明在该融资方案下,项目资金获利水平超过或达到了要求,该融资方案是可以接受的。

三、损益表的编制

损益表反映项目计算期内各年的利润总额、所得税及税后利润的分配情况,用以计算投资利润率、投资利税率和资本金利润率等指标。

损益表的编制需依据总成本费用估算表、产品销售收入和销售税金及附加估算表及表中各项目之间的关系来进行。表中各项目之间的关系如下:

$$利润总额 = 产品销售收入 - 总成本费用 - 销售税金及附加 \tag{8-26}$$

税后利润＝利润总额－所得税　　　　　　　　　　(8-27)

可供分配的利润＝税后利润－特种基金　　　　　　(8-28)

1. 利润总额的计算

利润总额（又称实现利润）是指项目在一定时期内实现盈亏的总额，即销售收入扣除总成本费用和销售税金及附加后的数额。

2. 项目亏损及亏损弥补的处理

项目在上一年度发生的亏损，可以用当年获得的所得税前利润弥补；当年所得税前利润不足弥补的，可以在五年内用所得税前利润延续弥补；延续五年未弥补的亏损，用缴纳所得税后的利润弥补。

3. 所得税的计算

利润总额按照现行财务制度规定进行调整（如弥补上年的亏损）后，作为评估计算项目应缴纳所得税额的计税基数。所得税税率统一为33％。国家对特殊项目有减免所得税规定的，按国家主管部门的有关规定执行。

4. 所得税后利润净额的分配

缴纳所得税后的利润净额按照下列顺序分配：

(1)提取法定盈余公积金。法定盈余公积金按当年净利润的10％提取，其累计额达到项目法人注册资本的50％以上时可不再提取。法定盈余公积金可用于弥补亏损或按照国家规定转增资本金等。

(2)提取公益金。公益金按当年净利润的5％～10％提取，主要用于企业职工的集体福利设施支出。

(3)向投资者分配利润。项目当年无盈利，不得向投资者分配利润；企业上年度未分配的利润，可以并入当年向投资者分配。

(4)利润用于上述分配后剩余部分为未分配利润。

四、工程项目盈利能力指标分析

工程项目盈利能力指标分析是通过一系列财务评价指标反映的。这些指标包括内部收益率、净现值、投资回收期等。这些指标的计算主要是依据现金流量表、损益表和投资计划与资金筹措表来进行的。

第六节　工程项目清偿能力分析

工程项目清偿能力的分析包括资金来源与运用表的分析、资产负债表的分析、借款清偿能力及财务比率的分析。新建项目清偿能力的分析，是在财务盈利能力分析的基础上，进一步对资金来源与资金运用平衡进行分析、资产负债表进行分析，分析项目的总体负债水平、清偿长期债务及短期债务的能力，为信贷决策提供评估依据。

一、资金来源与运用表的编制

资金来源及运用表反映项目计算期内各年的资金盈余或短缺情况，用于选择资金筹措方案，制订适宜的借款及偿还计划，并为编制资产负债表提供依据。

(1)该表须依据损益表、固定资产折旧费估算表、无形及递延资产摊销费估算表、总成本费用估算表、投资计划与资金筹措表、借款还本付息计算表等财务基本报表和辅助报表的有关数据编制。表中有资金来源、资金运用、盈余资金和累计盈余资金等项目。资金来源减资金运用等于盈余资金。最后计算累计盈余资金。

(2)资金来源与运用表由资金来源、资金运用、盈余资金和累计盈余资金四大部分组成。

编制中应注意：各年累计盈余资金不宜出现负值，如果出现负值，应通过增加短期借款解决。表中"回收固定资产余值"和"回收流动资金"应计入"当年余值"栏。

二、资产负债表的编制

资产负债表应综合反映项目计算期内各年年末资产、负债和所有者权益的增减变动及对应关系，用以考察项目资产、负债、所有者权益三者的结构是否合理，计算资产负债率、流动比率及速动比率，进行清偿能力分析。

(1)资产负债表依据流动资金估算表、固定资产投资估算表、投资计划与资金筹措表、资金来源与运用表、损益表等财务报表的有关数据编制。表中有资产、负债与所有者权益三个项目。编制该表时应特别注意是否遵循会计恒等式，即"资产＝负债＋所有者权益"。

(2)资产负债表是根据"资产＝负债＋所有者权益"的会计平衡原理编制，它为企业经营者、投资者和债权人等不同的报表使用者提供了各自需要的资料。分析中应注意根据资本保全原则，投资者投入的资本金在生产经营期内，除依法转让外，不得以任何方式抽回，计提固定资产折旧不能冲减资本金。

三、财务外汇平衡表的编制

财务外汇平衡表适用于有外汇收支的项目，用以反映项目计算期内各年外汇余缺状况，进行外汇平衡分析。该表主要有外汇来源和外汇运用两个项目，其编制原理与资金来源与运用表相同。

四、工程项目清偿能力指标分析

工程项目清偿能力分析要计算的指标包括固定资产投资国内借款偿还期、资产负债率、流动比率和速动比率。这些指标是依据资产负债表、借款还本付息计算表、资产来源与运用表进行计算的。

本章小结

项目融资包括既有项目法人融资和新设项目法人融资两种方式。项目资本金的筹措包括股东直接投资、股票融资和政府投资,项目债务筹资包括银行贷款、发行债券、融资租赁。通过本章的学习,要掌握资金成本的计算和资金结构,并能够进行工程项目投资盈利性和清偿能力分析。

思考与练习

一、填空题

1. 项目融资主体的组织形式主要有_____和_____两种形式。
2. 融资租赁的方式包括_____、_____和_____。
3. 债券的发行价格有_____、_____和_____三种。
4. 盈利性分析的目的是分析_____;分析_____;分析_____;分析_____。

二、选择题

1. 下列各项中不是既有项目法人融资的特点(   )。
   A. 拟建项目不组建新的项目法人,由既有法人统一组织融资活动并承担融资责任和风险
   B. 拟建项目一般是在既有法人资产和信用的基础上进行的,并形成增量资产
   C. 由新设项目法人承担融资责任和风险
   D. 从既有法人的财务整体状况考察融资后的偿债能力

2. 项目资本金的筹措不包括(   )。
   A. 股东直接投资   B. 银行贷款
   C. 股票融资   D. 政府投资

3. 项目债务筹资不包括(   )。
   A. 政府投资   B. 银行贷款
   C. 发行债券   D. 融资租赁

4. 融资租赁的优点不包括(   )。
   A. 可迅速取得所需资产,满足项目运行对设备的需求
   B. 在技术进步较快时,承租人面临设备性能劣化而不能对设备变性改造的障碍
   C. 由于租金在很长的租赁期间内分期支付,因而可以有效地缓解短期筹集大量资金的压力
   D. 租金进入成本,在税前列支,可使企业获得税收上的利益

三、简答题

1. 什么是项目融资主体?
2. 什么是项目资本金?
3. 筹集项目资本金应注意哪些问题?
4. 项目融资的主要模式有哪些?

四、计算题

1. 某企业从银行借款 100 万元,年利率为 12%,公司所得税税率为 27%,筹资费假设为 0,如果按下列方式支付利息,试计算借款的资金成本。

   (1) 一年分两次支付利息;
   (2) 一年分六次支付利息;
   (3) 一年分十二次支付利息。

2. 某企业为购买新设备发行了一批新债券,每张债券票面值为 1 000 元,年利率为 8%,一年分四次支付利息,15 年期满,每张债券发行时市价为 950 元。如果所得税税率为 25%,试计算该企业新发行债券的资金成本。

第九章 价值工程

> **知识目标**

1. 了解价值工程的概念、特征及其产生和发展过程，熟悉价值工程的工作程序；
2. 了解价值工程对象选择的原则，掌握价值工程对象选择的方法和所需资料收集；
3. 了解功能的定义和类别，掌握功能整理和评价方法；
4. 了解方案创造的原则，掌握方案评价方法；
5. 熟悉方案试验与实施，掌握价值工程活动成果评价方法。

> **能力目标**

1. 能进行价值工程对象的选择及所需资料收集；
2. 能进行功能整理和评价；
3. 能制定价值工程活动方案并对其进行评价与选择，选择最优方案后能对其成果进行评价。

第一节 价值工程概述

一、价值工程的概念与特征

（一）价值工程的概念

价值工程（Value Engineering，VE）是以最低的寿命周期成本，可靠地实现所研究对象的必要功能，从而提高对象价值的思想方法和管理技术。

价值工程的对象是指凡为获取功能而发生费用的事物，如产品、工艺、工程、服务或它们的组成部分。这一定义中涉及价值工程的三个基本概念，即价值、功能和成本。

1. 价值

价值工程中的"价值（Value）"是指分析对象具有的功能与获得该功能和使用该功能的全部费用之比。设对象（产品、系统、服务等）的功能为 F，其成本为 C，价值为 V，则价值的

计算公式为

$$V=\frac{F}{C} \tag{9-1}$$

式中　V——价值；

　　　F——功能；

　　　C——成本。

价值工程中的价值不同于经济学中的交换价值和使用价值。在经济学中，凝结在产品中的社会必要劳动时间越多，产品在市场上越是供不应求，其交换价值就越大；使用价值是指对象能够满足人们某种需要的程度，即功能或效用，功能或效用越大，使用价值就越大。价值工程中的价值是一种比较价值或相对价值的概念，对象的效用或功能越大，成本越低，价值就越大。在实际价值工程活动中，一般功能 F、成本 C 和价值 V 都用某种系数表示。

2. 功能

功能(Function)是指分析对象能够满足某种需求的一种属性。

一种产品往往会有几种不同的功能，为了便于功能分析，需要对功能进行分类，但不论怎样分类，功能分析的目的在于确保必要功能，消除不必要的功能。

(1)必要功能和不必要功能。必要功能是为满足使用者的需求而必须具备的功能；不必要功能是对象所具有的、与满足使用者的需求无关的功能。

(2)不足功能和过剩功能。不足功能是对象尚未满足使用者需求的必要功能；过剩功能是对象所具有的、超过使用者需求的功能。不足功能和过剩功能具有相对性，同样一件产品对甲消费者而言，可能功能不足；而对乙消费者而言，功能却已过剩了。

(3)基本功能和辅助功能。基本功能是与对象的主要目的直接有关的功能，是决定对象性质和存在的基本因素。辅助功能是为了更有效地实现基本功能而附加的功能。一般来说，基本功能是必要的功能，辅助功能有些是必要的，有些可能是多余的功能。例如，传真机的基本功能是收发数据电文，辅助功能有复印等。收发数据电文是传真机的必要功能，复印功能对于没有复印机的用户是必要功能，但对已有专门复印机的用户来说就是不必要功能。

(4)使用功能和品位功能。使用功能是指对象所具有的与技术经济用途直接有关的功能；品位功能是指与使用者的精神感觉、主观意识有关的功能，如贵重功能、美学功能、外观功能、欣赏功能等。使用功能和品位功能产品往往是兼而有之，但根据用途和消费者的要求不同而有所侧重。例如，地下电缆、地下管道、设备基础等主要是使用功能；工艺美术品、装饰品等主要是品位功能。

对一类产品而言，不同的消费者要求的功能是有差异的，为了使每件产品到达用户手中时，其功能都是满足消费者需要的必要功能，通常生产厂家需要针对不同的目标消费群体将产品开发成系列，以达到增加销量的目的；对一类消费者而言，生产厂家应对市场进行细分，对目标消费群体进行定位，尽可能减少产品的功能过剩和功能不足，使特色产品得到消费者满意，达到占领目标市场的目的。

3. 成本

成本(Cost)是指为获得产品的功能而支付的费用。在价值工程中，成本是指产品寿命周期成本，即一个产品从开发、设计、制造到使用全过程的耗费。具体来说，产品在研制、设计、生产和销售过程中所发生的费用为生产费用，而在使用过程中所发生的人工、能源、维修等费用为使用费用。产品的寿命周期成本就是生产费用和使用费用之和，即：

$$C = C_1 + C_2 \tag{9-2}$$

式中　C——产品寿命周期成本；
　　　C_1——产品生产成本；
　　　C_2——产品使用成本。

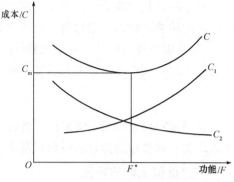

图 9-1　产品功能与成本的关系

一般情况下，产品随着功能的提高，生产费用上升，使用费用下降。在一定时期，产品的寿命周期成本最低，如图 9-1 所示。

由图 9-1 可以看出，在某一功能点 F^* 处，存在寿命周期成本最低点 C_m，价值工程就是要寻找寿命周期成本的最低点。

4. 价值、功能、成本三者之间的关系

价值与功能成正比，与成本成反比。功能越高，成本越低，价值就越大。价值工程是根据功能与成本的比值来判断产品的经济效益的，它的目标是提高产品的价值。具体来说，可以通过下列途径提高产品的价值。

(1) 成本不变，提高功能。在不增加产品成本的前提下，通过提高功能来提高产品的价值。其表达式为

$$V\uparrow = \frac{F\uparrow}{C} \tag{9-3}$$

一般可以通过产品的技术改造、工艺改造等方式，在成本不变的情况下提高产品的功能。

(2) 功能不变，降低成本。在保证产品原有功能不变的情况下，通过降低产品的成本来提高产品价值。其表达式为

$$V\uparrow = \frac{\overline{F}}{C\downarrow} \tag{9-4}$$

这是提高价值的一条常用途径，通过挖掘潜力，用标准件代替非标准件、寻找替代材料、降低废品、减少库存等物质消耗，在保证质量的前提下降低成本。

(3) 提高功能，降低成本。在提高功能的同时进一步降低成本，使价值大幅度地提高。其表达式为

$$V\uparrow\uparrow = \frac{F\uparrow}{C\downarrow} \tag{9-5}$$

这是提高价值的最理想的途径，一般需要应用新的科技成果，有新的发明创造才能实现。

(4) 成本小幅度增加，功能大幅度增加。通过增加少量的成本，使产品功能有较大幅度的提高，从而提高产品的价值。其表达式为

$$V\uparrow = \frac{F\uparrow\uparrow}{C\uparrow} \tag{9-6}$$

对于一些技术改造项目和工艺革新项目，使用了新设备、新材料，产品成本有所提高，但产品的功能得到大大地提高，因此价值也得到提高。

(5)功能小幅度降低，成本大幅度降低。在不影响产品基本功能的前提下，适当降低一些次要功能，使产品的成本大幅度下降，也可达到提高产品价值的目的。其表达式为

$$V\uparrow = \frac{F\downarrow}{C\downarrow\downarrow} \tag{9-7}$$

这条途径可以根据不同层次消费者的需求来设计产品的功能。对于较低层次的消费者，可以取消一些奢侈功能，而仅保留基本功能，从而降低成本。

(二)价值工程的特征

1. 目标上的特征

价值工程着眼于提高价值，即以最低的寿命周期成本实现必要功能的创造性活动。

2. 方法上的特征

功能分析是价值工程的核心，即在开展价值工程中，以使用者的功能需求为出发点。

3. 活动领域上的特征

价值工程侧重于在产品的研制与设计阶段开展工作，寻求技术上的突破。

二、价值工程的产生和发展

价值工程开始时被称为价值分析(Value Analysis)，1947年前后起源于美国。

第二次世界大战期间，由于战争需要，美国军事工业迅速膨胀，市场原材料供应严重不足，企业生产存在很大困难。美国通用电气公司设计师麦尔斯(LaurenceD. Miles)正为这家公司购买一批石棉板，由于货源奇缺，价格飞涨，难以买进。在着急为难之际，他提出一系列问题，例如，为什么要买石棉板？它的作用是什么？是否可以用其他东西代替？经分析，购买石棉板的目的在于避免涂料弄脏地板和防止火灾。当时美国《消防法》规定："刷产品涂料时要在地板上垫一层不燃烧的石棉板。"于是，麦尔斯便从"代用材料"上动脑筋，在市场上找到一种不燃烧的纸。这种纸货源充足，价格便宜，很利于企业降低成本。通过试验，这种纸确有石棉板隔脏和防火的功能。经过与消防当局交涉协商，修改了《消防法》，同意采用这种纸。这样既保证了生产所需，又节省了开支。这件事大大启发了麦尔斯，他在有关主管的支持下，与几个助手一起开展了这方面的研究，总结了一套在保证实现同样功能的前提下，寻找代用材料、降低产品成本的科学分析方法，并以"价值分析"为名发表。

麦尔斯的基本观点如下：

(1)用户需要的不是产品本身，而是它的功能，而且用户是按照与这些功能相适应的代价来支付货币金额的。

(2)价值分析的核心是功能分析，企业必须认真研究用户对产品功能的要求。企业如何才能设计和生产出物美价廉的产品，这实质上是怎样才能以最低的费用提供用户所需功能的问题。

(3)产品的功能与成本比值低的原因在于人，应把负责功能方面的技术部门与负责成本方面的经济及采购等部门联系起来，有效地提高价值。

麦尔斯后来负责了美国通用电气公司的价值分析活动，并不断改进方法，使其应用范围远远超过了原来的采购与代用方面。由于成效显著，他的做法引起了美国实业界的普遍

重视与效仿。20世纪50年代初,美国国防部在舰船局全面推行这套技术并改称其为"价值工程",这标志着这一技术经济方法的成熟与独立。

价值工程一经产生,便显示出其巨大的生命力。麦尔斯所在的通用电气公司开展价值工程活动17年,花费80万美元,却节约了2亿多美元。1961年,美国国防部迫于国会对军费开支过于庞大的强烈不满,要求有关企业必须采用价值工程方法降低生产成本,否则不予订货,这一措施取得了巨大成效。统计资料表明,1964至1972年9年间,美国国防部由于推广价值工程活动节约了10亿美元。美国休斯飞机公司在1978年发动4 000多人参加价值工程活动,收到提案3 714件,节约1亿多美元。

30多年来,西方许多国家都迅速推广了价值工程方法。例如,日本日立公司在不景气的1974年提出价值工程倍增计划,要求把因实施价值工程而带来的节约额由原来的每月12亿日元提高到25亿日元,并把价值工程扩展到产品设计、制造、采购、运输等方面,实际每月节约额超过50亿日元。西方国家普遍成立了价值工程师学会,并在许多大学开设价值工程课程,训练和培养了大批价值工程人员。

三、价值工程的工作程序

价值工程的一般工作程序见表9-1。由于价值工程的应用范围广泛,其活动形式也不尽相同,因此在实际应用中,可参照这个工作程序,根据对象的具体情况,应用价值工程的基本原理和思想方法,考虑具体的实施措施和方法步骤。但是工作对象选择、功能成本分析、功能评价和方案创造与评价是工作程序的关键内容,体现了价值工程的基本原理和思想,是不可缺少的。

表9-1 价值工程的一般工作程序

工作阶段	设计程序	工作步骤		对应问题
		基本步骤	详细步骤	
准备阶段	制订工作计划	确定目标	1. 工作对象选择	这是什么?
			2. 信息收集	
分析阶段	规定评价(功能要求事项实现程度的)标准	功能分析	1. 功能定义	这是干什么用的?
			2. 功能整理	
		功能评价	1. 功能成本分析	它的成本是多少?
			2. 功能评价	它的价值是多少?
			3. 确定改进范围	
创新阶段	初步设计(提出各种设计方案)	制订改进方案	1. 方案创造	有其他方法实现这一功能吗?
	评价各设计方案,对方案进行改进、选优		2. 概略评价	
			3. 调整完善	新方案的成本是多少?
			4. 详细评价	
	书面化		提出提案	新方案能满足功能要求吗?

续表

工作阶段	设计程序	工作步骤		对应问题
		基本步骤	详细步骤	
实施阶段	检查实施情况并评价活动成果	实施评价成果	1. 审批 2. 实施与检查 3. 成果鉴定	偏离目标了吗？

第二节 价值工程对象选择和资料收集

一、价值工程对象选择

价值工程对象就是生产中存在的问题。要把生产中存在的多种问题找出来，首先要根据社会主义建设和生产经营的需要；其次根据企业的重点，提高劳动生产率、提高质量和降低成本的目标；最后结合企业的具体情况，从自己周围熟悉的问题来考虑，正确选择价值工程对象是价值工程收效大小甚至是成败的关键。

(一)价值工程对象选择的原则

开展价值工程活动，首先要正确选择价值工程活动的对象。一个企业有许多种产品，每种产品又由许多要素或成分组成。只有正确选择价值工程分析的对象，抓住关键，才能取得明显的效果。

从理论上说，凡是为获得功能而发生费用的事物，都可以作为价值工程的研究对象，如产品、工艺、工程、服务或它们的组成部分等。但企业在进行价值工程活动时，不可能把所有产品都作为对象，必须有主次、轻重之分，根据具体情况作出选择。

价值工程选择对象一般应遵循下列几个原则：

(1)根据社会需求的程度选择对象。优先考虑对国计民生有重大影响的产品；优先考虑市场需求大或有潜在需求的产品；优先考虑用户对其质量不太满意的产品。

(2)根据产品的设计性能选择对象。优先考虑结构复杂、零部件多的产品；优先考虑技术落后、工艺繁杂、材料性能差的产品；优先考虑体积大、重量大、耗用紧缺物资多的产品。

(3)根据生产成本的角度选择对象。优先考虑工艺落后、生产成本高的产品；优先考虑原材料消耗多、次品率高、废品率高的产品。

(4)根据社会生态环境的要求选择对象。优先考虑能耗高的产品；优先考虑"三废"问题严重的产品。

(二)价值工程对象选择的方法

价值工程的对象选择是逐步缩小研究范围、寻找目标、确定主攻方向的过程。正确选择工作对象是价值工程成功的第一步,能起到事半功倍的效果。对象选择的一般原则是:市场反馈迫切要求改进的产品;功能改进和成本降低潜力较大的产品。

对象选择的方法很多,不同方法适宜于不同的价值工程对象,根据企业条件选用适宜的方法,就可以取得很好的效果。常用的对象选择方法包括**经验分析法、百分比法、ABC法、用户评分法、强制确定法、最合适区域法及百分比分析法**等。

1. 经验分析法

经验分析法又称因素分析法。这种分析方法是对象选择中最简单、最实用的方法。它是凭借参加者的经验和知识,在对产品情况和存在问题的关键所在都清楚了解的基础上,对影响产品、零件或各个工序有关因素进行全面综合分析后选择对象。这种方法常用因果关系分析图来分析,如图 9-2 所示。

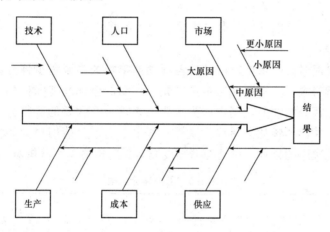

图 9-2 因果关系分析图

2. 百分比法

百分比法通常称为费用比重分析法,其是指通过分析产品的两个或两个以上的技术经济指标所占的百分比,发现问题的关键并选择价值工程分析对象的方法。这种比较可以从各种消耗费用和收益角度进行。

【例 9-1】 某厂有六种产品,它们的成本和利润百分比见表 9-2。

表 9-2 某厂产品成本和利润百分比

产 品	A	B	C	D	E	F	总 计
成本/万元	80	15	50	35	10	20	210
成本比重/%	38.1	7.1	23.8	16.7	4.8	9.5	100
利润/万元	26	5	6	12	4	7	60
利润比重/%	43.3	8.3	10.0	20.0	6.7	11.7	100

从表 9-2 可见，C 产品成本占六种产品总成本的 23.8%，但其利润只占总利润的 10%，应选为价值工程的重点分析对象。

3. ABC 法

ABC 法也叫作成本比重分析法、重点法或巴雷特法。用 **ABC** 法选择价值工程对象时，将产品、零件或工序按其成本大小进行排序，通过分析比较局部成本在总成本中所占比重的大小，用"关键的少数和次要的多数"的关系确定价值工程对象。

关于 A、B、C 的分类，一般来说是这样的：

A 类：数种比率占 10% 左右，而它的成本费用占总成本的比重为 70% 左右。显然，这一种类的事物(产品或零件)占了成本比重的绝大部分，故应将其选为价值工程活动的对象。

B 类：数种比率占 20% 左右，它的成本占总成本的比重为 20% 左右。这类事物是否选定为价值工程活动对象，需要根据具体情况决定。

C 类：数种比率占 70% 左右，它的成本占总成本的比重为 10% 左右。一般不宜选作价值工程活动对象，但有时也要视其重要性而决定。

对于产品不易分为零部件的，可以从成本构成角度分类。

4. 用户评分法

用户评分法是通过比较用户对产品的各项功能指标的重要程度评分，选择出某项功能作为价值工程分析对象。其具体做法是：首先把产品的全部性能指标列出来，然后由关心产品质量的用户按百分制评分，用户认为重要的多得分，次要的少得分，最后计算所有评分结果的平均分，并得到各功能重要性次序。表 9-3 为企业请用户为某种收录机打分的结果，按功能重要性次序的排列，可选择清晰度和音量为价值工程分析对象。

表 9-3　用户评分结果

功能 用户	清晰度	灵敏度	音量	可靠性	美观	合计
甲	28	20	28	9	15	100
乙	30	15	25	10	20	100
丙	32	16	24	10	18	100
平均得分	30	17	25.7	9.6	17.7	100
重要性次序	1	4	2	5	3	

5. 强制确定法

强制确定法是以功能重要程度作为选择价值工程对象的一种分析方法。其做法如下：

(1)先求出分析对象的成本系数、功能系数。

(2)然后得出价值系数，以揭示出分析对象的功能与成本之间是否相符；如果不相符，价值低的被选为价值工程的研究对象。

强制确定法从功能和成本两个方面综合考虑，比较适用、简便，不仅能明确揭示出价值工程的研究对象所在，而且具有数量概念。但这种方法是人为打分，不能准确地反映出功能差距的大小，只适用于部件之间功能差别不太大且比较均匀的对象，而且一次分析的部件数目也不能太多,以不超过 10 个为宜。在零部件很多时,可以先用 ABC 法、经验分析法选出重点部件,然后再用强制确定法细选;也可以通过逐层分析,从部件选起,然后在重点部件中选出重点零件。

强制确定法在功能评价和方案评价中也有应用。

6. 百分比分析法

百分比分析法是一种通过分析某种费用或资源对企业的某个技术经济指标的影响程度的大小(百分比)来选择价值工程对象的方法。

7. 最合适区域法

最合适区域法的思路如下:即使是价值系数相同的对象,由于各自的成本系数与功能评价系数的绝对值不同,因而对产品价值的实际影响也有很大差异。在选择目标时不应把价值系数相同的对象同等看待,而应优先选择对产品实际影响大的对象,至于对产品影响小的,则可根据必要与可能,决定选择与否。

二、价值工程所需资料的收集

要实现价值工程目标及其行动和决策,选择价值工程的对象,进行功能评价,选择最优方案,都需要大量迅速、准确、全面的情报资料。

价值分析所需要的资料,应围绕价值工程对象的要求来收集。一般情况下要涉及产品的研究开发、设计、生产、制造、安装、销售、维修和服务等方面的情况。一般需收集以下几个方面的内容。

1. 用户要求方面的情报

(1)用户使用产品的目的、使用环境和使用条件。

(2)用户对产品性能方面的要求如下:

1)对产品使用功能方面的要求,如建筑物的隔热、通风等。

2)对产品可靠性、安全性、操作性、保养性及寿命的要求,产品过去使用中的故障、事故情况与问题。

3)对产品外观方面的要求,如造型、体积和色调等。

(3)用户对产品价格、交货期限、技术服务等方面的要求。

2. 销售方面的情报

(1)产品销量的历史资料,目前产销情况与市场需求量的预测。

(2)产品竞争的情况。目前有哪些竞争的厂家和竞争的产品,其产量、质量、销售、成本、利润情况。同类企业和同类产品的发展计划,拟增加的投资额。重新布点、扩建、改建或合并调整的情况。

3. 科学技术方面的情报

(1)现有产品的研制设计历史和演变。

(2)本企业产品和国内外同类产品的有关技术资料,如图纸、说明书、技术标准、质量情况等。

(3)有关新结构、新工艺、新材料、新技术、标准化和"三废"处理方面的科技资料。

4. 制造和供应方面的情报

(1)产品制作方面的情报,如生产批量、生产能力、加工方法、工艺制备、生产节拍、检验方法、废品率、厂内运输方式、包装方法等情况。

(2)原材料及外构件，外构件的种类、质量、数量、价格、材料利用率等情况。

(3)供应与协作单位的布局、生产经营情况、技术水平与成本、利润、价格情况。

(4)厂外运输方式及运输经营情况。

5. 经济方面的情报

产品的成本构成，包括生产费、销售费、运输费、储存费和政策规定影响成本的项目。

6. 其他方面的情报

国家有关法规、条例、政策、环境保护、防治公害等有关影响产品成本的资料。

情报资料的收集要有明确的目标，收集的情报要求完整、可靠、及时，这就要求有计划地收集情报资料，并对取得的情报进行加工、分类，整理成可供分析利用的信息。

第三节　功能分析

功能分析是价值分析方法的核心，所谓功能分析，就是在深入分析产品或构件功能的基础上，寻找用最低成本实现该功能的途径，以便提出降低成本或提高功能的改进方案。

功能分析的内容包括功能的定义和分类、功能整理及功能评价。

一、功能的定义和分类

(一)功能的定义

功能定义就是用最简明的语言对价值工程对象的每一项功能作一个确切的描述，说明功能的实质，限定功能的内容，并与其他功能相区别。

功能定义中应注意以下三个方面事项：

(1)功能定义是对功能本质进行思考的基础，必须做到简洁明了、准确无误。一般要求用动词和名词宾语把功能简明扼要地描述出来，主语是被描述的对象。例如，基础的功能是"承受荷载"，这里基础是功能承担体。

(2)功能定义要定量化，除上述对功能进行定义描述外，应该加入数量限定词，以表明功能的大小，如提升××kg重物等。对不易准确量化的功能应尽量使用可测定数量的名词来定义，如提供热能、降低温度、变换速度等，其中热能、温度、速度可按不同需要进行测量。

(3)功能定义的表述要适当抽象，避免限定太死而影响其创造性的发挥。如在提出任务时，用"压力夹紧"比"机械夹紧"的思路开阔些，采用机械的方法和采用电磁的或液压的方法均可达到夹紧的目的。又如，在工件上"打孔"比"钻孔"的思路宽广些，因为打孔既可以铣孔，也可以冲孔、钻孔等，而钻孔则思路窄得多。所以，要尽量防止在功能定义中采用具体方案写实的表达方式。越是使用抽象的词汇，思路就越宽广，创造更多新方案的可能性就越大。

（二）功能的分类

产品功能即产品的实用价值，任何产品都具有使用价值，这是存在于产品中的一种本质。

产品的不同功能需要花费不同的成本去实现，功能分析的目的就是要用最小的成本实现产品的功能。

功能分析可以从功能的分类开始，为了弄清楚功能的定义，根据功能的不同特性，可以先将功能分为以下几类。

1. 基本功能和辅助功能

按功能的重要程度分类，产品的功能一般可分为基本功能和辅助功能。基本功能是产品的主要功能，就是产品所必不可少的功能，如果不具备这种功能，这种产品就失去其存在的价值；辅助功能是产品的次要功能，是为了更有效地实现其基本功能而添加的功能，是为了实现基本功能而附加的功能。

2. 使用功能和美学功能

按功能的性质分类，产品的功能可划分为使用功能和美学功能。使用功能从功能的内涵上反映其使用属性；而美学功能是从产品外观上反映其功能的艺术属性。

3. 必要功能和不必要功能

按用户的需求分类，产品的功能可分为必要功能和不必要功能。必要功能是指用户所要求的功能及与实现用户所需求功能有关的功能，使用功能、美学功能、基本功能、辅助功能等均为必要功能；不必要功能是指不符合用户要求的功能，包括多余功能、重复功能和过剩功能。因此，价值工程的功能一般是指必要功能。

4. 过剩功能和不足功能

按功能的量化标准分类，产品的功能可分为过剩功能与不足功能。过剩功能是指某些功能虽属必要，但满足需要有余，在数量上超过了用户要求或标准功能水平；不足功能是相对于过剩功能而言的，表现为产品整体功能或零部件功能水平在数量上低于标准功能水平，不能完全满足用户需要。

5. 总体功能和局部功能

按总体与局部分类，产品的功能可划分为总体功能和局部功能。总体功能和局部功能之间是目的与手段的关系。总体功能以各局部功能为基础，又呈现出整体的新特征。

二、功能整理

一个产品或它的一个部件，一般都有多个功能。按照有关功能方面的理论，找出这些功能之间的相互关系，并用适当的方式表达出来，这就是功能整理。

功能整理的目的是为了真正掌握对象的必要功能，功能整理负责回答和解决"它的功能是什么"这样的问题。

把每一条功能定义写在一张小卡片上，从中挑出一个基本功能，排在最左方，这是上位功能。接着针对这个功能提出问题——该功能是怎样实现的？为回答这个问题，就要找出它的下位功能，并排在右边。然后又问，这个下位功能是怎样实现的？同样又找出一个下位功能，并且一直找下去。上位功能同下位功能的关系，是目的同手段的关系。但目的与手段是相对的，某一个功能，是实现它的上位功能的手段，但却是它的下位功能的目的。

从下位功能找它的上位功能，只要回答"为什么需要这个功能?"，这个问题就能找到。有时，为了实现一个功能，需要几个功能作为它的手段，就排在同一垂直位置上，这些功能又各自有几个下位功能。这样排列的结果，就构成一个树枝状的图形，即功能系统图，也称逻辑功能图。如：

承受楼面荷载→承重梁板→制造钢筋混凝土梁板→供应钢材水泥
　　目的(上)……手段(下)
　　　　目的(上)……手段(下)
　　　　　　目的(上)……手段(下)

功能系统图的一般形式如图 9-3 所示。

研究改进方案时，可以沿着系统图中功能的顺序一个一个地研究，便可比较清楚地了解各功能之间的内在联系，从而发现不需要的功能(多余、重复的功能)，纠正功能的超出部分，得知可改进的地方，努力找出隐藏在整体内的无益成本。

以功能为中心的分析如图 9-4 所示。

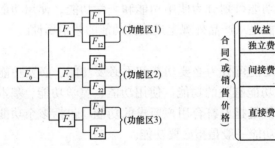

图 9-3　功能系统图　　　　　图 9-4　功能分析图

产品降低成本的余地为不需要的功能和设计构思的功能，即多余的功能，如过时的式样、过大的安全系数、设计师的偏爱等。

三、功能评价

功能评价是指在功能定义和功能整理的基础上，用数量化的方法进行定量分析，用数值来表示功能的大小和重要程度。功能评价的目的是评定某一功能的价值高低，找出低价值的功能或功能区域，以明确需要改进的具体功能范围。其具体方法是在已经明确的功能系统图的基础上，测定各个功能的价值系数，根据价值系数的大小来评定功能价值的高低。

进行功能评价的主要步骤如下：

(1) 将功能数量化，用功率大小、承载能力、功能评分或功能系数等表示。

(2) 求功能的现实成本 C。

(3) 求功能的评价值 F。

(4) 求功能价值 $V=(F/C)$。

(5) 计算改善期望值，即降低成本幅度，其计算公式为

$$H=C-F \tag{9-8}$$

当 $V=1$ 时，实现功能的现实成本与目标成本相符合，是理想的状况；当 $V<1$ 时，实现功能的现实成本高于目标成本，应设法降低现实成本，提高功能价值；当 $V>1$ 时，应先检查功能价值 F 确定得是否得当，如 F 值确定得太高，应降低 F 值到合理程度；如果 F 值确定得合理，可再检查现实成本 C 值低的原因，如果属于设计先进，采用了新技术和新方法，或因技术先进和经营管理水平较高造成的，则可判定为较合理；如果是由于评价对象的功能不足造成的，应分析原因，增加现实成本，提高功能，以满足用户需要。功能评价有如下两种方法。

1. 直接评分法

由若干专家或用户对产品构成要素的功能，根据重要程度，采用五分制、十分制或百分制进行评分，然后把对某要素打分的平均值与产品所有要素分数的和相比，即得功能系数。这种方法的优点是简便易行，其缺点是主观因素大，产品复杂时不便使用。

2. "01"评分法

"01"评分法也称强制确定法，简称FD法，其做法是：组织熟悉业务的若干专业技术人员对组成产品的部件按其重要性一对一地进行比较，重要程度高的得1分，重要程度低的得0分。然后，将各部件的得分结果进行统计，求出参加评分人员对同一部件的功能评分之和，再将所有部件的评分值汇总，两者相比，即得某一部件的功能评价系数。用公式表示即为

$$F_i = \frac{\sum_{j=1}^{m} f_{ij}}{\sum_{i=1}^{n} \sum_{j=1}^{m} f_{ij}} \qquad (9-9)$$

式中 F_i——第 i 个部件的功能评价系数；

f_{ij}——第 j 位评分者给第 i 个部件的功能评分值；

m——参加评分人数；

n——部件个数。

在多个评分者参与评分的情况下，f 应是平均的功能重要性得分。

【例9-2】 某产品的一个功能域中有五项并列功能，请10名专家用强制确定法评分，表9-4为其中某人的评分，表9-5为10名专家各自得分的结果，要求计算功能系数。

表9-4 强制确定法评分表("01"评分法)

功能	A	B	C	D	E	合计/f
A	1	1	1	1	1	5
B	0	1	0	0	1	2
C	0	1	1	1	1	4
D	0	1	1	0	1	3
E	0	0	0	0	1	1
合计						15($\sum f$)

表 9-5 专家各自得分结果

专家 功能	a	b	c	d	e	f	g	h	i	j	合计	平均得分/f
A	5	4	5	4	4	5	5	4	5	4	45	4.5
B	2	5	3	2	5	2	3	5	2	2	31	3.1
C	4	3	4	4	3	4	4	3	4	5	39	3.9
D	3	1	2	3	1	3	2	1	3	3	22	2.2
E	1	2	1	2	2	1	1	2	1	1	13	1.3
合计	15	15	15	15	15	15	15	15	15	15	150	$15(\sum f)$

【解】 计算各功能的平均得分 f(表 9-5),各功能系数计算如下:

$$F_A = \frac{4.5}{15} = 0.30 \qquad F_B = \frac{3.1}{15} = 0.21$$

$$F_C = \frac{3.9}{15} = 0.26 \qquad F_D = \frac{2.2}{15} = 0.15$$

$$F_E = \frac{1.3}{15} = 0.08$$

3. "04"评分法

"04"评分法的做法是请 5~15 个对产品熟悉的人员各自参加功能的评价。评价两个功能的重要性时采用以下五种评价计分:

(1)非常重要的零件得 4 分,另一个相比的功能很不重要时得 0 分。

(2)比较重要的功能得 3 分,另一个相比的功能不太重要时得 1 分。

(3)两个功能同样重要时,则各得 2 分。

(4)不太重要的功能得 1 分,另一个相比的功能比较重要时得 3 分。

(5)功能很不重要的得 0 分,另一个相比的功能非常重要时得 4 分。

【例 9-3】 某个产品有六个零件,相互间进行功能重要性对比。某一评价人员对该零件功能重要性的评价见表 9-6。

表 9-6 某零件功能重要性评价对比表("04"评分法)

零件名称	A	B	C	D	E	F	得分
A	×	4	4	3	3	2	16
B	0	×	3	2	4	3	12
C	0	1	×	1	2	2	6
D	1	2	3	×	3	3	12
E	1	0	2	1	×	2	6
F	2	1	2	1	2	×	8
合计							60

如请 10 个评价人员进行评定，同"01"评分法一样列表进行汇总，同样求出平均得分值和功能评价系数。

"04"评分法的产品零件对比次数总分$=2n(n-1)$，本例中产品由六个零件组成，总分$=2\times6\times(6-1)=60$(表 9-6)。

4. 倍数确定法(DARE 法)

它与 FD 法的不同之处是，FD 法是一对一地进行功能重要性对比，重要的打 1 分，次要的打 0 分，显然过分绝对。DARE 法则是根据重要性的大小灵活地按比例打分。DARE 法的步骤如下：

(1)根据功能系数图，决定评价功能的级别，确定功能区。假定有四个功能区 $F_1 \sim F_4$，见表 9-7。

表 9-7 功能评价系数表

功 能 区	暂定重要性系数	修正重要性系数	功能评价系数
F_1	3	9	0.621
F_2	2	3	0.207
F_3	1.5	1.5	0.103
F_4		1	0.069
合 计		$F=\sum F_i=14.5$	$\sum f_i=1.000$

(2)将上、下两相邻功能的重要性进行对比打分。如 F_1 与 F_2 相比，F_1 打 3 分；F_2 与 F_3 相比，F_2 打 2 分；F_3 与 F_4 相比，F_3 打 1.5 分；最后 F_4 打 1 分，这样打出的比分称为暂定重要性系数。

(3)对暂定重要性系数进行修正。从最低分的 F_4 开始，将 F_3 至 F_1 的重要性系数按倍数递推上去，得到各功能的修正重要性系数。如 F_2 的修正系数为 $1\times1.5\times2=3$。

(4)将各功能的修正重要性系数除以其合计总数，即得出功能评价系数。如 F_2 的功能评价系数$=3/14.5=0.207$。得到功能评价系数后，即可确定功能评价值。

求出功能现实成本和功能评价值(目标成本)后，就可求算功能价值和功能成本改善期望值，并按功能改善期望值的大小确定功能改善的顺序。

5. 定量评分法

定量评分法的做法是请 5～15 个对产品熟悉的人员各自参加功能的评价。评价功能重要性时，可综合应用"01"评分法和"04"评分法。评定出功能重要性系数，然后对零部件进行逻辑比例分配，最后计算出零部件的功能评价系数。

【例 9-4】 使用定量评分法计算某普通 28 英寸标准型自行车主要零部件功能评价系数。

【解】 (1)对 28 英寸标准型自行车进行功能分析：该自行车的基本功能是陆上短途脚踏交通工具，所起作用是代步及少量载重，既要安全又要可靠；安全功能要求能报警和制动，可靠功能要求坚固耐用，方向控制，附着力强；辅助功能要求停靠稳妥、防尘可靠、搬运方便；使用功能要求骑行轻快、感觉舒适、维修方便；外观功能要求造型大方、装饰新颖、色泽美观。

(2)根据功能分析先对四个功能用"04"评分法或"01"评分法进行评定,根据所有参加者的评分值求出功能评价系数,见表9-8。

表9-8 功能评价系数

功能类别	基本功能	辅助功能	使用功能	外观功能
功能评价系数	0.333 3	0.041 7	0.333 3	0.291 7

(3)将各功能的功能评价系数分配给各要求的功能,分配的比例根据其重要性来决定。例如,基本功能中可靠功能比安全功能重要,则可靠功能的重要性占70%,安全功能占30%;可靠功能中坚固耐用功能占70%,方向控制占20%,附着力强占10%等。现将各要求的功能分配到的功能评价系数汇总于表9-9。

表9-9 功能评价系数进一步分配

基本功能 0.333 3	可靠功能 70% 0.233 31	坚固耐用	70%	0.163 32
		方向控制	20%	0.046 66
		附着力强	10%	0.023 33
	安全功能 30% 0.099 9	制动装置	80%	0.079 92
		报警装置	20%	0.019 98
辅助功能 0.041 7		停靠稳妥	20%	0.008 34
		防尘可靠	10%	0.004 17
		搬运方便	70%	0.029 19
使用功能 0.333 3		骑行轻快	60%	0.199 98
		感觉舒适	30%	0.099 99
		维修方便	10%	0.033 33
外观功能 0.291 7		造型大方	30%	0.087 51
		装饰新颖	40%	0.116 68
		色泽美观	30%	0.087 51

(4)对各零件所能负担的各种功能进行评分评价后,求出各零件的功能评价系数。举几个零件为例加以说明(表9-10)。

表 9-10 零部件的功能系数汇总表

零件名称	基本功能 0.333 3					辅助功能 0.041 7			使用功能 0.333 3				外观功能 0.291 7			合计
	可靠功能 70% 0.233 31			安全功能 30% 0.099 9		停靠稳定 20% 0.008 34	防尘可靠 10% 0.004 17	搬运方便 70% 0.029 19	骑行轻快 60% 0.199 98	感觉舒适 30% 0.099 99	维修方便 10% 0.033 33	造型大方 30% 0.087 51	装饰新颖 40% 0.116 68	色泽美观 30% 0.087 51	
	坚固耐用 70% 0.163 32	方向控制 20% 0.046 66	附着力强 10% 0.023 33	制动装置 80% 0.079 92	报警装置 20% 0.019 98										
外胎	0.044 1 27%	0.044 7 10%	0.023 3 100%	0.004 0 5%				0.007 9 27%	0.010 0 5%	0.005 0 5%	0.009 0 27%	0.008 8 10%	0.005 8 5%		0.122 6
内胎	0.011 4 7%							0.002 0 7%	0.010 0 5%	0.005 0 5%	0.002 3 7%				0.030 7
鞍座	0.011 4 7%							0.002 0 7%		0.065 0 65%	0.002 3 7%	0.008 8 10%	0.011 7 10%	0.008 8 10%	0.110 0
飞轮	0.002 4 1.5%						0.000 4 10%	0.000 4 1.5%	0.040 0 20%		0.000 5 1.5%				0.043 7
大板铃	0.001 6 1%				0.017 0 85%			0.000 3 1%			0.000 3 1%	0.000 9 1%			0.020 1
前闸	0.001 6 1%			0.032 40%				0.000 3 1%			0.000 3 1%	0.001 8 2%			0.036 0
双撑	0.003 3 2%					0.008 3 100%		0.000 6 2%			0.000 7 2%	0.002 6 3%	0.005 8 5%	0.004 4 5%	0.025 7

第四节　方案分析与选择

经过对象选择、情报收集、功能分析和功能评价之后，价值工程活动就转入制订改进方案的创新阶段。这一阶段包括三个方面的内容：即改进方案的制订、改进方案的评价、价值工程活动成果的评价。回答三个方面的问题：有无其他方案能够实现同样的功能？新方案的成本是多少？新方案能可靠地满足要求吗？以前各阶段都是价值工程的准备阶段，只有方案创造与制订才是价值工程出成果的阶段，也是价值工程的重点和难点所在。

一、方案创造与改进

(一)方案创造

1. 方案创造的原则

(1)积极思考、大胆创新。价值工程人员要获得较好的方案，必须善于突破原有设计的限制，摆脱原有的实物的束缚，积极思考、大胆创新。要做到这点，要求参与改进工作的人员应具有一定的知识水平和创新意识。因为知识是创新的基础，创造意识就是发挥创造力的条件，即灵活运用经验和知识的能力。

(2)广泛联想，多提方案。根据功能定义及要求，多提各种设想，捕捉一闪即逝的思想火花，不轻易否定某个设想，而是在某个设想的基础上广泛联想，以便提出方案。方案越多，选取的方案就会越好。

(3)从功能出发，以功能为核心，应优先考虑上位功能。在方案创新时，选出的价值工程改进对象可能并不在同一功能区域中，应首先考虑其中的上位功能。这是因为上位功能的作用较大，它的改进能带来更大的经济效益。同时，上位功能的内容一般也比下位功能的内容抽象，这可以使方案创新时的思考少受限制。

2. 方案创造的过程

在选择分析对象时，某一产品经过功能分析和功能评价后，确定了价值工程的对象和目标成本。目标成本的实现，取决于能否创造出具体可行的最优化方案。方案创造的内容和程序如图 9-5 所示。

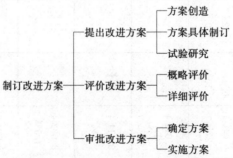

图 9-5　制订改进方案过程示意图

由图 9-5 可知，方案创造包括三个方面的具体内容，即提出方案、评价方案和审批方案。由七个步骤组成，即改进方案的创造、方案具体制订、试验研究、概略评价、详细评价、确定方案和实施方案。

(1)改进方案的创造。改进方案的创造是价值工程的生命，是价值工程目标得以实现的手段和途径。所以要求发挥创新的精神，尽可能地多提设计构思和改进设想，以代替原来的方案。

(2)方案具体制订。价值工程的构思和设想，需要通过一定的载体来实现，这种载体就是具体的方案。

(3)试验研究。对改进方案从技术上进行必要的可行性研究，并进行方案的全面分析，以克服和消除所发现的问题。

(4)概略评价。在方案具体化之前，需要淘汰部分价值较低的设想方案，作为进一步研究的基础，这是方案评价的第一步。

(5)详细评价。通过以上各项活动以后，对初选出的价值高的改进方案进行详细评价。

(6)确定方案。将经过详细评价后所选出的最优方案作为最后的改进方案，要制订正式提案，交有关部门审查批准后，方可组织实施。

(7)实施方案。方案实施是价值工程的最后一个环节，它是把美好的构思和设想通过产品这个载体变为现实的阶段。

(二)方案改进

改进方案的创造关键在于价值工程工作人员要积极进取，刻苦钻研，深入思考和勇于创新。要敢于打破框框，大胆设想，集思广益，充分发挥人的想象力和创造力。

在方案的创造活动中，使用的方法有很多种，常用的有**头脑风暴法**、**哥顿法**、**德尔菲法**、**输入输出法**及**专挑毛病法**。

1. 头脑风暴法

头脑风暴法简称 BS 法，这是 1941 年由美国 BBDD 广告公司的奥斯本首创的。**它是通过会议形式，针对指定问题畅所欲言地提出解决的方案。**要求与会者应是各方面的专业人员，以 10 人左右为宜。该法的目的是使与会者头脑中掀起思考的"风暴"，因此有以下四条原则：

(1)不批评别人的方案和意见，以免影响别人的思路。

(2)欢迎自由奔放地思考，不管原方案是什么权威设计的，都要从功能分析入手，争取有所突破。

(3)方案越多越好。

(4)要求在别人的方案基础上进行改进或与之结合，以便互相启发，产生连锁反应，提出更多的设想。

这种方法的特点是可以相互启发，相互鼓励，从而把与会人积累的常态的和潜在的全部智慧和才能都调动起来，使与会者的智慧能处于激发态，往往会得到超常发挥。

2. 哥顿法

哥顿法是由美国人哥顿在 1964 年提出的方法，其指导思想是把要研究的问题适当抽象，以利于开阔思路。这种方法也是在专家小组会上提方案，但主持者在会议开始时不把要研究的问题全部摊开，即研究什么问题、目的是什么，先不向与会者说明，而只把问题抽象地介绍给大家,要求专家海阔天空地提出各种设想。待会议进行到一定程度,即时机成熟时,再阐明所要研究的具体问题,以作进一步研究。这种方法实际上是先用抽象功能定义的方法,然后循序渐进、步步深入,直到获得新方案为止。它的优点是常常可以得到一些新奇的设想。

例如,研究磨光机的研制开始时只提"用什么办法可以把一种面朝上的东西磨平磨光";再如,在研究屋盖系统的设计时,只是"用什么办法可以将大面积的物体覆盖起来,既保温隔热,又防雨防晒"。大家围绕这样的问题提方案,等到形成若干不同方案和设想之后,再把具体对象说清楚,作进一步探讨。这种方法的优点是不受现有具体事物的约束,富有创新精神。

3. 德尔菲法

德尔菲法也叫作函询调查法,这种方法是采用函询调查的形式,由组织者将所提出的方案分解为若干内容,函寄有关专家,请对方根据要求提出建议方案后再寄回,然后将征询到的意见整理归纳,提出若干较合适的方案和建议,再寄给有关专家进行第二次意见征询。如此多次反复,直到得到满意的方案为止。

这种方法的优点是有利于专家独立思考,各抒己见,充分发挥自己的见解,避免专家会议当面讨论可能产生的心理影响,同时又简便易行、节约开支,具有较高的可靠性。这种方法的缺点是信件往返时间长,对信件的分析整理费时费力,有待改进。

4. 输入输出法

输入输出法(Input-Output System)是美国通用汽车公司在产品设计阶段所使用的一种方法。它是通过输入、输出和制约条件的研究,提出解决问题的方法。这里的输入是指研究对象的初始状态,输出是指对象功能目的,制约条件是指实现功能的要求事项。

采用这种方法,首先要给定制约条件,然后设想输入和输出之间有无联系。如果没有联系,就要研究输入能与什么事物联系,通过什么手段才能达到输出的目的。这样逐步地深入来接近所需要达到的目的。

5. 专挑毛病法

专挑毛病法是组织有关人员对原方案(产品、零件、功能等)挑毛病,然后分类整理,提出改进目标。

二、方案评价和选择

方案评价是在方案创造的基础上对新构思方案的技术、经济和社会效果等几个方面进行的评估,以便选择最佳方案。

(一)方案评价阶段

方案评价分为概略评价和详细评价两个阶段。

1. 概略评价

概略评价是对已创造出来的方案从技术、经济和社会三个方面进行初步研究。其目的是从众多的方案中进行粗略的筛选,减少详细评价的工作量,使精力集中于优秀方案的评价。

概略评价包括技术评价、经济评价、社会评价和综合评价等几个方面。进行概略评价需要有一定的评价项目和评价标准作为评价的基础，通常以现有产品作为评价的基准，比较新方案和旧方案在技术上的可行性和先进性，经济上的可能性和合理性，社会上的可持续发展性和长期利益性。

2. 详细评价

详细评价是在概略评价的基础上，对经粗略筛选后保留下来的少数方案作更加详细、具体的深入分析与比较，以便从中选择出最优可行方案作为最终方案。详细评价也从社会、技术和经济等几个方面，采用定性和定量相结合的方法进行。

(1)社会评价。社会评价是从整个社会的可持续发展和长期利益的角度，从资源和生态环境影响、用户利益维护、社会就业、促进科技进步等方面系统地分析评价方案实施后给社会带来的各种效益。

(2)技术评价。方案的技术评价是以用户所需的功能为依据，看其对必要功能的实现程度。一般应从产品的技术性能、产品的可靠性、产品的安全性、产品的操作性、产品的美观性、产品的环境适应性、产品的维修保养方便性及产品本身的加工、装配、搬运性等方面进行评价。进行技术评价常用的方法有优缺点列举法、加权评分法和综合评价法等。

(3)经济评价。经济评价是围绕方案的经济效益进行评价。进行经济评价的评价指标和评价方法很多，可参见本书相关内容，这里不再赘述。

(4)综合评价。在技术评价、经济评价、社会评价的基础上，进行综合评价。综合评价是对方案进行的综合性的全面评价和审查。

常用的定性综合评价方法有优缺点列举法和德尔菲法；定量评价方法有加法评分法、连乘评分法、加乘评分法和定量评分法等。这些定量评价方法的共同特点是利用打分的办法区分项目的重要程度和各个方案对评价项目的满足程度，根据方案得分的多少确定方案的优劣。

(二)方案评价方法

1. 评分法

方案的效果好坏可以用分数来评比，应邀请有经验的行家来评分，评价给分表见表9-11。

表9-11 评价给分表

方案接近理想完成的程度	给分值
很好很理想的方案	4
好的方案	3
过得去的方案	2
勉强过得去的方案	1
不能满足要求的方案	0

(1)从评价给分表中先分析技术价值系数，技术价值系数用 X 表示，公式为

$$X = \frac{\sum P}{nP_{\max}} \tag{9-10}$$

式中 P——各方案满足功能的数据,可分别评定后求得;

$P_{\max}$——满足功能的最高得分,$P_{\max}=4$ 分;

n——需要满足的功能数。

以手表为例的方案评分表见表 9-12。

表 9-12 手表方案的评分表

技术功能目标	A方案	B方案	C方案	理想方案
走时准确	3	2	1	4
防震性能	3	2	1	4
防水性能	3	2	1	4
防磁性能	4	2	1	4
夜光性能	0	3	0	4
式样新颖	3	3	3	4
$\sum P$	16	14	7	24
$X = \frac{\sum P}{nP_{\max}}$	$X_A = 0.06$	$X_B = 0.58$	$X_C = 0.29$	$X_{理} = 1.00$

(2) 从经济价值对方案进行评价,经济价值系数用 Y 来表示,其计算公式为

$$Y = \frac{H_{理} - H}{H_{理}} \tag{9-11}$$

式中 $H_{理}$——理想成本(元);

H——新方案的预计成本(元)。

理想成本的确定,可将老产品原成本作基数来计算,如原手表的成本为 10 元/只,A、B、C 方案的预算成本见表 9-13。

表 9-13 手表方案的成本及经济价值系数

方案名称	新方案的预计成本 H/元	理想成本 $H_{理}$/元	经济价值系数
A	8	10	$Y_A = 0.2$
B	7	10	$Y_B = 0.3$
C	6	10	$Y_C = 0.4$

(3) 对三个方案作综合评价,综合评价系数以 K 表示为

$$K = \sqrt{XY} \tag{9-12}$$

式中 X——技术价值系数;

Y——经济价值系数；

K——综合评价系数。

各方案的 X、Y、K 数值见表9-14。

表9-14　手表方案的综合评价法

方案名称	技术价值系数 X	经济价值系数 Y	综合评价系数 K
A	0.66	0.2	0.363 3
B	0.58	0.3	0.417 1
C	0.29	0.4	0.340 6

从表9-14中可以看出，方案B的综合评价系数最高，因此，方案B为最佳方案。

2. 功能加权法

功能加权法应选择5～15个熟悉产品的人员参加综合评价，其具体做法是：

首先求出功能加权的系数，再由各评价人员对各个方案功能满足的程度作出评分，将评分值与功能加权系数相乘得出每一方案的评价总值，求其各方案的平均评价总值。

功能加权的系数可以按百分率来表示，如手表，经过评定人员的评定，功能加权的平均系数见表9-15。

表9-15　手表功能加权的平均系数表

功能名称	走时准确	防振	防水	防磁	夜光	式样新颖	价格低廉
功能加权系数/%	30	9	10	4	4	27	16

加权系数也可以按功能的重要性排列后给予一个数值。例如，某种产品需要满足九个功能，经过评价人员的评定，最后确定按其功能重要性排列为A、B、C、D、E、F、G、H、I；功能加权系数为9、8、7、6、5、4、3、2、1；评价人员的功能满足系数、评价总分、n人平均评价总分见表9-16。

表9-16　五个方案的综合评价

功能φ评分	I	H	G	F	E	D	C	B	A	评价总分	n人平均评价总分	估计成本/元
	1	2	3	4	5	6	7	8	9			
方案				满足系数 S						$\sum \phi \cdot S$	$\dfrac{\sum \phi \cdot S}{n}$	
一	10	7	3	9	8	9	6	8	10	359	356	55
二	10	8	4	10	8	9	6	8	10	368	365	47
三	10	10	4	10	8	9	6	8	10	372	370	54
四	10	8	8	5	9	9	6	8	10	365	366	42
五	10	10	7	10	8	9	7	9	10	396	398	43

有了评价总分和估计成本，要怎样来选择方案需要看决策者强调的是什么。如果强调功能方面，就选择总分最高的方案五；如果强调的是成本，则选择成本最低的方案四（不能有任何一个功能的满足系数为零）；如果在功能与成本之间选择一个折中方案，可以选择方案五。经过评价，方案五为最优方案，可以为选择的方案。方案选择有时也可以根据市场销售情况、质量与可靠性等方面综合作出评价。

3. 环比法

环比法也即前述倍数确定法或 DARE 法。例如，为某种产品提出三个改进方案，需要满足 A、B、C、D、E 五个评价因素，用环比法选择改进方案。

(1)确定各评价因素的重要性系数 W_i。重要性系数 W_i 的确定方法是从上到下把相邻的两个功能依次对比，其功能的重要性的差别以倍数计算，如 F_1 和 F_2 比较，F_1 的重要性是 F_2 的两倍，则 F_1 的暂定重要性系数为 2，以此类推。第二步对暂定重要性系数进行修正，修正的方法是把最后一个评价因素 F_5 的修正重要性系数定为 1，从此开始逐一往上求算修正重要性系数。例如，F_4 的修正重要性系数等于 F_5 的修正重要性系数乘以 F_4 的暂定重要性系数。以此类推，可求得评价因素的重要性系数，其计算过程见表 9-17。

表 9-17 重要性系数 W_i 计算表

评价因素 (1)	暂定重要性系数 (2)	修正重要性系数 (3)	重要性系数 (4)
F_1	2.0	7.20	0.4
F_2	0.8	3.60	0.2
F_3	3	4.50	0.25
F_4	1.5	1.50	0.09
F_5	—	1.00	0.06
合　　计	—	17.80	1.00

(2)求各备选方案对各评价因素的满足程度系数 S_i。S_i 的确定方法与 W_i 相同，见表 9-18。

(3)计算各备选方案的总评分值。把各评价因素的重要性系数 W_i 乘以各备选方案的满足程度系数 S_i，并求其和，可求得各备选方案的总评分值，见表 9-19，选择总评分值最高的方案一为最优方案。

表 9-18 满足程度系数 S_i 计算表

评价因素(1)	备选方案(2)	暂定重要性系数(3)	修正重要性系数(4)	满足程度系数(5)
F_1	一	3.0	2.40	0.57
	二	0.8	0.80	0.19
	三	—	1.00	0.23
	合计		4.20	1.00

续表

评价因素(1)	备选方案(2)	暂定重要性系数(3)	修正重要性系数(4)	满足程度系数(5)
F_2	一	0.25	0.2	0.10
	二	0.8	0.8	0.40
	三	—	1.00	0.50
	合计		2.00	1.00
F_3	一	0.8	1.60	0.35
	二	2.0	2.00	0.43
	三	—	1.00	0.22
	合计		4.60	1.00
F_4	一	4.0	2.40	0.60
	二	0.6	0.60	0.15
	三	—	1.00	0.25
	合计		4.00	1.00
F_5	一	2.0	1.40	0.45
	二	0.7	0.70	0.23
	三	—	1.00	0.32
	合计		3.10	1.00

表 9-19 备选方案的总评分值

评价因素	重要性系数 W_i	一		二		三	
		S_i	$W_i \cdot S_i$	S_i	$W_i \cdot S_i$	S_i	$W_i \cdot S_i$
F_1	0.40	0.57	0.23	0.19	0.08	0.24	0.10
F_2	0.20	0.10	0.02	0.40	0.08	0.50	0.10
F_3	0.25	0.35	0.09	0.43	0.11	0.22	0.06
F_4	0.09	0.60	0.05	0.15	0.01	0.25	0.02
F_5	0.06	0.45	0.03	0.23	0.01	0.32	0.02
合计	1.00		0.42		0.29		0.30

(三)方案选择

方案的选择概括起来应从两个方面考虑：一方面是效果，即完成功能的好坏；另一方面是成本，即所需成本高低。

综合两个方面考虑，应选择成本低、效果好的方案作为采用的方案。

第五节 方案实施与活动成果评价

一、方案试验与实施

1. 方案试验

选出新的最优改进方案后,由于采用了过去未曾用过的新结构、新工艺、新材料等,为了做到确定可靠地掌握未知因素,并为审批方案提供有说服力的依据,还需进行必要的试验。试验的步骤如下:

(1)试验前要制订试验计划,提出试验方法、设备、材料、日期、负责人以及试验结果的评价标准。

(2)试验。

(3)试验后要对试验结果进行汇总、整理、分析和总结,写出试验报告。

(4)当试验通过时,可以正式提案。提案时要将原产品的技术经济指标体系、用户要求、存在的主要问题、拟达到的目标,原产品的成本、质量、销售量等具体明确;产品功能分析,改进的对象目标、依据,改进前后的试验数据、图纸,改进后的预计成本、预计效果等都要汇总附上,报请主管部门审查批准。

2. 方案实施

在方案实施过程中,一方面,要监督执行情况,检查实施效果,不断进行反馈和控制;另一方面,要对价值工程成果进行总结和评价。所以,价值工程活动的工作人员要自始至终参与方案的实施过程,并要做好表 9-20 所列的任务。

表 9-20 工作人员参加方案实施过程的任务

项 目	内 容
健全组织	在企业负责人领导下,以技术部门为主,组织产品设计人员、工艺人员、质量管理人员、财会人员、营销人员等参加,组成价值工程领导小组,开展价值工程的实施活动
培训人员	通过学习与培训,使广大员工理解、支持和参与价值工程活动,掌握新方案实施技术
反馈与提高	对在实施价值工程方案中出现的问题及时反馈,并将它作为价值工程下一个循环活动的对象,使之不断完善与改进

二、价值工程活动成果总评

选定的改进方案实施之后,要对价值工程活动成果进行评价。总评内容根据具体情况与需要来决定,一般除社会效果的综合评价外,还可以用以下的定量计算来评价价值工程活动的经济效果:

(1) 成本降低率。成本降低率是指方案改进后成本降低的比率。其计算公式为

$$成本降低率 = \frac{改进前成本 - 改进后成本}{改进前成本} \times 100\% \qquad (9\text{-}13)$$

(2) 全年净节约额。全年净节约额是指全年生产成本的节约额与价值工程活动费之差。其计算公式为

$$全年净节约额 = (改进前单位成本 - 改进后单位成本) \times 年产量 - 价值工程活动费 \qquad (9\text{-}14)$$

(3) 节约倍数。节约倍数是指方案改进后全年净节约额与价值工程活动费的比值。其计算公式为

$$节约倍数 = \frac{全年净节约额}{价值工程活动费} \qquad (9\text{-}15)$$

本章小结

价值工程(简称VE)是以最低的寿命周期成本,可靠地实现所研究对象的必要功能,从而提高对象价值的思想方法和管理技术。为了真正掌握对象的功能,应对其进行功能整理和评价。经过对象选择、情报收集、功能分析和功能评价之后,应进行方案的制订、评价和选择,选出最优方案后对其进行试验和实施,并对其试验效果进行评价。

思考与练习

一、填空题

1. _____是价值工程收效大小甚至是成败的关键。
2. 常用的对象选择方法包括_____、_____、_____、_____、_____、_____及_____等。
3. 方案创造的原则包括_____、_____及_____。
4. 方案评价分为_____和_____两个阶段。

二、选择题

1. 价值工程起源于( )。
   A. 美国   B. 英国   C. 日本   D. 中国
2. 价值工程的核心是( )。
   A. 对象选择 B. 方案制订 C. 功能分析 D. 效果评价
3. 功能整理的主要任务是( )。
   A. 确定功能定义   B. 确定功能成本
   C. 确定功能系统图   D. 确定功能系数
4. 价值工程的总成本是( )。
   A. 生产成本   B. 使用成本
   C. 产品寿命周期成本 D. 使用与维修费用成本

参考答案

三、简答题

1. 什么是价值工程？简述其特点。
2. 简述价值工程对象选择的一般原则。
3. 价值工程需要收集的资料包括哪些内容？
4. 什么是功能？功能是如何分类的？
5. 功能评价的方法有哪些？
6. 如何进行方案评价？

四、计算题

1. 已知各功能的相互关系及现实成本，见表9-21。试计算价值系数。

表 9-21 各功能的相互关系及现实成本表

功能	相对比值	得分	功能系数	现实成本/元	成本系数	价值系数	改善目标/元
F_1	$F_1/F_2=2$			560			
F_2	$F_2/F_3=1.5$			300			
F_3	$F_3/F_4=2.5$			160			
F_4				130			
合计							

2. 某产品由十三种零件组成，各种零件的个数和每个零件的成本见表9-22，试用不同的方法进行功能评价。

表 9-22 各零件成本表

零件名称	a	b	c	d	e	f	g	h	i	j	k	l	m
零件个数	1	1	2	2	18	1	1	1	1	1	1	2	1
每个零件成本/元	3.42	2.61	1.03	0.80	0.10	0.73	0.67	0.33	0.32	0.19	0.11	0.05	0.08

第十章 设备更新的经济分析

知识目标

1. 了解设备更新的概念及磨损规律;
2. 清楚有形磨损与无形磨损的区别和各自的优点;
3. 了解设备的寿命形态、设备更新的决策;
4. 熟悉设备租赁决策,包括设备租赁的形式、作用、支付及分析。

能力目标

能够根据所学知识,对设备更新的经济分析有一定的认识并能够对旧设备与新型设备进行互斥比选,对设备租赁进行决策分析。

第一节 概 述

一、设备更新的概念

随着新工艺、新技术、新机具、新材料的不断涌现,工程施工在更大的深度和广度上实现了机械化,施工机械设备已成为施工企业生产力不可缺少的重要组成部分。施工企业购置施工机械设备后,从投入使用到报废,通常要经历一段较长的时间,在此期间,设备遭受到磨损,逐步丧失其生产能力和使用价值,因而需要对设备整个运行期间的技术经济状况进行分析和研究,以便作出正确的更新决策。

设备更新,狭义上仅指对技术上或经济上用新设备替代不宜继续使用的旧设备;广义上不仅指用新设备替代旧设备,还指用先进的技术对原有设备进行局部改造。设备更新决策主要研究两个问题:一是决定是否更新,即继续使用旧设备还是更换新设备;二是决定选择什么样的设备来更新,可以是原型设备更新,即用相同结构和效能的设备更换有形磨损严重、不能继续使用的旧设备,这种更新不能促进技术进步,只能解决设备的损坏问题,也可以是用技术更先进、效率更高的新型设备替换技术上或经济上不宜继续使用的旧设备,这种更新不仅能解决设备的损坏问题,而且能解决设备技术落后的问题。可见,设备更新决策实际上是继续使用旧设备与购置新设备之间的互斥选择。

二、设备的磨损及磨损规律

设备无论在使用还是闲置过程中均会发生磨损，根据磨损的特点，一般可分为**有形磨损和无形磨损**。

1. 有形磨损

有形磨损又称物理磨损，其是指设备在使用和闲置过程中保持原有实物形态，本身由于受到物理、化学等因素的作用而逐渐发生的实体损耗。 当有形磨损达到一定程度时，设备即失去使用价值。

马克思说："机器的有形损耗有两种。一种是由于使用，就像铸币由于流通而磨损一样；另一种是由于不使用，就像剑鞘不用而生锈一样。在后一种情况下，机器的磨损是由于自然作用。前一种磨损或多或少地同机器的使用成正比；后一种磨损在一定程度上同机器的使用成反比。"据此，设备的有形磨损可进一步分为第Ⅰ种有形磨损和第Ⅱ种有形磨损。

第Ⅰ种有形磨损，即使用磨损，其是指设备在使用过程中，由于外力的作用使零部件发生摩擦、振动、疲劳等现象，导致设备的实体损坏。此种磨损主要取决于设备的使用情况，通常表现为设备零部件尺寸或形状的改变、零部件的老化乃至损坏等。

第Ⅱ种有形磨损，即自然磨损，其是指设备在闲置过程中，由于自然力的作用使设备发生锈蚀、老化等损坏。此种磨损是设备闲置或封存不用时发生的，与生产过程中的使用无关，甚至在一定程度上还与设备的使用程度成反比。

衡量设备有形磨损程度的公式为

$$a_p = \frac{R}{K_1} \tag{10-1}$$

式中 a_p——设备的有形磨损程度；

R——修复全部磨损零件所需的修理费用；

K_1——考虑到第Ⅰ、Ⅱ种有形磨损时设备的再生产价值。

2. 无形磨损

无形磨损又称经济磨损，其是指由于科学技术进步、社会劳动生产率提高而引起的设备贬值和使用价值降低。 影响设备无形磨损的主要因素是技术进步。技术进步越快，设备的无形磨损越大。设备的无形磨损由两种原因引起，从而也有两种不同的形式。

第Ⅰ种无形磨损，其是由于技术进步，使得设备制造工艺改进、成本降低和劳动生产率提高，从而生产同样设备所需的社会必要劳动减少，因而设备的市价下降，造成原来购置的设备价值贬值。

第Ⅱ种无形磨损，其是由于技术进步，出现了性能更完善、生产能力和效率更高的替代设备，使原有设备由于使用效率相对下降而不得不相应贬值，或者由于不得不提前报废而丧失其残余价值。

衡量无形磨损程度的公式为

$$a_q = \frac{K_0 - K_1}{K_0} = 1 - \frac{K_1}{K_0} \tag{10-2}$$

式中 a_q——设备的无形磨损程度；

K_0——设备的原始价值；

K_1——考虑到第Ⅰ、Ⅱ种无形磨损时设备的再生产价值。

在激烈的市场竞争和科学技术不断进步的条件下，设备不仅客观地存在着有形磨损，而且也客观地存在着无形磨损，故而设备的磨损是双重的、综合的。

衡量设备综合磨损程度的公式为

$$a=1-(1-a_p)(1-a_q) \tag{10-3}$$

式中　a——设备综合磨损程度；

a_p——设备的有形磨损程度；

a_q——设备的无形磨损程度；

$(1-a_p)$——设备有形磨损后的残余价值；

$(1-a_q)$——设备无形磨损后的残余价值；

$(1-a_p)(1-a_q)$——设备综合磨损后的残余价值。

三、设备磨损的补偿方式

设备发生磨损后，需要进行补偿，以恢复设备的生产能力。由于设备遭受磨损的形式不同，补偿磨损的方式也不一样。补偿可分为局部补偿和完全补偿。设备有形磨损的局部补偿是修理；设备无形磨损的局部补偿是现代化改装。设备有形磨损和无形磨损的完全补偿是更新，如图10-1所示。设备大修理是更换部分已磨损的零部件和调整设备，以恢复设备的生产功能和效率为主；设备现代化改造是对设备的结构作局部的改进和技术上的革新，如增添新的、必需的零部件，以增加设备的生产功能和效率为主；更新是对整个设备进行更换。

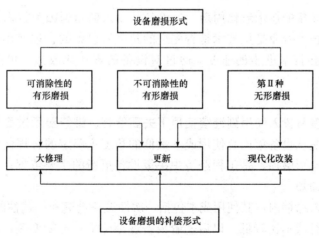

图 10-1　设备磨损的补偿

由于设备总是同时遭受到有形磨损和无形磨损，因此，对其综合磨损后的补偿形式应进行更深入的研究，以确定恰当的补偿方式。对于陈旧落后的设备，即消耗高、性能差、使用操作条件不好、对环境污染严重的设备，应当用较先进的设备尽早替代；对整机性能尚可，有局部缺陷，个别技术经济指标落后的设备，应选择适应技术进步的发展需要，吸收国内外的新技术，不断地加以改造和现代化改装。在设备磨损补偿工作中，最好的方案是有形磨损期与无形磨损期相互接近，这是一种理想的"无维修设计"（也就是说，当设备需要进行大修理时，恰好到了更换的时刻）。但是大多数的设备，通常通过修理可以使有形磨损期达到 20～30 年甚至更长，但无形磨损期却比较短。在这种情况下，就存在如何对待已经无形磨损但物质上还可使用的设备的问题。另外还应看到，第二种无形磨损虽使设备贬值，但它是社会生产力发展的反映，这种磨损越大，表示社会技术进步越快。因此，应该充分重视对设备磨损规律性的研究，加速技术进步的步伐。

第二节　设备的经济寿命

一、设备的寿命形态

由于有形磨损和无形磨损，设备的使用价值和经济价值逐渐消逝，因此，设备有一定的寿命。常用的设备寿命有以下四种。

1. 自然寿命

自然寿命又称设备的物理寿命，是设备从投入使用直至不能继续使用而报废为止所经历的时间。决定设备自然寿命长短的主要因素是有形磨损。正确使用、精心维护可以适当延长设备的自然寿命，但不能从根本上避免有形磨损。

2. 技术寿命

技术寿命又称设备的技术老化周期，是设备从投入使用到因为技术上落后而被淘汰所持续的时间。设备技术寿命是从技术是否先进的角度看设备的合理使用时间，其决定因素是无形磨损，即社会技术进步的速度。通过对设备的现代化改造，可以延长设备的技术寿命。

3. 经济寿命

经济寿命是设备从投入使用到继续使用下去因能耗、维修费用过高而不再经济所经历的时间。经济寿命是从设备年均总使用成本最低的角度来确定的合理使用时间，既考虑了无形磨损又考虑了有形磨损，是工程经济中决策设备更新的主要依据。一般来说，设备的经济寿命比自然寿命短。

在设备的整个寿命期内，其使用成本包括一次性设备投资和经常性的运行成本两部分。设备的使用初期运行成本比较低，以后随着设备逐渐陈旧，性能变差，维护费用、修理费用、能源消耗等年运行成本会逐步增加。与此同时，随着使用年限越长，分摊到各年的设备一次性投资（即年均持有成本）则越少。这样，年均运行成本和年均投资之和即为设备的年均使用成本。随着设备使用时间的递延，年均使用成本呈马鞍形变化，必然存在着一个最低值，此时对应的设备使用年份即是设备的经济寿命 N_0，如图 10-2 所示。

4. 折旧寿命

设备的投资通常是通过折旧的方式逐年回收的。折旧寿命是指设备开始使用到其投资通过折旧的方式全部回收所延续的时间。

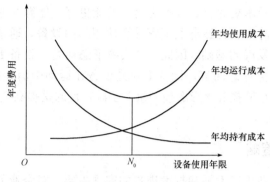

图 10-2　设备的经济寿命

二、考虑资金时间经济寿命

在不考虑资金时间价值的前提下，设备的年均使用成本为

$$\overline{C}_N = \frac{K - L_N}{N} + \frac{1}{N}\sum_{t=1}^{N} C_t \qquad (10\text{-}4)$$

式中　$\overline{C}_N$——设备使用 N 年的年均使用成本；

　　　K——设备的原始价值；

　　　L_N——设备第 N 年年末的预计净残值；

　　　C_t——设备第 t 年的运行成本；

　　　N——设备使用年数。

根据式(10-4)逐年计算设备各年的年均使用成本，年均使用成本 $\overline{C}_N$ 最低时所对应的使用年限即为设备的经济寿命。

三、考虑资金时间经济寿命

在考虑资金时间价值的前提下，设备的年均使用成本为

$$AC_N = K(A/P, i, N) + \left[\sum_{t=1}^{N} C_t(P/E, i, t)\right](A/P, i, N) - L(A/F, i, N) \qquad (10\text{-}5)$$

式(10-5)中的贴现率 i 视具体情况取为资金成本率或基准收益率。

第三节　设备更新决策

一、设备更新的分类

设备更新是对旧设备的整体更换，就其本质来说，可分为原型设备更新和新型设备更新。原型设备更新是简单更新，就是用结构相同的新设备去更换有形磨损严重而不能继续使用的旧设备。这种更新主要是解决设备的损坏问题，不具有更新技术的性质。新型设备

更新是以结构更先进、技术更完善、效率更高、性能更好、能源和原材料消耗更少的新型设备来替换那些技术上陈旧、在经济上不宜继续使用的旧设备。通常所说的设备更新主要是指后一种,它是技术发展的基础。因此,就实物形态而言,设备更新是用新的设备替换陈旧落后的设备;就价值形态而言,设备更新是设备在运动中消耗掉的价值的重新补偿。设备更新是消除设备有形磨损和无形磨损的重要手段,目的是提高企业生产的现代化水平,尽快形成新的生产能力。

二、设备更新策略

设备更新分析是企业生产发展和技术进步的客观需要,对企业的经济效益有着重要的影响。过早的设备更新,无论是由于设备暂时出故障就报废的草率决定,还是片面追求现代化购买最新式设备的决定,都将造成资金的浪费,失去其他的收益机会;对一个资金十分紧张的企业可能走向另一个极端,采取拖延设备的更新,这将造成生产成本的迅速上升,失去竞争的优势。因此,设备是否更新,何时更新以及选用何种设备更新,既要考虑技术发展的需要,又要考虑经济方面的效益。这就需要建造师不失时机地做好设备更新分析工作,采取适宜的设备更新策略。

设备更新策略应在系统全面了解企业现有设备的性能、磨损程度、服务年限、技术进步等情况后,分轻重缓急、有重点有区别地对待。凡修复比较合理的,不应过早更新;可以修中有改进,通过改进工装就能使设备满足生产技术要求的不要急于更新;更新个别关键零部件就可达到要求的,不必更换整台设备;更换单机能满足要求的,不必更换整条生产线。通常优先考虑更新的设备如下:

(1)设备损耗严重,大修后性能、精度仍不能满足规定工艺要求的。

(2)设备耗损虽在允许范围之内,但技术已经陈旧落后,能耗高、使用操作条件不好、对环境污染严重,技术经济效果很不好的。

(3)设备役龄长,大修虽然能恢复精度,但经济效果上不如更新的。

三、设备更新方案比选原则

确定设备更新必须进行技术经济分析。设备更新方案比选的基本原理和评价方法与互斥性投资方案比选相同。但在实际设备更新方案比选中,应遵循如下原则。

1. 设备更新分析应站在客观的立场分析问题

设备更新问题的要点是站在客观的立场上,而不是站在旧设备的立场上考虑问题。若要保留旧设备,首先要付出相当于旧设备当前市场价值的投资,才能取得旧设备的使用权。

2. 不考虑沉没成本

沉没成本是指既有企业过去投资决策发生的、非现在决策能改变(或不受现在决策影响)、已经计入过去投资费用回收计划的费用。由于沉没成本是已经发生的费用,不管企业生产什么和生产多少,这项费用都不可避免地要发生,因此现在决策对它不起作用。在进行设备更新方案比选时,原设备的价值应按目前实际价值计算,而不考虑其沉没成本。例如,某设备4年前的原始成本是80 000元,目前的账面价值是30 000元,现在的市场价值仅为18 000元。在进行设备更新分析时,旧设备往往会产生一笔沉没成本,即

$$\text{沉没成本} = \text{设备账面价值} - \text{当前市场价值} \tag{10-6}$$

或 　　　　　　沉没成本＝（设备原值历年折旧费）－当前市场价值　　　　　　(10-7)

则本例旧设备的沉没成本为 12 000 元（＝30 000－18 000），是过去投资决策发生的而与现在更新决策无关，目前该设备的价值等于市场价值 18 000 元。

3. 逐年滚动比较

逐年滚动比较原则是指在确定最佳更新时机时，应首先计算比较现有设备的剩余经济寿命和新设备的经济寿命，然后利用逐年滚动计算方法进行比较。如果不遵循这些原则，方案比选结果或更新时机的确定可能发生错误。

四、设备更新方案的比选

设备更新方案的比选就是对新设备方案与旧设备方案进行比较分析，也就是决定现在马上购置新设备、淘汰旧设备，还是至少保留使用旧设备一段时间，再用新设备替换旧设备。新设备原始费用高，营运费和维修费低；旧设备目前净残值低，营运费和维修费高，必须进行权衡判断，才能作出正确的选择，一般情况要进行逐年比较。

在静态模式下进行设备更新方案比选时，可按以下步骤进行：

(1) 计算新旧设备方案不同使用年限的静态年平均使用成本和经济寿命。

(2) 确定设备更新时机。设备更新即便在经济上是有利的，却也未必应该立即更新。换而言之，设备更新分析还包括更新时机选择的问题。现有已用过一段时间的旧设备究竟在什么时机更新最经济？

1) 如果旧设备继续使用 1 年的年平均使用成本低于新设备的年平均使用成本，即

$$\bar{C}_N(旧) < \bar{C}_N(新)$$

此时，不更新旧设备，继续使用旧设备 1 年。

2) 当新旧设备方案出现：

$$\bar{C}_N(旧) > \bar{C}_N(新)$$

此时，应更新现有设备，这即是设备更新的时机。

总之，以经济寿命为依据的更新方案比较，使设备都使用到最有利的年限来进行分析。

第四节　设备租赁决策

在一般情况下，企业所需要的设备大都是以自有资金或借入资金自行购置或研制的，但在资金紧张、筹资困难的情况下，也可以通过租赁方式取得设备。

一、设备租赁的概念及形式

1. 设备租赁的概念

设备租赁是指承租人按租赁合同的约定在一定期间内向出租人支付租金而取得设备使用权的一种方式。对于承租人而言，租赁设备较购买设备有以下优点：

(1) 缓解购置设备的资金投入。租赁可以适当降低企业购置设备的资金占用量，也可以

使得企业在短缺购置设备资金的情况下仍然能正常使用设备。

(2)提高设备的有效利用率。尤其对于季节性或临时性需用的设备,企业可考虑在需要使用时短期租赁,从而避免设备的闲置。

(3)避免设备技术落后的风险。当今科技的迅猛发展,设备更新换代的速度明显加快,租赁能使企业使用的设备始终保持技术上的先进性而无须疲于设备更新。

(4)规避税收。购置设备不能给企业带来税收上的任何好处,而租金则构成企业的当期费用之一,从而能减少企业所得税的支出。

(5)获得良好的技术服务。租赁公司往往为承租人提供租期维修、操作培训等一系列技术服务。

租赁设备的不足之处在于:

(1)在租赁期间承租人对租用设备无所有权,只有使用权,故承租人无权随意对设备进行改造,不能处置设备,也不能用于担保、抵押贷款。

(2)承租人在租赁期间所交的租金总额一般比直接购买设备的费用高,即资金成本较高。

(3)常年支付租金,形成承租人的长期负债。

(4)租赁合同规定严格,若承租人毁约则要赔偿出租人的损失,罚金较重。

由于租赁有利有弊,所以在租赁前要慎重决策。

2. 设备租赁的形式

设备租赁常见的方式有**经营租赁**和**融资租赁**两种。

(1)**经营租赁**。经营租赁是指承租人以取得设备使用权为主要目的的租赁。在租赁期间,承租人按租赁合同支付租金,租赁期满,不转让有关设备的所有权。租赁期内,承租人不得计提折旧。

(2)**融资租赁**。融资租赁是指承租人以融通资金作为主要目的的租赁。在租赁期间,承租人按租赁合同支付租金,租赁期满,有关设备的所有权将由出租人转让给承租人。融资租赁实质上是一种分期付款购买的形式,转移了与设备所有权有关的全部风险和报酬,我国企业利用租赁引进国外设备时常采用这种方式。承租人对融资租入设备视同自有设备管理,因此,租赁期内,承租人应计提折旧。

二、设备租赁费作用与支付

1. 设备租赁费用构成

设备租赁费用主要包括租赁保证金、租金、担保费。

(1)租赁保证金。租赁保证金是承租人为了确认租赁合同并保证其执行而交纳的,当租赁合同到期,出租人将其退还承租人或在最后一期租金中抵减。租赁保证金一般为合同金额的5%,或为某一基期数的金额(如一个月的租金额)。

(2)租金。租金是租赁合同的一项重要内容,直接关系到出租人和承租人双方的经济利益。出租人要从租金收入中得到出租资产的补偿和收益,即要收回租赁资产的购进原价、贷款利息、营业费用和一定的利润。承租人则要比照租金核算成本,即租赁资产所生产的产品收入除抵偿租金外,还要取得一定的利润。影响租金的因素很多,如设备的价格、融资的利息及费用、各种税金、运费、各种费用的支付时间,以及租金采用的计算公式等。

(3)担保费。出租人可以要求承租人请担保人对该租赁交易进行担保,当承租人由于财务危机付不起租金时，由担保人代为支付租金。一般情况下，承租人需要付给担保人一定数目的担保费。

对于租金的支付主要有附加率法和年金法两种计算方式。

1）附加率法。附加率法是指在租赁资产的设备货价或概算成本上再加上一个特定的比率来计算租金。每期租金 R 表达式为

$$R = P\frac{(1+N\times i)}{N} + P\times r \tag{10-8}$$

式中　P——租赁资产的价格；

　　　N——租赁期数，可按月、季、半年、年计；

　　　i——与租赁期数相对应的利率；

　　　r——附加率。

【例 10-1】　租赁公司拟出租给某企业一台设备，设备的价格为 68 万元，租期为 5 年，每年年末支付租金，折现率为 10%，附加率为 4%，问每年租金为多少？

【解】　$R = 68\times\dfrac{(1+5\times 10\%)}{5} + 68\times 4\% = 23.12（万元）$

2）年金法。年金法是指将一项租赁资产价值按动态等额分摊到未来各租赁期间内的租金计算方法。年金法计算有期末支付和期初支付租金之分。

①期末支付方式是在每期期末等额支付租金。其支付方式的现金流量如图 10-3(a) 所示。期末等额支付租金计算是等额系列现值计算的逆运算，故可得期末支付租金 R_a 的表达式，即为

$$R_a = P\frac{i(1+i)^N}{(1+i)^N - 1} \tag{10-9}$$

式中　R_a——每期期末支付的租金额；

　　　P——租赁资产的价格；

　　　N——租赁期数，可按月、季、半年、年计；

　　　i——与租赁期数相对应的利率或折现率。

$\dfrac{i(1+i)^N}{(1+i)^N-1}$ 称为等额系列资金回收系数，用符号 $(A/P, i, N)$ 表示。

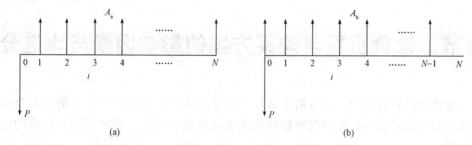

图 10-3　年金法计算租金现金流量示意图
(a)期末支付方式；(b)期初支付方式

②期初支付方式是在每期期初等额支付租金，期初支付要比期末支付提前一期支付租金，其支付方式的现金流量如图 10-3(b) 所示。每期租金 R_b 的表达式为

$$R_b = \frac{i(1+i)^N}{(1+i)^N - 1} \tag{10-10}$$

式中 R_b——每期期初支付的租金额。

【例 10-2】 折现率为 12%，其余数据与例 10-1 相同，试分别按每年年末、每年年初支付方式计算租金。

【解】 若按年末支付方式：

$$R_a = 68 \times \frac{12\% \times (1+12\%)}{(1+12\%)^5 - 1} + 68 \times 0.2774 = 18.86 (万元)$$

若按年初支付方式：

$$R_a = 68 \times \frac{12\% \times (1+12\%)^{5-1}}{(1+12\%)^5 - 1} + 68 \times 0.2477 = 18.84 (万元)$$

三、设备租赁决策分析

对于设备使用人而言，往往要决策设备是购买还是租赁。假设设备给企业带来的收入相同，则决策者只需比较租赁费用和购买费用。决策时，一般均要考虑资金的时间价值，首先要决定采用净现值还是费用年值指标做比选，设备寿命期相同既可用净现值还可用费用年值；设备寿命期不同，则用费用年值指标做比选。

尤其要注意的是，在设备租赁决策分析时，税收抵减额（主要是指合理少纳的企业所得税额）对费用的影响往往不能忽视。实际上，在设备经济寿命以及设备更新决策中，严格说来，均应考虑税收的影响，只不过，在前面几节的学习中，为使问题简化，我们没有将税金纳入决策考虑之列。

经营租赁，其租赁费用不仅有租金支出，还有租赁期内设备的正常运行成本，以及考虑租金和年运行成本的抵税额；融资租赁，除要将以上因素列入现金流量图中，还要注意考虑设备折旧的抵税作用。

购买设备，一样要考虑设备运行成本和折旧的抵税作用。若是用借款资金购置设备，则要以贷款利率为决策时的贴现率，同时不能忽略利息支出的抵税作用。

第五节 设备租赁与购买方案的影响因素与比选分析

在企业生产经营管理中，设备租赁常见于企业设备投资决策。在什么情况下企业选择租赁设备或直接购买设备，作出何种抉择取决于投资决策者对二者的费用与风险的全面综合比较分析。

一、设备租赁与购买的主要影响因素

企业在决定进行设备投资之前，必须进行多方面考虑。因为，决定企业租赁或购买的关键在于能否为企业节约尽可能多的支出费用，实现最好的经济效益。为此，首先需要考虑影响设备投资的因素。

(一)影响设备投资的因素

影响设备投资的因素较多,其主要包括以下几项:

(1)项目的寿命期。

(2)企业是否需要长期占有设备,还是只希望短期占有这种设备。

(3)设备的技术性能和生产效率。

(4)设备对工程质量(产品质量)的保证程度,对原材料、能源的消耗量,以及设备生产的安全性。

(5)设备的成套性、灵活性、耐用性、环保性和维修的难易程度。

(6)设备的经济寿命。

(7)技术过时风险的大小。

(8)设备的资本预算计划、资金可获量(包括自有资金和融通资金),融通资金时借款利息或利率高低。

(9)提交设备的进度。

(二)影响设备租赁的因素

对于设备租赁的,除考虑上述因素外,还应考虑如下影响因素:

(1)租赁期长短。

(2)设备租金额包括总租金额和每租赁期租金额。

(3)租金的支付方式,包括租赁期起算日、支付日期、支付币种和支付方法等。

(4)企业经营费用减少与折旧费和利息减少的关系;租赁的节税优惠。

(5)预付资金(定金)、租赁保证金和租赁担保费用。

(6)维修方式,即是由企业自行维修,还是由租赁机构提供维修服务。

(7)租赁期满,资产的处理方式。

(8)租赁机构的信用度、经济实力,与承租人的配合情况。

(三)影响设备购买的因素

对于设备购买的,除考虑前述的因素外,也应考虑如下影响因素:

(1)设备的购置价格、设备价款的支付方式,支付币种和支付利率等。

(2)设备的年运转费用和维修方式、维修费用。

(3)保险费,包括购买设备的运输保险费,设备在使用过程中的各种财产保险费。

总之,企业是否作出租赁与购买决定的关键在于技术经济可行性分析。因此,企业在决定进行设备投资之前,必须充分考虑影响设备租赁与购买的主要因素,才能获得最佳的经济效益。

二、设备租赁与购买方案的比选分析

采用购置设备或是采用租赁设备应取决于这两种方案在经济上的比较,比较的原则和方法与一般的互斥投资方案的比选方法相同。

(一)设备租赁与购置方案分析的步骤

(1)根据企业生产经营目标和技术状况,提出设备更新的投资建议。

(2)拟定若干设备投资、更新方案,包括购置(有一次性付款和分期付款购买)方案和租赁方案。

(3) 定性分析筛选方案，包括分析企业财务能力，分析设备技术风险、使用维修特点。

1) 分析企业财务能力，如果企业不能一次筹集并支付全部设备价款，则去掉一次付款购置方案。

2) 分析设备技术风险、使用维修特点，对技术过时风险大、保养维护复杂、使用时间短的设备，可以考虑经营租赁方案；对技术过时风险小、使用时间长的大型专用设备则融资租赁方案或购置方案均是可以考虑的方式。

(4) 定量分析并优选方案，结合其他因素，作出租赁还是购买的投资决策。

(二) 设备经营租赁与购置方案的经济比选方法

进行设备经营租赁与购置方案的经济比选，必须详细地分析各方案寿命期内各年的现金流量情况，据此分析方案的经济效果，确定以何种方式投资才能获得最佳。

1. 设备经营租赁方案的净现金流量

采用设备经营租赁的方案，租赁费可以直接计入成本，但为与设备购置方案具有可比性，特将租赁费用从经营成本分离出来，则现金流量见表10-1，其任一期净现金流量可表示为

净现金流量＝营业收入－租赁费用－经营成本－与营业相关的税金－所得税 (10-11)

或

净现金流量＝营业收入－租赁费用－经营成本－与营业相关的税金－所得税税率×(营业收入－租赁费用－经营成本－与营业相关的税金) (10-12)

式中，租赁费用主要包括租赁保证金、租金、担保费。

表10-1 设备经营租赁方案现金流量表   万元

序号	项目	合计	计算期					
			1	2	3	4	…	n
1	现金流入							
1.1	营业收入							
2	现金流出							
2.1	租赁费用							
2.2	经营成本							
2.3	税金及附加							
2.4	所得税							
3	净现金流量(1－2)							
4	累计净现金流量							

2. 购买设备方案的净现金流量

在与租赁设备方案相同的条件下，购买设备方案的现金流量见表10-2，则任一期净现金流量可表示为

净现金流量＝营业收入－设备购置费－经营成本－贷款利息－与营业相关的税金－所

得税 (10-13)

或 净现金流量＝营业收入－设备购置费－经营成本－贷款利息－与营业相关的税金－所得税税率×(营业收入－经营成本－折旧－贷款利息－与营业相关的税金) (10-14)

表 10-2 购买设备方案现金流量表　　　　　　　　万元

序号	项目	合计	计算期					
			1	2	3	4	…	n
1	现金流入							
1.1	营业收入							
2	现金流出							
2.1	设备购置费							
2.2	经营成本							
2.3	贷款利息							
2.4	税金及附加							
2.4	所得税							
3	净现金流量(1－2)							
4	累计净现金流量							

3. 设备租赁与购置方案的经济比选

对于承租人来说，关键的问题是决定租赁设备，还是购买设备。而设备租赁与购置的经济比选也是互斥方案选优问题，一般寿命相同时可以采用净现值(或费用现值)法，设备寿命不同时可以采用净年值(或年成本)法。无论用净现值法还是用净年值法，均以收益效果较大(或成本较少)的方案为宜。

在工程经济互斥方案分析中，为了简化计算，常常只需比较它们之间的差异部分。而设备租赁与购置方案经济比选，最简单的方法是在假设所得到设备的营业收入相同的条件下，将租赁方案和购买方案的费用进行比较。根据互斥方案比选的增量原则，只需比较它们之间的差异部分。

设备租赁：所得税税率×租赁费

设备购置：所得税税率×(折旧＋贷款利息)－设备购置费贷款利息

由于每个企业都要依利润大小缴纳所得税，按财务制度规定，租赁设备的租金允许计入成本；购买设备每期计提的折旧费也允许计入成本；若用借款购买设备，其每期支付的利息也可以计入成本。在其他费用保持不变的情况下，计入成本越多，则利润总额越少，企业缴纳的所得税也越少。因此，在充分考虑各种方式的税收优惠影响下，应该选择税后收益更大或税后成本更小的方案。

本章小结

　　设备的经济寿命是指设备以全新状态投入使用开始到因继续使用不经济而提前更新所经历的时间,即指能使投入使用的设备等额年总成本最低的期限。设备经济寿命的计算方法包括静态计算法和动态计算法两种。设备折旧的计算方法很多,一般可概括为线性折旧法、工作量法和加速折旧法。一般而言,对超过最佳期限的设备的处理方法包括:继续使用旧设备、用原型设备更新旧设备、用新型高效设备更新旧设备、对旧设备进行现代化技术改造及对旧设备进行大修理。这里应掌握设备更新经济分析的方法,对设备更新方案进行比较,最终确定最优方案。掌握设备租赁和设备购置方案净现金流量的计算方法并能够进行工程项目资产改扩建方案经济分析。

思考与练习

一、填空题

1. 设备无论在使用还是闲置过程中均会发生磨损,根据磨损的特点,一般分为_____和_____。

2. 设备更新主要是以_____、_____、_____、_____、_____、_____的设备代替落后、陈旧、遭到第Ⅱ种无形磨损、在经济上不宜继续使用的旧设备。

3. 融资租赁是指承租人以_____作为主要目的的租赁。

4. 设备更新方案比选的基本原理和评价方法与_____方案比选相同。

二、简答题

1. 无论是原型设备更新,还是新型设备更新,在决策时均应注意哪些问题?
2. 租赁设备较购买设备有哪些优点?
3. 常用的设备寿命分别是哪四种?
4. 租赁设备有哪些不足之处?
5. 影响设备投资的因素较多,主要包括哪些?
6. 简述设备租赁与购置方案分析的步骤。

第十一章 房地产项目评价

1. 了解房地产开发项目的类别与特点，熟悉房地产市场调查与预测及房地产开发项目策划；
2. 掌握房地产开发项目效益和费用的识别；
3. 熟悉房地产开发项目财务报表，掌握其编制方法；
4. 熟悉房地产开发项目经济指标，掌握其计算方法。

1. 能识别房地产开发项目效益和费用；
2. 能编制房地产开发项目财务报表；
3. 能计算房地产开发项目经济指标。

第一节 房地产开发项目概述

房地产开发项目经济评价是房地产开发项目可行性研究的重要组成部分，是房地产开发项目决策科学化的重要手段。为了引导房地产业健康发展，减少房地产投资的盲目性，提高房地产业项目经济评价质量，原建设部于 2000 年 9 月 18 日发布了《房地产开发项目经济评价方法》（建标〔2000〕205 号），作为进行房地产开发项目经济评价的试行指南。

对于一般的房地产开发，建设完成的物业就是房地产开发公司的产品，房地产公司通过出售和出租经营这些物业来获取主要收益。对于一般的工业建设项目，建设完成的房屋及其他设施主要是为产品提供生产和办公的空间，厂房和办公楼等固定资产投资通过折旧等方法计入总成本费用。有鉴于此，无论是从会计制度还是从经济评价方法，都需要将房地产开发与一般的工业项目建设区别对待。

房地产开发项目一般应根据社会经济发展需要和城市总体规划要求，运用微观效益分析与宏观效益分析相结合、定量分析与定性分析相结合、动态分析与静态分析相结合的方法进行经济评价。

一、房地产开发项目的分类

由于不同类型的房地产开发项目,市场调查和预测的内容、方法以及收入和费用测算的方式不同,应根据房地产开发项目的类别,对房地产开发项目进行经济评价。

(一)按未来获取收益的方式分类

1. 出售型房地产开发项目

出售型房地产开发项目以预售或开发完成后出售的方式获得收入,回收开发资金,获取开发收益,以达到盈利的目的。

2. 出租型房地产开发项目

出租型房地产开发项目以预租或开发完成后出租的方式获得收入,回收开发资金,获取开发收益,以达到盈利的目的。

3. 混合型房地产开发项目

混合型房地产开发项目以预售、预租或开发完成后出售、出租、自营等各种组合方式获得收入,回收开发资金,获取开发收益,以达到盈利的目的。

(二)按用途分类

1. 居住用途的房地产开发项目

居住用途的房地产开发项目,一般是指供人们生活居住使用的商品住宅项目,包括普通住宅、公寓、别墅等。这类物业的购买者大都是以满足自用为目的,也有少量作为投资,出租给租客使用。

由于人人都希望有自己的住房,而且在这方面的需求随着人们生活水平的提高和支付能力的增强不断向更高的层次发展,所以居住物业的市场最具潜力,投资风险也相对较小。另外,居住物业的交易以居民个人的购买行为为主,交易规模较小,但由于有太多的原因促使人们更换自己的住宅,所以该类物业的交易量十分巨大。

2. 商业用途的房地产开发项目

商业用途的房地产开发项目有时也称经营性物业或投资性物业,包括酒店、写字楼、商场、出租商住楼等。

这类物业的购买者大都是以投资为目的,靠物业出租经营的收入来回收投资并赚取投资收益,也有一部分是为了自用。商业物业市场的繁荣除与当地的整体社会经济状况相关外,还与工商贸易、金融保险、顾问咨询、旅游等行业的发展密切相关。这类物业由于涉及的资金数量巨大,所以常以机构(单位)投资为主,物业的使用者多用其提供的空间进行经营活动,并用部分经营所得支付物业的租金。商业物业的位置对其经营效益往往有显著的影响。

3. 工业用途的房地产开发项目

工业用途的房地产开发项目通常是为人类的生产活动提供空间,包括重工业厂房、轻工业厂房和近年来逐渐发展起来的高新技术产业用房、研究与发展用房等。

工业物业既有出售的市场,也有出租的市场。一般来说,重工业厂房由于其建筑物的设计需要符合特定的工艺流程要求和设备安装的需要,通常只适合特定的用户使用,因此不容易转手交易。高新技术产业(如电子、计算机、精密仪器制造业等)用房则有较强的适应性。轻工业厂房介于上述两者之间。目前,在我国各工业开发区流行的标准厂房多为轻工业用房，其有出售和出租两种经营形式。

4. 特殊用途的房地产开发项目

特殊用途的房地产开发项目是指赛马场、高尔夫球场、汽车加油站、飞机场、车站、码头等项目，通常称之为特殊物业。特殊物业经营的内容通常要得到政府的特殊许可。特殊物业的市场交易很少，因此，对这类物业的投资多属长期投资，投资者靠日常经营活动的收益来回收投资，赚取投资收益。

5. 土地开发项目

依土地所处的状态不同，城市土地又可分为具备开发建设条件、立即可以开始建设的熟地和必须经过土地的再开发过程才能用于建设的毛地。**土地开发项目，一般是指在生地或毛地上进行三通一平，将其开发成为熟地，进行转让的房地产开发项目。**

随着我国土地管理制度的健全，土地一级开发、有计划出让，逐渐成为政府管理土地资源的重要手段。所谓土地一级开发，就是指由政府或政府授权委托的企业，对一定区域范围内的城市国有土地(毛地)或乡村集体土地(生地)进行统一的征地、拆迁、安置、补偿，并进行适当的市政配套设施建设，使该区域范围内的土地达到三通一平(通水、通电、通路、场地平整)或五通一平(通水、通电、通路、通气、通信、场地平整)或七通一平(通水、通电、通路、通邮、通信、通暖气、通天然气或煤气、场地平整)的建设条件(熟地)，再对熟地进行有偿出让或转让的过程。

二、房地产开发项目的特点

与一般工业项目相比，房地产开发项目具有以下特点。

1. 房地产开发项目完成的建筑产品是项目的最终产品

对于一般的工业建设项目，建设完成的建筑产品只是整个项目的"中间产品"，是生产最终产品的生产资料，项目的收益要通过最终产品来取得；而房地产开发项目所完成的建筑产品就是最终产品，房地产开发企业通过直接出售和出租这些建筑产品来获取收益。

2. 房地产开发项目的产品具有很强的地域性

以建筑产品作为最终产品的最大特点，就是产品的不可移动性。因此，除国家的有关政策、法规外，市场需求的调查和预测主要限于项目所在区域。

3. 房地产开发项目对投资效益影响大

对于一般的工业项目，建设内容及规模、建设地点、建设时间的选择余地是有限的，但房地产开发项目不同，无论是开发区位、开发内容、开发时机还是合作方式，涉及的因素多，而且选择的余地也很大，不同的方案对投资效益影响也很大。

4. 房地产开发项目经济评价分为财务评价和综合评价

对于一般的房地产开发项目，只需进行**财务评价**；对于重大的、对区域社会经济发展有较大影响的房地产项目，如经济开发区项目、成片开发项目，在作出决策前应进行**综合评价**。

(1)财务评价。财务评价是指根据现行财税制度和价格体系，计算房地产开发项目的财务收入和财务支出，分析项目的财务盈利能力、清偿能力以及资金平衡状况，判断项目的财务可行性。

(2)综合评价。综合评价是从区域社会经济发展的角度，分析和计算房地产开发项目对区域社会经济的效益和费用，考察项目对社会经济的净贡献，判断项目的社会经济合理性。

三、房地产市场调查与预测

地域性是房地产开发项目与一般工业项目的重要差别之一。

一般来说,要根据房地产项目的用途、未来获取收益的方式及所在地区的具体情况,就地域性的投资环境,房地产的供求状况、价格、租金和经营收入,以及开发和经营成本、费用、税金及其支付的标准、时间等进行深入调查与认真预测。

1. 房地产市场调查与预测的内容

房地产市场调查与预测包括房地产投资环境的调查与预测和房地产市场状况的调查与预测。

(1)投资环境的调查与预测。房地产投资环境的调查与预测应该在国家、区域、城市、邻里层次上进行。其主要内容包括政治、法律、经济、文化教育、自然条件、城市规划、基础设施等方面,对已经发生的或将要发生的重大事件或政策对房地产开发项目的影响,要做充分的了解和估计。

(2)市场状况的调查与预测。房地产市场状况的调查与预测应在房地产投资环境调查与预测的基础上进行。其主要内容包括以下几项:

1)供求状况,包括地段、用途、规模、档次、价位、平面布置等房地产供求状况,如供给量、有效需求量、空置量和空置率等。

2)商品房的价格、租金和经营收入。

3)房地产开发和经营的成本、费用、税金的种类及其支付的标准和时间等。

2. 房地产市场调查与预测的方法

根据调查对象和内容的不同,房地产市场调查通常采用的方法包括普查法、抽样调查法、直接调查法和间接调查法。

房地产市场预测一般可分为定性预测和定量预测,预测的具体方法因预测的对象、内容、期限不同而有所不同。通常采用的方法包括:专家判断法,包括德尔菲法和专家小组法等;历史引申法,包括简单平均数法、移动平均数法、加权移动平均数法、趋势预测法、指数平滑法和季节指数法等;因果预测法,包括回归分析法和相关分析法等。

四、房地产开发项目策划

房地产开发项目的一个重要特点是,在法律上允许、技术上可能的前提下,通过系统的项目策划,可以形成和优选出比较具体的项目开发经营方案,获得尽可能高的经济回报。

房地产开发项目策划的具体内容见表 11-1。

表 11-1 房地产开发项目策划的具体内容

项 目	内 容
区位分析与选择	房地产开发项目的区位分析与选择,包括地域分析与选择和具体地点的分析与选择。地域分析与选择是战略性选择,是对项目宏观区位条件的分析与选择,其主要考虑项目所在地区的政治、法律、经济、文化教育、自然条件等因素。具体地点的分析与选择,是对房地产项目坐落地点和周围环境、基础设施条件的分析与选择,其主要考虑项目所在地点的交通、城市规划、土地取得代价、拆迁安置难度、基础设施完备程度以及地质、水文、噪声、空气污染等因素

续表

项　　目	内　　容
开发内容和规模的分析与选择	房地产项目开发内容和规模的分析与选择，应在符合城市规划的前提下按照最高、最佳使用原则，选择最佳的用途和最合适的开发规模，包括建筑总面积、建设和装修档次、平面布置等。另外，还可以考虑仅将生地或毛地开发成为可进行房屋建设的熟地后租售的情况
开发时机的分析与选择	房地产项目开发时机的分析与选择，应考虑开发完成后的市场前景，再倒推出应获取开发场地和开始建设的时机，并充分估计办理前期手续和征地拆迁的难度等因素对开发进度的影响。大型房地产开发项目可考虑分批开发（滚动开发）
合作方式的分析与选择	房地产项目开发合作方式的分析与选择，主要应考虑开发商自身在土地、资金、开发经营专长、经验和社会关系等方面的实力或优势程度，并从分散风险的角度出发，对独资、合资、合作（包括合建）、委托开发等开发合作方式进行选择
融资方式与资金结构的分析与选择	房地产项目融资方式与资金结构的分析与选择，主要是结合项目开发合作方式设计资金结构，确定合作各方在项目资本金中所占的份额，并通过分析可能的资金来源和经营方式，对项目所需的短期和长期资金的筹措作出合理的安排
产品经营方式的分析与选择	房地产产品经营方式的分析与选择，主要是考虑近期利益和长远利益的兼顾、资金压力、自身的经营能力以及市场的接受程度等，对出售（包括预售）、出租（包括预租、短租或长租）、自营等经营方式进行选择

第二节　房地产开发项目效益和费用的识别

对于房地产开发投资活动，投资、成本、销售或出租收入、税金、利润等经济量，是构成房地产开发投资项目现金流量的基本要素，也是进行投资分析最重要的基础数据。

一、投资与成本费用

（一）投资的含义

房地产投资可分为**房地产开发投资**和**房地产置业投资**。

房地产开发投资是指投资者从购买土地使用权开始，经过规划设计和施工建设等过程，建成可以满足人们入住和使用需要的房屋及附属物，然后将其推向市场进行销售，转让给新的投资者或使用者，并通过这种转让来收回投资，实现获取投资收益的目的。

当房地产开发投资者将建成的房地产用于出租（如写字楼、公寓、货仓等）或经营（如商场、酒店等）时，这种短期开发投资就转变成了长期置业投资。当然，房地产置业投资也可以是购买新建成的物业（市场上的增量房地产）和二手物业（市场上的存量房地产）。房地产开发投资的目的是获取一次性投资利润，而置业投资是为了获取较为稳定的经常性收入，并保值、增值。

(二)投资与成本费用的构成

1. 开发项目总投资

开发项目总投资包括开发建设投资和经营资金。开发建设投资是指在开发期内完成房地产产品开发所需投入的各项费用;经营资金是指开发企业用于日常经营的周转资金。开发建设投资在开发建设过程中形成以出售和出租为目的的开发产品成本和以自营为目的的固定资产和其他资产。开发项目总投资构成如图11-1所示。

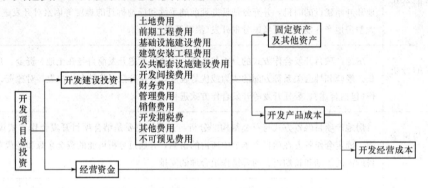

图 11-1　开发项目总投资的构成

2. 开发成本

开发成本包括土地使用权出让金、土地征用及拆迁安置补偿费、前期工程费、建安工程费、基础设施费、公共配套设施费、不可预见费和开发期间税费,见表11-2。

表 11-2　开发成本的内容

序号	项目	内容
1	土地使用权出让金	国家以土地所有者的身份,将土地在一定期限内的使用权有偿出让给土地使用者,并由土地使用者向国家支付土地使用权出让金。土地出让金的价格与出让的时间、地段、用途、临街状况、建筑容积率、使用年限、周围环境状况及土地现状等因素有关
2	土地征用及拆迁安置补偿费	根据《中华人民共和国土地管理法》的规定,国家建设征用农村土地发生的费用主要有土地补偿费、劳动力安置补偿费、水利设施维修分摊、青苗补偿费、耕地占用税、耕地复垦基金、新菜地、鱼塘开发基金、征地管理费等。在城镇地区,政府可以依法将国有储备土地或已由企事业单位或个人使用的土地出让给房地产开发项目使用,房地产开发企业应按规定给予出让人拆迁安置的补偿
3	前期工程费	前期工程费主要包括开发项目的前期规划、设计、可行性研究、水文地质勘测和"三通一平"等土地开发工程费
4	建安工程费	建安工程费是指直接用于工程建设的总成本费用,其主要包括建筑工程费、设备及安装工程费以及室内装修工程费等
5	基础设施费	基础设施费是指建筑红线内供水、供电、道路、绿化、供气、排污、排洪、电信、环卫等工程费

续表

序号	项目	内容
6	公共配套设施费	公共配套设施费主要指不能有偿转让的小区内公共配套设施发生的费用,如居委会、派出所、幼儿园、中小学、医院等设施的建设费用
7	不可预见费	不可预见费包括备用金、不可预见的基础或其他附属工程增加的费用、不可预见的自然灾害增加的费用等,一般可按上述6项费用之和的3%~5%计
8	开发期间税费	开发期间税费是指项目在开发过程中所负担的各种税金和地方政府或有关部门征收的费用

3. 开发费用

开发费用属于间接费,包括开发企业的管理费用、销售费用、财务费用等,见表11-3。

表 11-3　开发费用的内容

序号	项目	内容
1	管理费用	管理费用是指开发企业行政管理部门为管理和组织经营活动而发生的各种费用,一般为开发成本的3%左右
2	销售费用	销售费用是指开发项目在产品销售过程中发生的各项费用以及专设销售机构或委托销售代理的各项费用,其主要包括广告宣传及市场推广费、销售代理费及其他销售费用
3	财务费用	财务费用是指为筹集资金而发生的各项费用,主要是借款利息和其他财务费用(如汇兑损失等)

二、经营收入、利润和税金

(一)经营收入

经营收入是指向社会出售、出租房地产商品或自营时的货币收入,其包括销售收入、出租收入和自营收入。销售收入＝销售房屋面积×房屋销售单价,出租收入＝出租房屋建筑面积×房屋租金单价,自营收入＝营业额－营业成本－自营中的商业经营风险回报。经营收入是按市场价格计算的,房地产开发投资企业的产品(房屋)只有在市场上被出售、出租或自我经营,才能成为给企业或社会带来收益的有用的劳动成果。因此,经营收入比企业完成的开发工作量(完成投资额)更能反映房地产开发投资项目的真实经济效果。

(二)利润

利润是企业经济目标的集中表现,企业进行房地产开发投资的最终目的是获取开发或投资利润。房地产开发投资者无论采用何种直接的房地产投资模式,其营业收入扣除经营成本、期间费用和营业税金后的盈余部分,称为投资者的经营利润(或称盈利),这是劳动者新创造价值的一部分,要在全社会范围内进行再分配。经营利润中的一部分由国家以税收的方式无偿征收,作为国家或地方的财政收入;另一部分留给投资者,作为其可分配利润、企业发展基金、职工福利基金、职工奖励基金、后备基金等。根据财务核算与分析的需要,企业利润可分为经营利润、利润总额(又称实现利润)、净利润和可分配利润四个层次。

$$经营利润 = 营业（含出租、自营）收入 - 经营成本 - 期间费用 - 营业税金 \quad (8-1)$$
$$利润总额 = 经营利润 + 营业外收支净额 \quad (8-2)$$
$$净利润 = 利润总额 - 所得税 \quad (8-3)$$
$$可分配（应付）利润 = 净利润 - （盈余公积 + 未分配利润） \quad (8-4)$$

（三）税金

税金是国家或地方政府依据法律对有纳税义务的单位或个人征收的财政资金。国家或地方政府的这种筹集财政资金的手段叫作税收。税收是国家凭借政治权力参与国民收入分配和再分配的一种方式，其具有强制性、无偿性和固定性的特点。税收不仅是国家和地方政府获得财政收入的主要渠道，也是国家或地方政府对各项经济活动进行宏观调控的重要杠杆。

三、房地产投资经济效果的表现形式

1. 置业投资

对置业投资来说，房地产投资的经济效果主要表现在租金、物业增值、股权增加等方面。租金通常表现为月租金收入，而增值和股权增加效果则既可在处置（转让）物业实现，也可在以针对物业的再融资行为中实现（如申请二次抵押贷款）。

置业投资经济效果的好坏受市场状况和物业特性变化的影响。个人或企业进行置业投资的目的是要获得预期的经济效果，这些预期经济效果在没有成为到手的现金流量之前，仅仅是一个模糊的期望。因此，置业投资经济效果的表现形式仅能说明投资者可获得的利益类型，在没有转换为一个特定时间点的现金流量之前，经济效果是无法定量描述或量测的。

2. 开发投资

房地产开发投资的经济效果主要表现为销售收入，其经济效果的大小则用开发利润、成本利润率、投资收益率等指标来衡量。

第三节　房地产开发项目财务报表及其编制

房地产开发项目财务评价是在房地产市场调查与预测，项目策划，投资、成本与费用估算，收入估算与资金筹措等基本资料和数据基础上，通过编制基本财务报表，计算财务评价指标，对房地产项目的财务盈利能力、清偿能力和资金平衡情况进行分析。

一、财务评价报表

房地产开发项目财务评价报表包括基本报表和辅助报表。 一些基础性数据（如成本、收入等）都存储于辅助报表中，这些辅助报表通过某种对应关系生成基本报表。通过基本报表就可以对项目进行财务盈利能力分析、财务清偿能力分析及资金平衡分析。

1. 基本报表

基本报表一般包括全部投资财务现金流量表、资本金财务现金流量表、投资者各方现金流量表、资金来源与运用表、损益表和资产负债表。基本财务报表按照独立法人房地产项目(项目公司)的要求进行科目设置；非独立法人房地产项目基本财务报表的科目设置，可参照独立法人项目进行，但应注意费用与效益在项目上的合理分摊。

2. 辅助报表

辅助报表主要有项目总投资估算表、开发建设投资估算表、经营成本估算表、土地费用估算表、前期工程费估算表、基础设施建设费估算表、建筑安装工程费用估算表、公共配套设施建设费估算表、开发期税费估算表、其他费用估算表、销售收入与税金及附加估算表、出租收入与税金及附加估算表、自营收入与税金及附加估算表和投资计划与资金筹措表几种。

二、财务报表的编制

房地产开发项目财务报表之间的关系如图 11-2 所示。

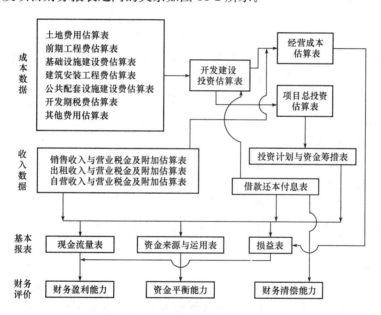

图 11-2　房地产开发项目财务报表之间的关系

财务报表的编制一般可以手工计算，也可以采用 Microsoft Excel 软件进行编制。

本章小结

对于房地产开发投资活动来说，投资、成本、销售或出租收入、税金等经济量是构成房地产开发投资项目现金流量的基本要素。房地产投资可分为房地产开发投资和房地产置业投资。房地产投资经济效果的表现形式为置业投资和开发投资。

思考与练习

一、填空题

1. 按未来获取收益的方式可将房地产开发项目分为_____、_____和_____。
2. 开发成本包括_____、_____、_____、_____、_____、_____、_____和_____ 8项费用。
3. 房地产开发项目经营收入包括_____、_____和_____。

参考答案

二、选择题

1. 下列各项中，（   ）不是按照房地产开发项目的用途分类的。
   A. 居住用房地产开发项目   B. 商业用房地产开发项目
   C. 混合型房地产开发项目   D. 工业用房地产开发项目
2. 下列各项中，（   ）不是房地产开发费用。
   A. 管理费用   B. 不可预见费   C. 销售费用   D. 财务费用
3. 房地产开发投资企业所得税税率一般为（   ）。
   A. 33%   B. 35%   C. 21%   D. 17%

三、简答题

1. 简述房地产开发项目的类型。
2. 房地产开发项目的特点有哪些？
3. 房地产市场调查与预测的内容有哪些？
4. 试述房地产开发项目策划的主要内容。
5. 简述房地产开发项目总投资的构成。房地产开发项目总投资与工业项目投入的总资金有何区别？

四、计算题

已知某房地产投资项目的固定投资为5 500万元，流动资金为1 000万元。如果投资者投入的权益资本为2 000万元，经营期内年平均利润总额为800万元，年平均税后利润为750万元。试求该投资项目的投资利润率、资本金利润率和资本金净利润率。

第十二章 项目后评价

知识目标

1. 了解项目后评价的含义、特点、目的及作用;
2. 熟悉项目后评价的评价方法与程序。

能力目标

1. 掌握项目后评价的基本内容及原则;
2. 了解项目后评价指标与项目后评价报告。

第一节 项目后评价概述

一、项目后评价的含义和特点

项目后评价是指对已完成项目的目的、执行过程、效益、作用和影响等所进行的系统、客观的分析。具体来说,项目后评价是指在项目完成后,对项目的立项决策、建设目标、设计施工、竣工验收、生产经营全过程所进行的系统综合分析及对项目产生的财务、经济、社会和环境等方面的效益和影响及其持续性进行客观、全面的再评价。

通过项目后评价,全面总结投资项目的决策、实施和运营情况,分析项目的技术、经济、社会、环境影响,考察项目投资决策的正确性以及投资项目达到理想效果的程度,把后评价信息反馈到未来项目中,为新的项目宏观导向、政策和管理程序反馈信息;同时,分析项目在决策、实施、经营中出现的问题,总结经验教训,并提出改进意见与对策,从而达到提高投资效益的目的。

工程项目后评价不同于项目决策前的可行性研究和项目评价(即项目前评价),其特点主要体现在以下几个方面。

1. 现实性

项目后评价分析研究的是项目实际情况,所依据的数据资料是现实发生的真实数据或根据实际情况重新预测的数据;而项目可行性研究和项目前评价分析研究的是项目未来的状况,所用的数据都是预测数据。

2. 全面性

工程项目后评价的内容不仅包括投资项目立项决策、设计施工等投资过程,而且包括生产、营运等过程;不仅要分析项目投资的经济效益,而且还要分析项目的社会效益、环境效益以及潜在效益。

3. 探索性

项目后评价要分析企业现状,发现问题并探索未来的发展方向,因而要求项目后评价人员具有较高的素质和创造性,把握影响项目效益的主要因素,并提出切实可行的改进措施。

4. 反馈性

工程项目后评价的目的在于对现有项目的投资决策、设计实施、生产营运等实际情况的回顾和检查,并为有关部门反馈信息,以利于提高建设项目的决策水平和管理水平。因此,项目后评价的主要特点是反馈性。

5. 合作性

项目可行性研究和项目前评价一般只通过评价单位与投资主体间的合作,由专职的评价人员就可以提出评价报告;而后评价需要更多方面的合作,如专职技术经济人员、项目经理、企业经营管理人员、投资项目主管部门等。只有各方融洽合作,项目后评价工作才能顺利进行。

二、项目后评价的目的

工程项目后评价要达到总结经验、研究问题、吸取教训、提出建议,不断提高项目决策、管理水平和投资效益的目的,其具体体现在以下几个方面:

(1)根据项目的实际成果和效益,检查项目预期的目标是否达到,项目是否合理有效,项目的主要效益指标是否实现。

(2)通过分析评价,找出成功的经验和失败的教训。

(3)为项目实施、营运中出现的问题提出改进建议,从而达到提高投资效益的目的。

(4)通过及时有效的信息反馈,提高和完善项目今后的营运管理水平。

(5)通过项目建设全过程各个阶段工作的总结,提高未来新项目的决策科学化、民主化、程序化水平。

三、项目后评价的作用

(1)总结项目的管理经验教训,提高项目管理水平。

(2)提高项目决策科学化水平。

(3)为国家工程项目计划和政策的优化提供依据。

(4)为银行等金融机构调整信贷政策提供依据。

(5)对项目开展进行监督,督促项目运营状态的正常化。

(6)保证项目预计目标的实现。

四、项目后评价的基本原则

1. 独立性和公正性

独立性可以保证后评价的合法性和公正性，即后评价工作应由投资者和业主、受益者以外的第三者——专门的独立机构来执行，避免项目决策者和管理者自己评价自己。例如，有明文规定，中央政府投资项目的后评价必须委托具备相应资质的甲级工程咨询机构承担。国家发展和改革委员会将委托中国工程咨询协会，定期对承担项目后评价任务的工程咨询机构和人员进行执业检查。

2. 可信性和客观性

后评价的可信性取决于评价者的专业素质和经验水平，取决于资料信息的可靠性和评价方法的精确性。可信性的一个重要标志是应当同时反映出项目的成功经验和失败教训。应重视各方公众参与，广泛听取意见，收集资料和查明情况，并在后评价报告中予以客观反映。其报告的分析和结论应当具有充分可靠的依据。

3. 透明性和反馈性

后评价的透明度可以引起公众的关注，引起更有效的社会监督；透明度能促进成果的扩散和增加反馈的效果，有利于更多相关人员对项目经验教训的借鉴。后评价的结果需要反馈到决策部门，作为新项目立项和评价的基础，以及调整投资规划和政策的依据。这是后评价的最终目标。因此，具有畅通的信息流系统和反馈机制，确保信息反馈的畅通和快捷，成为后评价成败的关键环节之一。例如，国家发展和改革委员会建立了项目后评价信息管理系统，专门负责项目后评价的组织管理工作。

4. 可操作性和全面性

为了实现后评价成果对决策的指导作用，后评价报告必须具有可操作性，即实用性。后评价报告要有很强的时效性、针对性，应突出重点，紧紧围绕项目存在的问题和症结展开，文字要求简练、针对性强，避免引用过多的专业术语。另外，后评价报告的建议应与其他内容分开表述，应能提出具体的措施和要求。

项目后评价的全面性主要是指，后评价要对项目立项决策、设计施工、生产运营等全过程进行系统评价，也就是对项目要作出全面评价。这种评价不仅要涉及项目生命周期的各个阶段，还要涉及方方面面的内容，包括经济效益、社会影响、环境影响、项目综合管理等，因此，项目后评价是比较系统、全面的技术经济活动。

5. 现实性和合作性

后评价要针对项目的实际情况，收集项目实施过程中实际发生的真实数据，把项目建设实施的结果与规划的目标相比较，与国内外同期、同类项目相比较，分析存在的经验和教训，这样，才能发现问题和差距，判断决策实施是否正确，衡量项目成败得失，以便于采取对策措施，改善项目建设和管理。项目后评价工作涉及范围广、人员多，需要各方面的有关人员和组织机构(如项目经理、专职技术经济人员、企业经营管理人员、投资项目管理部门等)通力合作，齐心协力才能做好。因此，合作性也是项目后评价的一个重要原则。

五、项目后评价与项目前评价的区别

工程项目的特点决定了其后评价与前评价存在较大的差别，主要体现在以下几个方面。

1. 评价主体不同

工程项目前评价是由工程主体(投资者、贷款决策机构、项目审批机构等)组织实施的；而工程项目的后评价则是以工程运行的监督管理机构、单独设立的后评价机构或决策的上一级机构为主，会同计划、财政、审计、设计、质量等有关部门进行的。这样，一方面可保证工程项目后评价的全面性；另一方面也可确保工程项目后评价的公正性和客观性。

2. 评价的侧重点不同

工程项目前评价主要以定量指标为主，侧重于项目的经济效益分析与评价，其作用是直接作为项目投资决策的依据；而工程项目后评价则要结合行政、法律、经济、社会、建设、生产、决策和实施等方面的内容进行综合评价，它以现有事实为依据，以提高经济效益为目的，对项目实施结果进行鉴定，并间接作用于未来项目的投资决策，为其提供反馈信息。

3. 评价的内容不同

工程项目前评价主要是对项目建设的必要性、可行性、合理性及技术方案和建设条件等进行评价，对未来的经济效益和社会效益进行科学预测；而工程项目后评价除对上述内容进行再评价外，还要对项目决策的准确程度和实施效率进行评价，对项目的实际运行状况进行深入细致的分析。

4. 评价的依据不同

工程项目前评价主要依据历史资料和经营数据以及国家和有关部门颁发的政策、规定、方法、参数等文件；而工程项目后评价则主要以已经建成投产后一段时间内，项目全过程(包括项目的工程实施期)的总体情况为依据进行评价。

5. 评价的阶段不同

工程项目前评价在项目决策前的前期工作阶段进行，是项目前期工作的重要内容之一，它为项目投资决策提供依据；而工程项目后评价则是在项目建成投产后一段时间里，对项目全过程(包括项目的工程实施期和生产期)的总体情况进行的评价。

总之，工程项目后评价不是对工程项目前评价的简单重复，而是依据国家政策和制度的规定，对工程项目的决策水平、管理水平和实施结果进行的严格检验和评价。它在与工程项目前评价进行比较分析的基础上，总结经验教训，发现存在的问题并提出对策措施，促使项目更好更快地发挥效益和健康发展。

第二节 项目后评价的基本内容

一、目标评价

项目的目标评价主要是将项目目标的实际实现情况与项目可行性研究和评估中制定的项目目标进行对照，讨论项目目标的确定是否正确，找出变化、差距并分析目标偏离的主要原因，判断项目目标是否符合项目进一步发展的要求。

1. 宏观目标评价

项目宏观目标评价是指分析项目是否能够满足国民经济或地方经济发展对项目提供产品或服务的需求，推动相关产业和地方乃至全国经济的发展；是否有利于推动国家或地方产业结构的调整，提高现有产业、产品或服务的功能、层次，提高高附加值产品所占的比例，提高产业和产品的经济效益；是否能够增加就业和居民收入，改善居民生活质量，提高居民的健康、教育水平，减少环境污染，改善环境质量，提高生产安全程度，降低或防止事故发生的可能性，加快少数民族和边远地区的经济发展，促进经济社会的和谐发展。

2. 建设目的评价

项目建设目的评价是指分析项目是否能够提高产品或服务的产量和质量，增加产品或服务的品种，改善产品的结构和性能；是否能够降低对原材料和能源的消耗，从而降低产品成本，努力降低产品或服务的价格，结合良好的售后服务，提高产品在市场上的知名度，增强产品或服务的市场竞争力，提高市场占有率，提高获利能力；是否能够提高产品的财务或经济效益，提高资源投入的产出销量，实现资源的合理配置。

二、过程评价

过程评价一般应对照项目立项时或可行性研究报告所确定的目标和任务，分析和评估项目执行过程的实际情况，从中找出产生变化的原因，总结经验教训。

1. 前期工作评价

前期工作评价是指对立项条件、勘察设计准备工作和决策程序等的评价。其主要是评价立项条件和决策依据是否正确，决策程序是否符合规定，勘测工作对设计与施工的满足程度，设计方案的优化情况，技术上的先进性和可行性，经济上的合理性等。

2. 建设实施评价

建设实施评价是指对设备采购、工程建设、竣工验收和生产准备等工作的评价。其包括对施工准备、招标投标、工程进度、工程质量、工程造价、工程监理以及各种合同执行情况和生产运营准备情况等的评价。

3. 生产运营评价

生产运营评价是指对项目从正式投产到后评价期间的运行情况进行评价。其包括对项目设计生产能力和实际生产能力的验证；对工程技术经济指标的分析；对项目的生产管理和生产条件的分析；对项目的经营效益的分析等。主要对生产和销售情况，原材料、燃料供应情况，资源综合利用情况，生产能力的利用情况进行评价。

4. 项目投资评价

项目投资评价是指对项目总投资、主要资金来源和融资成本的变化及影响进行评价。其包括对项目的资金筹措情况、资金投入情况及变化、工程项目总投资控制情况、主要工程量、独立费用与主要设备价格变化等的评价。

5. 管理水平评价

管理水平评价是指对项目管理体制、机制和管理者的工作水平作出评价。其主要分析和评价管理者能否有效地管理项目的各项工作；是否与政策机构和其他组织建立了必要的联系；人才和资源使用是否得当；是否具备较强的责任感等。从中总结出项目管理的经验教训，并对如何提高管理水平提出改进措施和建议。

三、效益评价

1. 项目技术评价

项目技术评价的主要内容包括对工艺、技术和装备的先进性、适用性、经济性、安全性进行评价,以及对建筑工程质量与安全进行评价,其中要特别关注资源、能源的合理利用问题。

2. 项目财务和经济费用效益评价

项目财务和经济费用效益评价的主要内容包括根据实际已经发生的财务和经济费用效益现金流量,扣除物价上涨和参数变化的影响,分别重新测算项目的财务评价指标、经济费用效益评价指标,与可行性研究预测的目标对比,分析实现的程度以及产生差异的原因,同时,对项目的前景和采取的措施进行分析。

3. 投资使用情况评价

投资使用情况评价是将项目原定的预算和资金投入计划与实际发生的投资进行对比分析,找出发生变化的原因及其影响。其主要包括:检查资金到位的时间与数量是否按照贷款协议计划和原投资计划执行;投资预算是否得到了控制;项目财务执行情况如何;项目资金渠道和贷款条件是否发生了变化等。分析评估投资是否及时到位和使用是否合理,并对项目进行贷款偿还能力分析。

四、持续性评价

当前,国内外的许多投资者越来越重视投资项目的持续性,世界银行、亚洲开发银行等组织把项目的持续性视为其援助项目成败的关键因素之一,故持续性评价已成为项目是否可以顺利地持续实施,以及项目的业主是否愿意并可以依靠自己的能力持续实现既定目标的依据。项目的持续性评价就是要从政府政策、管理组织和社区群众参与,以及财务、技术、社会文化、环境和生态等内外部因素各个方面,来评价分析项目在物质、经济和社会等方面的持续性,并指出保持项目持续性的条件和要求。其核心是对项目能否持续发挥投资效益,持续发挥企业的发展潜力和进行内涵式改造的前景等进行考察评价,作出判断,提出项目持续发挥效益必须具备的内外部条件和需要采取的措施。

五、影响评价

对于基础设施、农林水利、社会事业项目、高技术等大中型项目,其影响有可能在较长的时间内才会显现出来,故在项目投产5~8年后的完全发展阶段,侧重分析项目对其周围地区在技术、经济、社会和文化环境方面所产生的影响和作用是十分重要的。项目的影响评价应站在国家的宏观立场上,重点分析项目对整个社会发展的影响。其内容包括以下三个方面。

1. 项目经济影响评价

项目经济影响评价主要评价项目对所在地区、行业、部门和国家经济发展产生的作用和长远影响,如对国民经济结构、分配、就业、技术进步的影响,对项目所使用的国内资源的价值进行测算,为在宏观上判断项目资源利用的合理程度提供依据。

2. 项目环境影响评价

项目环境影响评价是对照项目前评价重新审查项目对环境产生的实际影响,审查项目环境管理的决策、规定、规范和参数的可靠性及实际效果。项目环境影响评价主要包括项目的污染源控制、区域的环境质量、自然资源的利用、区域的生态平衡和环境管理能力五个方面的内容。

3. 项目社会影响评价

项目社会影响评价主要从社会发展的角度分析项目对于社会发展目标所做的贡献和产生的影响,包括有形的和无形的。其主要内容有项目对社会文化、教育、卫生的影响;对扶贫、公平分配的影响;对社区生产与生活、社区治理与群众参与、社区机构与经济发展的影响;对居民生活条件和生活质量的影响;对妇女、民族团结、风俗习惯和宗教信仰等的影响。项目社会影响评价采取定量与定性分析相结合的方法,以定性分析为主,最后作出综合评价。

对于性质不同的投资项目,根据各部门、机构和单位进行项目后评价的不同目的,具体的项目后评价内容也可以各有侧重。应针对项目的具体情况,突出重点进行深入剖析,全面总结经验教训,以便为未来同类项目的决策提供有益的借鉴。

六、房地产项目后评价内容

1. 投资决策管理后评价

投资决策管理后评价主要是对房地产项目前期投资决策目标设定的合理性与偏离度、决策分析的科学性、决策机制的合理性进行评价。具体来说,通过查阅项目可行性研究报告、策划报告以及项目总结报告等,将前期确定的项目定位、经济技术指标、进度计划、财务情况等指标与实际情况进行对比分析,评价这些目标实现的偏离度,并分析偏离原因;通过参考《建设项目经济评价方法与参数》等规范,评价决策分析的科学性;通过对决策制度、决策流程、决策执行与反馈情况的分析,评价决策机制的合理性。

2. 规划设计管理后评价

规划设计管理后评价主要是对房地产项目的设计成果与设计管理进行评价。具体来说,通过建筑方案与市场同类产品的对比分析,并将住宅户型、户室以及面积等经济指标与市场分析发展报告作对比。结合市场的实际反馈,评价项目总平面设计、建筑设计、景观设计与室内设计的竞争力与附加值;通过对施工图设计若干影响经济性的指标与市场同类产品的对比分析,以及对审图结果的考察,评价施工图设计的经济性与变更程度;通过对设计管理制度的查阅,以及相关人员的访谈,评价设计进度管理、设计成本管理、设计变更管理以及设计协调管理的制度的完备性及合理性。

3. 进度管理后评价

进度管理后评价主要是对房地产项目的进度目标、进度计划编制及进度管理措施进行评价。具体来说,通过对项目整体进度计划与施工进度计划的分析,评价各进度关键节点目标设定的明确性及可行性,以及实际进度水平与目标的偏差程度及偏差合理性;通过对项目进度计划的分析,评价项目进度计划的内容完整性和工作时间估算的合理性;通过对项目进度管理措施及制度、工程例会纪要等文件的查阅,以及相关人员的访谈,评价项目进度组织措施、管理措施、经济措施和技术措施的完备性与合理性。

4. 成本管理后评价

成本管理后评价主要是对房地产项目的成本目标、成本计划编制以及成本管理措施进行评价。具体来说，通过对工程重要的四算（估算、概算、预算、结算）的对比分析，评价项目成本管理目标的明确性与可行性，以及实际成本与目标的偏差程度；通过对成本计划的查阅与分析，分析计划制订、执行及控制的合理性；通过对成本管理措施的查阅，评价成本的组织措施、技术措施、经济措施和合同措施的完备性及合理性。

5. 质量与安全管理后评价

质量与安全管理后评价主要是对房地产项目施工质量管理和安全管理的成效以及制度合理性进行评价。具体来说，基于质量管理的4M1E（人、机、料、法、环）理论，评价项目的组织与人员质量、工程材料质量、机械设备质量、施工方法与工艺质量以及工程环境质量的优劣性，评价质量管理制度的合理性；通过测算质量合格状况指标（质量优良品率、工程合格率、实际返工损失率）和交房1年内报修状况指标（交房1年内裂缝渗漏、沉降情况），评价工程总体质量的优劣性；通过查阅项目安全管理制度、安全事故统计结果、《施工企业安全生产评价标准评分表》等资料，评价项目安全工地达标情况以及安全管理制度的合理性。

6. 招标与合同管理后评价

招标与合同管理后评价主要是对房地产项目招标计划与过程、合同条款与风险、合同执行以及合同管理制度进行评价。在招标管理方面，通过查阅项目勘察、设计、施工、监理等招标文件，评价各项招标计划与工程进度的匹配程度以及战略合作模式的应用情况；通过查阅各项招标文件、招标管理办法等，评价招标、评标与定标文件的完备性，招标流程的完备性以及承包商选择的合理性。在合同管理方面，通过查阅设计、施工、监理等合同文件、补充合同等材料，评价标准合同使用情况、非标准化合同条款的合理性与完备性以及合同风险的可控性；通过查阅项目合同履行情况说明、非标准化合同会签文件、审价报告、决算书等文件，评价非标准化合同会签执行情况、合同履行率及补充协议履行率、合同异常及索赔情况的优劣性和合理性；通过查阅项目合同管理制度，评价合同管理制度的完备性。

7. 项目营销后评价

项目营销后评价主要是对房地产项目的营销策略、营销计划、营销业绩和营销管理进行评价。可以通过对营销策划、营销总结报告等资料的分析，评价项目产品策略、渠道策略（主要是代理商管理）、价格策略和促销策略的合理性及执行情况；通过查阅营销计划的相关资料，评价计划制订步骤和内容的完备性，计划执行与控制的合理性；通过计划与实际的对比分析，评价销售收入、销售速度以及销售经济效率等反映销售业绩指标的实现度，并对偏差原因及过程中的应对措施进行深入分析；通过对项目相关的客户关系管理制度与措施的调研，评价客户关系管理的完备性与合理性。

8. 项目财务后评价

项目财务后评价主要是对房地产项目的盈利能力、资金平衡能力、融资能力、税务筹划能力以及财务管理制度进行评价。具体来说，通过对比项目盈利能力指标与项目目标及行业水平的偏离程度，评价项目的实际盈利水平；通过对项目现金流程的分析，考察资金持续性和对需求的满足程度；通过对项目融资方式及结果的分析，考察其融资能力（融资渠道的可靠性、融资成本情况等）；通过对项目税务筹划方式的分析，考察其税务筹划能力

（节税技术、节税额度等）；通过对财务管理制度的分析，考察预算管理、筹资管理、资金运用管理等财务制度的合理性。

9. 产品综合质量后评价

产品综合质量后评价主要是在房地产项目竣工交付1~2年后，基于业主满意度以及专家认可度对居住小区与住宅单体综合质量进行评价。可以通过调查问卷的方式，一方面评价业主与专家对居住的小区的布局、配套设施、环境景观、物业管理以及品牌形象的满意度和认可度；另一方面评价业主及专家对住宅单体的适用性能、安全性能、耐久性能以及绿色性能的满意度和认可度。

另外，房地产项目后评价不同于一般的方案选优，只需得到综合评价结果即可。项目后评价的一大重要价值在于通过对评价结果的深入分析，进一步挖掘该项目的具体经验与问题，在成因分析的基础上，提出有益的建议，从而为后续项目的高效运营以及相关制度的完善提供借鉴。因此，房地产项目后评价成果除基于后评价指标体系的综合评价结果外，还应包括该项目的经验总结、问题分析及相关建议。

第三节 项目后评价的方法与程序

一、项目后评价的工作要求

开展项目后评价对项目决策科学化、管理现代化以及提高项目投资效益均有重要的作用。对项目后评价工作的要求主要集中在以下几个方面。

1. 建立和完善项目评价体系

目前，我国投资项目的评价工作，主要侧重于项目前评价，这对保证项目决策的正确性和做好建设项目前期工作，都起到了非常重要的作用。但只凭项目前评价，还远远不能把项目做好。在项目建设实施和投产后所发生的问题，足以说明仅有项目前评价还是不够的，还必须有项目后评价，以建立和完善项目评价体系，即项目评价体系应有前、中、后三个评价，才能对项目实行全过程的控制，以保证项目达到预期的效果。

2. 建立和完善工作责任制度

项目投资效益的好坏是项目管理各阶段、各环节、各相关单位和部门综合作用的结果。其中，任何一个环节的过失都会给整体带来损失。只有加强各个环节的工作联系，才能够有利于建立和完善项目工作责任制，从而使项目后评价达到预定的效果。

3. 适应市场经济发展需要

随着我国市场经济体制的建立和投资体制、金融体制的不断深化改革，使得银行贷款管理工作由过去侧重于项目前评价，向生产领域延伸，向加强项目后评价、重视企业的偿还能力转移。在市场经济体制下，由于变化因素多而繁，对项目预测数据和实施结果有很大影响。因此，在项目后评价的过程中，必须根据市场的变化和偏离预测目标的程度来对项目进行综合评价，才能调整企业的产业结构，适应市场经济发展的需求。

二、项目后评价的程序

(一)组建工程项目后评价机构

工程项目后评价工作的重点在于总结经验教训,应遵循"对事不对人"的宗旨。因此,组建工程项目后评价机构,应遵循"客观、公正、民主、科学"的原则。为了使工程项目后评价报告真正具有反馈检查作用,工程项目原可行性研究单位和项目(前)评估单位以及项目实施过程中的项目管理机构应回避。

工程项目后评价是一项较复杂的工作,其工作人员应具有良好的职业道德和较强的责任心,并具有较高的业务水平。工作人员应包括经济学专家、工程技术专家、投资管理专家、生产经营管理专家、市场预测专家和统计分析专家等。

(二)制订工程项目后评价计划

从项目周期的概念出发,每个项目都应该重视和准备事后的评价工作。国家、部门、地方和企业的年度评价计划是后评价的基础。例如,国家发展和改革委员会每年年初研究确定需要开展后评价工作的项目名单,制订项目后评价年度计划,印发给有关项目主管部门和项目单位。

1. 后评价项目的选定

国家、部门、地方和企业可以根据不同的着眼点和需要,选择进行后评价的项目。一般情况下,可以考虑选定以下项目进行后评价:

(1)项目运营中出现问题或发生变化的项目。
(2)非常规项目,如规模过大、建设内容复杂、带有试验性的新技术项目。
(3)具有示范意义的项目。
(4)必须了解项目作用和影响的项目。
(5)可为国家预算、宏观战略和规划原则提供信息的相关投资活动和项目。
(6)为投资计划或计划确定未来方向的代表性项目。
(7)对开展行业、部门或地区后评价研究有重要意义的项目等。

2. 项目后评价范围的确定

由于项目后评价的范围很广,因此,在评价实施前必须明确评价的范围和深度。评价范围通常是在委托合同中确定的,委托者要把评价任务的目的、内容、深度、时间和费用以及特定要求明确交代清楚;受委托者应根据自身条件确定能否按期完成合同。委托合同通常有以下内容:

(1)项目后评价的目的、范围和特定的要求。
(2)提出项目后评价过程中采用的方法。
(3)提出项目后评价的主要对比指标。
(4)确定完成项目后评价的经费和进度。

3. 委托具有相应资质的咨询机构

注意不得委托参加过同一项目前期工作和建设实施工作的工程咨询机构承担该项目的后评价任务。承担项目后评价任务的工程咨询机构在接受委托后,应组建满足专业评价要求的工作组。应重视公众参与,广泛听取各方面意见,并在项目后评价报告中予以客观反映。

(三)项目单位进行自我评价

列入项目后评价年度计划的项目单位,应当在项目后评价年度计划下达后一定时间内,进行自我评价,并报送项目自我总结评价报告。报告的主要内容包括以下几项:

(1)项目概况。即项目目标、建设内容、投资估算、前期审批情况、资金来源及到位情况、实施进度、批准概算及执行情况等。

(2)项目实施过程总结,即前期准备、建设实施、项目运行等。

(3)项目效果评价,即技术水平、财务及经济效益、社会效益、环境效益等。

(4)项目目标评价,即目标实现程度、差距及原因、持续能力等。

(5)项目建设的主要经验教训和相关建议。

(四)受委托咨询机构执行后评价工作

承担项目后评价任务的工程咨询机构,应当按照委托要求,根据应遵循的评价方法、工作流程、质量保证要求和执业行为规范,独立开展项目后评价工作,按时、保质地完成项目后评价任务,提出合格的项目后评价报告。

1. 资料信息的收集

项目后评价的资料一般包括以下几项:

(1)项目自我评价报告、项目完工报告、项目竣工验收报告。

(2)项目决算审计报告、项目概算调整报告及其批复文件。

(3)项目开工报告及其批复文件、项目初步设计及其批复文件。

(4)项目评估报告、项目可行性研究报告及批复文件等。

另外,可能还需要项目所在地区的相关资料,以及国家和地区的统计资料、物价信息等。后评价方法规定的资料应根据委托者的要求进行收集。

2. 现场调查

项目后评价现场调查应事先做好充分准备,明确调查任务,制定调查提纲。调查任务一般应回答以下几个问题:

(1)项目基本情况。项目的实施情况如何?项目目标是否合理?项目目标是否实现?是否应该考虑其他目标?

(2)目标实现程度。原定目标的实现程度如何?目标实现的关键因素是什么?从宏观目标考虑,项目目标是否表达清楚?是否还需要对项目的作用和影响作进一步评价?

(3)作用和影响。项目产生了什么样的结果?不仅包括直接的结果,还应包括对社会、环境及其他发展因素的作用和影响。

3. 分析和结论

在现场调查之后,应对资料进行全面认真的分析,主要研究以下几个问题:

(1)总体结果。项目的成功度及形成原因是什么?项目的投入与产出是否成正比?项目是否按时并在投资预算内实现了目标?成功和失败的主要经验教训是什么?

(2)可持续性。项目在维持长期运营方面是否存在重大问题?

(3)方案比选。是否有更好的方案来实现这些成果?

(4)经验教训。项目有哪些经验教训?其对未来规划和决策有哪些参考意义?

4. 后评价报告

后评价报告是评价结果的汇总,应真实反映情况,客观分析问题,认真总结经验。同时，后评价报告是反馈经验教训的主要文件形式，必须满足信息反馈的需要，要有相对固定的内容格式，便于分解和计算机录入。

(五)后评价的反馈

1. 反馈的意义

反馈是后评价的主要特点，它是一个表达、扩散，以及采纳、应用评价成果的动态过程。后评价的作用和目的是它所总结出来的经验教训能在项目周期的不同阶段被借鉴、采纳和应用，对国家和企业提高规划制定、项目审批、投资决策、项目管理的水平具有积极的作用。所以，评价成果反馈的好坏是后评价能否达到最终目的的关键之一。

2. 反馈机制

必须建立明确的反馈机制，以确保评价成果的扩散和应用。例如，亚洲开发银行除设有评价局，还设有后评价办公室和高层次的后评价成果管理委员会，通过出版物(以年报、年报分析、成果摘录、研究报告等多种形式的出版物，将后评价成果服务于需要的部门)、后评价信息计算机系统和数据库、各种成果反馈讨论会，以及内部培训和研讨等方式促进后评价成果的扩散。同时通过加强与董事会的联系，以及运用行政管理手段强化后评价成果的应用。

2008年，国家发展和改革委员会印发了《中央政府投资项目后评价管理办法(试行)》，在后评价成果应用中，对后评价成果信息的反馈和应用提出了要求。

三、项目后评价的方法

项目后评价的方法是进行后评价的手段和工具，没有切实可行的后评价方法，就无法开展后评价工作。后评价与前期评价在方法上都采用定量分析与定性分析相结合的方法。但是评价选用的参数及比较的对象不同，决定了后评价方法具有不同于前期评价的特殊性。项目后评价最常采用的方法包括**对比分析法、逻辑框架法、成功度评价法和因果分析法**。

1. 对比分析法

对比分析法主要包括前后对比法、有无对比法和横向对比法，见表12-1。

表12-1 对比分析法进行项目后评价

序号	项目	内容
1	前后对比法	前后对比法是指对项目可行性研究和评估阶段所计算的项目的投入、产出、效益、费用和相应的评价指标与项目实施后的评价指标进行对比分析，用以发现前后变化的数量、原因，以揭示计划、决策和实施的质量
2	有无对比法	有无对比法是在项目后评价的同一时点上，将有此项目时实际发生的情况与无此项目时可能发生的情况进行对比，以度量此项目的真实效益、影响和作用。这种对比一般用于对项目的效益评价和影响评价，是后评价的一个重要方法。有无对比的关键是要求投入费用与产出效果的口径一致，也就是说，所度量的效果真正是由该项目所产生的。采用有无对比法进行项目后评价，需要大量可靠的数据，最好有系统的项目监测资料，也可引用当地有效的统计资料。在进行对比分析时，先要确定评价内容和主要指标，选择可比的对象，再通过建立对比表，用科学的方法收集资料

续表

序号	项目	内容
3	横向对比法	运用横向对比法进行项目后评价时，必须注意可比性的问题。由于项目前评价、后评价的数据资料来自不同时间，受物价因素的影响，资料没有可比性，因此，在比较时要把后评价的数据资料折算到前评价的同一时期，使项目前评价和后评价的价格基础保持同期性，同时，也要保持费用、效益等计算口径相同。这既是技术经济效益分析的基本原则，也是项目后评价时必须遵循的原则

2. 逻辑框架法

逻辑框架法（Logical Framework Approach，LFA）是美国国际开发署在1970年开发并使用的一种设计、计划和评价的工具。目前已有2/3的国际组织把该方法应用于援助项目的计划管理和后评价。

逻辑框架法不是一种机械的方法程序，而是一种综合、系统地研究和分析问题的思维框架，它将几个内容相关且必须同步考虑的动态因素组合起来，通过分析相互之间的关系，从设计、策划、目标等方面来评价项目。逻辑框架法的核心是分析项目运营、实施的因果关系，揭示结果与内外原因之间的关系。

LFA的模式是一个4×4的矩阵，行代表项目目标的层次（垂直逻辑），列代表如何验证这些目标是否达到（水平逻辑）。垂直逻辑用于分析项目计划做什么，弄清楚项目手段与结果之间的关系，确定项目本身和项目所在地的社会、物质、政治环境中的不确定因素。水平逻辑的目的是要衡量项目的资源和结果，确立客观的验证指标及其指标的验证方法来进行分析。水平逻辑要求对垂直逻辑四个层次上的结果作出详细说明。

项目后评价通过逻辑框架法来分析项目原定的预期目标、各种目标的层次、目标实现的程度和原因，评价项目的效果、作用和影响，国际上很多组织把逻辑框架法作为项目后评价的方法论原则之一。

3. 成功度评价法

成功度评价法是一种综合评价方法，是根据逻辑框架法分析的项目目标的实现程度、经济效益分析的结论，以项目目标和效益为核心的综合评价的方法，得出项目成功程度的结论。

进行项目成功度分析首先必须明确项目成功的标准。一般来说，成功度可以分为五个等级，各个等级的标准如下：

(1)完全成功的。表明项目各个目标都已经全面实现或超过，与成本相比，项目取得了巨大效益和影响。

(2)成功的。表明项目的大部分目标已经实现，与成本相比，项目达到了预期的效益和影响。

(3)部分成功的。表明项目实现了原定的部分目标，与成本相比，项目只取得了一定的效益和影响，未取得预期的效益。

(4)不成功的。表明项目实现的目标非常有限，主要目标没有达到，与成本相比，项目几乎没有产生什么效益和影响。

(5)失败的。表明项目的目标无法实现，即使建成后也无法正常营运，目标不得不终止。

项目的成功度评价是项目后评价中一项重要的工作，其是项目评价专家组对项目后评价结论的集体定性。一个大型项目一般要对十几个重要的和次重要的综合评价因素指标进行定性分析，来断定各项指标的等级。

4. 因果分析法

对于一些建设周期较长的工程项目，在其整个建设过程中会受到社会经济发展变化与国家政策等内外因素的影响，这些项目实施中的主客观因素影响会导致项目实际的技术经济指标与项目前评价阶段的预测发生一定的偏差，而且对项目的实施和运行效果会产生较大的影响。因此，在项目后评价时除要评价这些因素影响的结果外，还要使用因果分析法去发现问题、分析问题，提出解决这些问题的对策、措施和建议，以便使今后的运营效果能够得以改善。

(1) 因果分析的对象。因果分析的对象包括：对工程项目管理法规及办事程序的执行；工程技术及质量指标的变化，如设计方案、工期、工程建设数量及规模、设施设备技术标准等方面的变化；经营方式、管理体制及经济效益指标的变化。

(2) 因果分析的方式。因果分析常采用因果分析图的方式进行。根据因果图的形状，也可称之为鱼刺图或树状图。一个投资项目的工程质量或效益等方面的技术经济指标往往会受到不同因素的影响，而这些因素的共同作用，在项目的设计、施工建设、运营管理过程中，使得实际指标与前评价阶段预期的目标产生一定的差距，以至于影响到项目实施的总体目标或子目标。在这些复杂的原因中，由于它们不都是以同等效力作用于实施效果或指标的变化过程的，必定有主要的、关键的原因，也有次要的或一般的原因。在项目评价中不能对上述这些原因泛泛而论，而必须从这些错综复杂的原因中整理出头绪，找出使指标产生变化的真正起关键作用的原因。这并不是一件轻而易举的事情。因果分析图就是这样一种分析和寻找影响项目主要技术经济指标变化原因的简便有效的方法或手段。

因果分析图的工作步骤如下：

1) 作图。从项目中首先要找出或明确所要分析的问题或对象，并画一条从左至右的带箭头的粗线条，作为主干，表示要分析的问题。在箭头的右侧写出所要分析的问题或指标，如图12-2所示。

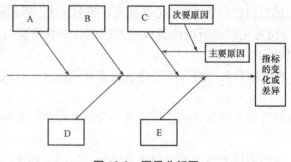

图12-2 因果分析图

2) 原因分类。将原因、分析意见和收集的信息，按照问题的性质或属性进行分类，如外部因素、内部因素、主要因素、次要因素等。

3) 重要原因确定。对于造成项目重大变化，或对项目实施目标和效果产生重大影响的主要原因和核心问题加上突出的标记，作为重点分析评价对象。

第四节 项目后评价指标与项目后评价报告

一、工程项目后评价指标体系的设置

要定量地评价工程项目的效果,必须借助能够反映工程项目效果的指标。由于工程项目的效果有不同的表现形式,说明不同方面的内容,一个单独指标不能概括各方面的效果。为了能够全面地反映工程项目的效果,需要设计出一系列指标体系。

在工程项目后评价中的效果指标体系中,既要有反映经济效果的指标,又要有反映社会效果和环境效果的指标;既要有反映时间效果的指标,又要有反映质量和使用效果的指标;既要有反映策划、实施和运营等不同阶段的效果指标,又要有反映工程项目全寿命周期的效果指标。

项目后评价指标体系的设置应遵循下列原则。

1. 全面性和目的性相结合

项目后评价的指标要能全面反映建设项目从准备阶段到投产运营全过程的状况,要围绕后评价的目标,有一定的针对性,而并非越多越好。

2. 可比性

项目后评价的指标与项目前评价、项目实施过程中的有关指标以及国内外同类项目的有关指标应基本一致。

3. 动态指标与静态指标相结合

静态指标将资金看作为静止的实际数值,其具有使用简单、计算方便的优点,但不能真实反映项目运营生命期内的实际经济效果;动态指标考虑了资金的时间价值,能够真实反映项目的实际经济效果,但计算较复杂。故进行项目后评价时,应将静态指标与动态指标结合起来运用。

4. 综合指标与单项指标相结合

综合指标是反映建设项目功能、利润、工期、投资总额、成本等经济效果的指标,其在项目后评价中起主导作用,能够全面、综合地反映项目整体经济效益高低。单项指标是从某一方面或某一角度反映项目实际效果的大小的指标。由于综合指标受到很多因素的影响,使用综合指标时可能掩盖某些不利因素或薄弱环节,因此,还需要用一些单项指标来补充综合指标的不足。同时,综合指标也可以克服一些单项指标反映问题的片面性。

5. 微观投资效果指标与宏观投资效果指标相结合

整个国民经济和各部门、地区、企业在根本利益上是一致的。因此,在设置后评价指标体系时,既要有考核和分析项目实际微观投资效果的指标,也要有反映项目实际宏观投资效果的指标。

二、项目经济后评价指标的构成与计算

项目经济后评价的主要指标包括项目前期工作后评价指标、项目实施后评价指标、项

目营运后评价指标等。

(一)项目前期工作后评价指标

项目前期工作后评价应根据评价内容，以定性评价为主，定量评价为辅。其常用指标如下。

1. 项目决策周期

项目决策周期是指项目从提出"项目建议书"起，至项目可行性研究报告被批准为止所经历的时间。该指标反映了投资者与有关部门投资决策的效率，将拟建项目的实际决策周期与当地同类项目的决策周期或计划决策周期进行比较，以便考察项目的决策效率。

2. 项目决策周期变化率

项目决策周期变化率是指项目实际决策周期减去项目计划决策周期的差与项目计划决策周期之比率。其计算公式为

$$项目决策周期变化率 = \frac{项目实际决策周期 - 项目计划决策周期}{项目计划决策周期} \times 100\% \quad (12-1)$$

(二)项目实施后评价指标

项目实施阶段是指从项目开工建设起至竣工交付使用为止所经历的全过程。对项目实施阶段进行后评价时应计算以下几个指标。

1. 项目建设工期变化率

项目建设工期变化率是指项目实际建设工期减去项目计划建设工期的差与项目计划建设工期之比率。其计算公式为

$$项目建设工期变化率 = \frac{项目实际建设工期 - 项目计划建设工期}{项目计划建设工期} \times 100\% \quad (12-2)$$

2. 项目实际投资额变化率

项目实际投资额变化率是指项目实际投资总额减去项目计划投资总额的差与项目计划投资总额之比率。其计算公式为

$$项目实际投资额变化率 = \frac{项目实际投资总额 - 项目计划投资总额}{项目计划投资总额} \times 100\% \quad (12-3)$$

3. 项目单位生产能力实际投资额

项目单位生产能力实际投资额是指项目为形成单位生产能力而耗费的投资额。其计算公式为

$$项目单位生产能力实际投资额 = \frac{项目实际投资总额}{项目达产年生产能力} \times 100\% \quad (12-4)$$

4. 工程质量指标

反映工程质量的指标主要有三项：项目实际工程合格率、项目实际工程优良率、项目实际工程停返工损失率。其计算公式分别为

$$项目实际工程合格率 = \frac{项目实际单位工程合格数量}{项目实际单位工程总数} \times 100\% \quad (12-5)$$

$$项目实际工程优良率 = \frac{项目实际单位工程优良数量}{项目实际单位工程总数} \times 100\% \quad (12-6)$$

$$项目实际工程停返工损失率 = \frac{项目因质量事故停返工累计增加的投资额}{项目总投资额} \times 100\%$$

$$(12-7)$$

(三)项目营运后评价指标

项目营运阶段是指项目从交付使用、投入生产起,至项目寿命期末(报废)为止所经历的全过程。项目营运后评价指标可分为财务评价指标和国民经济评价指标两种。财务评价指标可分为静态评价指标和动态评价指标两种。主要应计算以下几个指标。

1. 项目产品价格变化率

项目产品价格变化率是指项目在营运期所生产的产品实际价格减去产品计划价格之差与产品计划价格之比率。其计算公式为

$$项目产品价格变化率 = \frac{产品实际价格 - 产品计划价格}{产品计划价格} \times 100\% \qquad (12-8)$$

2. 项目生产成本变化率

项目生产成本变化率是指项目营运期的产品实际成本减去产品计划成本的差与产品计划成本之比率。其计算公式为

$$项目生产成本变化率 = \frac{产品实际成本 - 产品计划成本}{产品计划成本} \times 100\% \qquad (12-9)$$

3. 项目利润总额变化率

项目利润总额变化率是指项目营运期年实际利润总额减去年计划利润总额的差与年计划利润总额之比率。其计算公式为

$$项目利润总额变化率 = \frac{年实际利润总额 - 年计划利润总额}{年计划利润总额} \times 100\% \qquad (12-10)$$

4. 项目实际投资利润率变化率

项目实际投资利润率变化率是指项目实际投资利润率减去项目计划投资利润率之差与项目计划投资利润率之比率。其计算公式为

$$项目实际投资利润率变化率 = \frac{项目实际投资利润率 - 项目计划投资利润率}{项目计划投资利润率} \times 100\% \qquad (12-11)$$

5. 项目实际利税率变化率

项目实际利税率变化率是指项目实际利税率减去项目计划利税率的差与项目计划利税率之比率。其计算公式为

$$项目实际利税率变化率 = \frac{项目实际利税率 - 项目计划利税率}{项目计划利税率} \times 100\% \qquad (12-12)$$

6. 项目实际投资回收期变化率

项目实际投资回收期变化率是指项目实际投资回收期减去项目计划投资回收期的差与项目计划投资回收期之比率。其计算公式为

$$项目实际投资回收期变化率 = \frac{项目实际投资回收期 - 项目计划投资回收期}{项目计划投资回收期} \times 100\% \qquad (12-13)$$

7. 项目实际财务净现值变化率

项目实际财务净现值变化率是指项目实际财务净现值减去项目预期财务净现值的差与项目预期财务净现值之比率。其计算公式为

$$项目实际财务净现值变化率 = \frac{项目实际财务净现值 - 项目预期财务净现值}{项目预期财务净现值} \times 100\%$$

(12-14)

8. 项目实际财务内部收益率变化率

项目实际财务内部收益率变化率是指项目实际财务内部收益率减去项目预期财务内部收益率的差与项目预期财务内部收益率之比率。其计算公式为

$$项目实际财务内部收益率变化率 = \frac{项目实际财务内部收益率 - 项目预期财务内部收益率}{项目预期财务内部收益率} \times 100\%$$

(12-15)

9. 项目实际经济净现值变化率

项目实际经济净现值变化率是指项目实际经济净现值减去项目预期经济净现值的差与项目预期经济净现值之比率。其计算公式为

$$项目实际经济净现值变化率 = \frac{项目实际经济净现值 - 项目预期经济净现值}{项目预期经济净现值} \times 100\%$$

(12-16)

10. 项目实际经济内部收益率变化率

项目实际经济内部收益率变化率是指项目实际经济内部收益率减去项目预期经济内部收益率的差与项目预期经济内部收益率之比率。其计算公式为

$$项目实际经济内部收益率变化率 = \frac{项目实际经济内部收益率 - 项目预期经济内部收益率}{项目预期经济内部收益率} \times 100\%$$

(12-17)

三、项目后评价报告

工程项目的类型、规模不同，其后评价报告的内容和格式也不同。一般工程项目后评价报告应包括以下内容。

1. 总论

总论包括综述工程项目实施概况，工程项目后评价的主要结论概要和存在的问题及建议，工程项目后评价工作的组织机构及其工作依据和方法简介。

2. 项目前期工作后评价

项目前期工作后评价包括对项目筹建工作的评价、项目立项和决策工作的评价、厂址选择工作的评价、工程项目勘察设计工作的评价和工程项目建设准备工作的评价，具体内容见表12-2。

表12-2 项目前期工作后评价工作内容

序号	项目	内容
1	项目筹建工作的评价	项目筹建工作的评价主要评价项目筹建单位的组织机构设置、人员素质情况、筹建计划安排及其筹建工作效率等
2	项目立项和决策工作的评价	工程项目立项和决策工作的评价是工程项目后评价的重点，主要评价承担工程项目可行性研究和项目（前）评估单位的资格及其提交报告的质量、项目决策依据、项目决策程序和项目决策效率

续表

序号	项目	内容
3	厂址选择工作的评价	厂址选择工作的评价主要是评价厂址选择是否符合国家建设布局、城镇规划、环境保护、节约土地和技术协作等要求，厂址选择是否经过多方案比选。征地拆迁工作进度和安置补偿标准是否符合国家标准，有无多征少用、征而不用的情况
4	工程项目勘察设计工作的评价	工程项目勘察设计工作的评价主要评价承担工程项目勘察设计的单位是否经过招标优选，勘察设计的质量和效果
5	工程项目建设准备工作的评价	工程项目建设准备工作的评价主要是对征地拆迁工作、建设资金筹集工作和建设物资采购工作的评价。评价征地拆迁工作进度和安置补偿标准是否符合国家标准，有无多征少用、征而不用的情况；评价自筹资金来源是否正当、可靠，是否存在挪用国家财政拨款、截留国家税收或以银行贷款抵作自筹资金的现象，实际投资额是否超过设计投资额；评价建设物资采购是否适应建设进度，有无盲目订货造成物资积压和浪费现象

3. 工程项目实施工作后评价

工程项目实施工作后评价包括对施工发包工作的评价，对工程质量、进度和造价的评价，业主、监理和承包商三者协调关系的评价，工程合同管理的评价，工程竣工验收的评价。具体内容见表12-3。

表12-3 工程项目实施后评价工作内容

序号	项目	内容
1	施工发包工作的评价	施工发包工作的评价主要评价承担工程项目的施工企业是否经过招标优选，施工企业的资质和合同履约情况
2	工程质量、进度和造价的评价	工程质量、进度和造价的评价主要是计算工程质量、进度和造价的后评价指标，并进行分析和评价
3	业主、监理和承包商三者协调关系的评价	业主、监理和承包商三者协调的关系评价主要评价工程实施管理的重点质量、进度和造价，关键是业主、监理、承包商三方协调、携手协力。回顾总结业主在协调监理、承包商方面的经验和教训，对提高工程管理水平是大有益处的
4	工程合同管理的评价	工程合同管理的评价主要评价工程合同形式的选择和工程索赔处理
5	工程竣工验收生产的评价	工程竣工验收生产的评价主要评价所有工程项目（包括环保设施）是否全部配套建成，竣工决算资料和技术档案是否已整理、移交和归档等，是否存在先使用、后验收或竣工验收后不办理固定资产交付使用手续等情况

4. 工程项目生产运营工作后评价

工程项目生产运营工作后评价包括对经营管理和生产技术系统的评价及产品方案的评价，具体内容见表12-4。

表 12-4　工程项目生产运营工作后评价工作内容

序号	项目	内容
1	经营管理和生产技术系统的评价	经营管理和生产技术系统的评价主要评价生产管理机构设置是否合理，管理人员的知识结构、业务水平是否与生产经营活动相适应，经营管理制度是否健全与落实；技术研究和发展机构是否存在或设置合理，技术人员的知识结构、专业水平是否与技术研究和发展活动相适应，技术管理制度是否健全与落实
2	产品方案的评价	产品方案的评价主要评价投产后规格、品种的变化情况及其对经济效益的影响，现行产品方案对市场的适应性和企业根据市场需求及时调整产品方案的能力等

5. 工程项目经济后评价

工程项目经济后评价包括工程项目的财务效益后评价、国民经济效益后评价、社会效益后评价和环境效益后评价。

6. 综合结论

综合结论是对上述各项评价内容进行总结性的归纳。它包括项目决策、实施和生产经营各阶段工作的主要经验和教训；对项目可行性研究和项目(前)评估决策水平的综合评价；在对项目进行再评估后，展望其发展前景，并为提高项目在未来时期内的经济效益水平提出建议和对策。

本章小结

本章主要讲述了项目后评价的相关内容。项目后评价是指对已经完成的项目的目的、执行过程、效益、作用和影响等所进行的系统、客观的分析。项目后评价的内容包括目标评价、实施过程评价、效益评价、影响评价及持续性评价，最常用项目后评价的方法包括对比分析法、逻辑框架法和成功度评价法。项目经济后评价的主要指标包括项目前期工作后评价指标、项目实施后评价指标、项目营运后评价指标等，要掌握这些指标的构成及计算方法。

思考与练习

一、填空题

1. 工程项目后评价的特点是：_____、_____、_____、_____及_____。

2. 工程项目后评价的内容不仅包括投资项目立项决策、设计施工等投资过程，而且包括生产、营运等过程；不仅要分析项目投资的_____，而且还要分析_____、环境效益以及_____。

参考答案

3. 后评价的结果需要反馈到_____，作为新项目_____和_____的基础，以及_____的依据。

二、简答题

1. 项目后评价的目的是什么？
2. 项目后评价的基本原则是什么？
3. 项目后评价的作用有哪些？
4. 项目后评价的基本内容包括什么？
5. 项目后评价的工作要求是什么？
6. 受委托咨询机构执行后评价工作都有哪些？

参考文献

[1] 国家发展改革委,建设部. 建设项目经济评价方法与参数[M]. 3版. 北京:中国计划出版社,2006.

[2] SullivanG. William,ElinM. Wicks,JamesT. Luxhoj. 工程经济学[M]. 邵颖红,译. 13版. 北京:清华大学出版社,2007.

[3] 刘亚臣. 工程经济学[M]. 2版. 大连:大连理工大学出版社,2005.

[4] 刘新梅,孙卫,等. 工程经济学[M]. 西安:西安交通大学出版社,1998.

[5] 宋国防,贾湖. 工程经济学[M]. 天津:天津大学出版社,2002.

[6] 李振球,欧阳康. 技术经济学[M]. 大连:东北财经大学出版社,1999.

[7] 中华人民共和国建设部. 房地产开发项目经济评价方法[M]. 北京:中国计划出版社,2000.

[8] 黄渝祥,邢爱芳. 工程经济学[M]. 3版. 上海:同济大学出版社,2005.

[9] 刘玉明. 工程经济学[M]. 北京:清华大学出版社,2006.

[10] 姜早龙. 工程经济学[M]. 湖南:中南大学出版社,2005.

[11] 全国一级建造师执业资格考试用书编写委员会. 建设工程经济[M]. 2016年版. 北京:中国建筑工业出版社,2016.

[12] 李忠富,杨晓冬. 工程经济学[M]. 2版. 上海:同济大学出版社,2016.

[13] 杜春燕,唐菁菁,周迎. 工程经济学[M]. 北京:机械工业出版社,2016.